维真基督教文化丛书

主编 许志伟
副主编 董江阳 潘玉仪

REGENERATION IN THE GOOD NEWS
A STUDY ON THE THOUGHT OF MODERN CHRISTIAN EVANGELICALISM

"好消息"里的"更新"
现代基督教福音派思想研究

董江阳 著

中国社会科学出版社

图书在版编目（CIP）数据

"好消息"里的"更新"：现代基督教福音派思想研究／董江阳著.—北京：中国社会科学出版社，2004.4
（2009.5重印）
（维真基督教文化丛书）
ISBN 978-7-5004-4139-7

Ⅰ.好… Ⅱ.董… Ⅲ.福音派-研究-西方国家-现代 Ⅳ.B 976.3

中国版本图书馆CIP数据核字（2004）第002585号

责任编辑	刘景钊　陈　琳
策划编辑	陈　彪
责任校对	李云钊
封面设计	回归线视觉传达
版式设计	王炳图

出版发行　中国社会科学出版社
社　　址　北京鼓楼西大街甲158号　　邮　编　100720
电　　话　010—84029450（邮购）
网　　址　http：//www.csspw.cn
经　　销　新华书店
印　　刷　北京新魏印刷厂　　　　　　装　订　广增装订厂
版　　次　2004年4月第1版　　　　　印　次　2009年5月第2次印刷
开　　本　880×1230　1/32
印　　张　11　　　　　　　　　　　　插　页　2
字　　数　273千字
定　　价　24.00元

凡购买中国社会科学出版社图书，如有质量问题请与本社发行部联系调换
版权所有　侵权必究

内容摘要

本书主要研究的是现当代西方基督教福音派（evangelicalism）运动及其神学思想。福音派是近代以来主要起源和存在于英语国家和地区并影响及全世界的、一种主要见于基督教新教中的超越传统信仰告白与宗派界限的既非基要主义亦非自由主义的神学运动或趋势。一个福音派信徒就是一个信仰和宣扬耶稣基督福音的人。在词源学上，英语中的"福音派"一词源于希腊文新约中的"euangelion"，意即"好消息"或"福音"的意思。这种福音是指圣经见证的有关上帝为世人获得精神与生命救赎而在基督里并通过基督的人格与事工所做救赎的讯息；耶稣基督的道成肉身、赎罪性死亡以及肉体复活构成了基督教福音的实质；它在圣经中的主要依据之一是"哥林多前书"十五章一至四节的一段经文。

福音派在历史上的发展与流变大致可区分出三个关键时期。一是16世纪宗教改革运动中的古典福音派时期，强调的是圣经至上、因信称义与基督中心论等原则。二是18世纪的宗教奋兴主义或虔敬主义福音派时期，强调的是个体灵性皈依、恩典的领受和圣洁的信仰生活。三是20世纪40年代兴起的现代福音派时期，强调的是圣经权威论、个体灵性皈依和社会精神变革。在社会表现形态上，现代福音派具有以下三个特征。第一，它是超宗派性的；它本身不是一个传统意义上的宗派也不局限于某一具体的宗派形式。第二，它是存在于各主流宗派中的一种主要神学运动或趋势。第三，它本身在某种意义上就代表着一种普世性运动倾向；不论各自的宗派归属如何，在福音派中存在着一种超越传统宗派界限的自然亲和力与归属感。就其发展动态而言，福音派自20世纪后期以来已成为当代基督教新教中发展最快、信众最多、宗教热情最高以及宗教活动最为活跃的流派。

全书共分六章。

第一章一般地论述了福音派的性质与特征。对什么是福音派以及福音派所强调的有别于基要派神学与自由派神学的思想内涵和社会表现进行了全面的探讨。

第二章一般地论述了福音派在历史中的发展。对福音派同宗教改革运动、宗教奋兴与大觉醒运动以及基要主义神学运动的历史渊源与纠葛做出了系统而深入的剖析和梳理，同时对现代福音派的出现及在当代的三个发展阶段做出了划分与评说。

第三章专门地研究了福音派格外强调的圣经权威学说。指出了其在现代精神压力下从"圣经绝对无误论"向"圣经一贯正确论"即从无限无误论向有限无误论的转变及其在内部引起的冲突和争论。它关涉到的是上帝在圣经中的自我启示亦即三一神中的圣父位格。

第四章专门地研究了福音派的基督中心论。分析了耶稣基督在福音派信仰、神学、灵性以及福音见证与布道中的核心地位，同时对福音派围绕基督复临所提出的神定时代论的前千禧年主义的形成、内容、传布及其在神学与社会实践上的失误与不当给予了细致的分析。它关涉到的是上帝在历史中的行动亦即三一神中的圣子位格。

第五章专门地研究了福音派在基督教各神学流派中最具特色的个体灵性皈依问题。对福音派强调的悔改、认信、皈依、重生与圣洁等内容以及达到或促进这些目标的查经、祷告、团契与见证等灵性生活做出了深入的探讨。同时对福音派强调的"合作但不妥协"的社会精神批判与变革思想进行了分析与评价。它关涉到的是上帝在人的精神与生命中的救赎与更新亦即三一神中的圣灵位格。

第六章一般地讨论了强调历史的与超自然主义信仰的福音派对现代性形式与价值之挑战所做出的创造性回应。指出了福音派试图在缺少传统性的自由派神学与缺少现代性的基要派神学这两种极端之外探索第三条路径的尝试与努力、经验与失误。揭示了福音派对待现代多元主义、理性主义、个人主义以及世俗主义等问题的态度、立场、经验与教训。

关键词 福音派 圣经无误论 基督中心论 个体灵性皈依 社会精神变革 基要派

ABSTRACT

The topic of this dissertation is a study on the thought of modern Christian Evangelicalism. Generally speaking, evangelicalism is mainly a modern Christian movement or trend which transcends confessional and denominational boundaries to emphasize conformity to some basic principles or a set of shared beliefs and outlooks of the Christian faith, eg the supremacy of Holy Scripture, the majesty of Christ, the lordship of the Holy Spirit, the necessity of conversion, the priority of evangelism, etc. It originated from and has been a decisive influence among the English-speaking peoples in the North Atlantic world; and now scarcely any part of the world has untouched by the global renaissance of evangelicalism. Etymologically, the designation evangelical derives from the Creek term euangelion, which means "gospel" or "message of good news". Basically, therefore, an evangelical is one who believes and proclaims the gospel of

Jesus Christ, the message that Christ died for human sins, was buried, and rose again on the third day in fulfillment of the prophetic Scriptures, thereby providing the means of redemption for sinful humanity (1Cor. 15: 1 − 4).

One can distinguish three dominant paradigms in evangelical history. The first paradigm derives from the confessional and dissenting movements of the sixteenth − century Reformation; it can be called classical evangelicalism and seeks to sustain the doctrinal heritage of the continental Reformationist traditions. The second paradigm, pietistic or revivalist evangelicalism, derives from the eighteenth-century German and English Pietist movements and, in the United States, from the Great Awakenings. Its emphasis is upon the experiences of conversion, sanctification and spiritual regeneration. The third paradigm, contemporary or new evangelicalism, derives from the modernist − fundamentalist conflict of the late nineteenth and twentieth centuries and gives heightened emphasis to biblical inerrancy, personal conversion and social activism. Sociologically, evangelicalism has three features in general. First, evangelicalism is transdenominational; it is not confined to any traditional denomination, nor is it a denomination in its own right. Secondly, evangelicalism is not a denomination in itself, but is a major trend or theological movement within the mainstream denominations. Thirdly, evangelicalism itself represents an ecumenical movement; there is a natural affinity among evangelicals, irrespective of their denominational associations.

There are six chapters in all.

In chapter 1, I discuss the nature and characteristics of evangelicalism in general and give a comprehensive study of who they are, what they believe, how they exist and where they are going.

In chapter 2, I carefully make an investigation into the historical development of evangelicalism, especially into the questions of the relationship between evangelicalism and the Reformation, Puritanism, Pietism, revivalism, the Great Awakening, and the Fundamentalism. Furthermore, I demonstrate that there are three stages in the development of contemporary evangelicalism and examine the characteristics of each of them.

In chapter 3, I concentrate on the important issue of the supreme authority of scripture. Regarding the nature and authority of scripture, many evangelical thinkers have moved from the standpoint of "totally inerrancy" to some form of "infallible teaching" model, in which scripture is held to be infallible only in the affirmation of its message. This infallible message is variously construed as all matters of faith and practice, or all matters pertaining to salvation, or the overall message of scripture, or the essential message of scripture. I examine systematically what the difference is between them and how the change has developed within the movement of contemporary evangelicalism. It is concerned with the revealing initiative of the God the Father.

In chapter 4, I concentrate on the strongly Christocentric character in evangelicalism. For evangelicals, Christian theology is first and foremost concerned with the identity and significance of Jesus Christ, affirming and acknowledging the particularity of his cross and resurrection, and rejecting any temptation to lapse into generalities. Moreover, I discuss the complex problem of dispensational premillennialism concerning the belief of Christ's Second Coming and give an evaluation on its negative influence on evangelical theological and sociological understandings. It is concerned with the redeeming work of God the Son.

In chapter 5, I concentrate on the problem of the dynamic of conversion that is the most distinctive aspect in evangelical belief and practice. Actually, the hallmark of contemporary evangelicalism has been its emphasis upon the experience of personal salvation, that is the individual commitment to Jesus Christ as personal Savior. By placing the central emphasis upon the relationship of the individual and God, mediated through Christ's atoning act, evangelicals develop a set of belief and practice such as repentance, faith, new birth, conversion, holiness, sanctification, etc. They also promote some essential facts of growth in spirituality such as Bible reading, prayer, fellowship and witness. It is concerned with the transforming ministry of God the Holy Spirit.

In chapter 6, I return to the general discussion in trying to analyze and evaluate the creative reaction to the challenge of modernity. In the face of culture decay, evangelicals intend to maintain the fundamental gospel principles while engaging modern society in order to influence and transform it instead of retreat into the ghetto. "cooperation without compromise" is their social strategy. The gains and losses, the advantages and disadvantages, the adherence and adaptations of evangelicalism in the context of modern culture and society are discussed in detail.

Key words: evangelicalism, biblical inerrancy, Christocentrism, personal conversion, social activism, fundamentalism.

丛书总序

当代中国大陆学术界对于基督教思想文化的研究，从20世纪80年代初期算起，迄今已经有二三十年的时间。在这一时期，通过诸多有识之士的努力，可以令人欣慰地说，在这一研究领域内取得了许多令人感到鼓舞的成果。随着这一研究领域或学科的理论发展，以及新一代学者的日益成长与成熟，中国学人已强烈感到在经过了这二三十年的基础性建设之后，有必要使自己进入到一个更高更深和更新的研究与探索阶段。在此一背景下，"维真基督教文化丛书"的推出，就希冀能够以自己深入细致的纯学术研究，成为中国基督教思想文化学术探索之切入和展开第二阶段或更高一阶段研究的有力推动者和标志物。

可以看到，中国学界对于基督教的研究在前一个阶段里往往侧重于从哲学的、历史的、社会的、文学的与文化的角度来研究基督教，即便是在对基督教思想进行学术研究之时，也大都是研究基督教在哲学、伦理学、社会学、政治学、美学、人类学、心理学等方面的思想，而对基督教思想的核心组成部分或主体思想脉络或内在理路推演即基督教神学思想，则往往采取"避重就轻"的态度。这就使得人们会对基督教思想史或者基督教思想史上的思想家的理解与评价不够深入全面，甚至产生偏颇或失当。有鉴于此，"维真基督教文化丛书"将其研究的主题，确定为对历史上的基督教思想特别是对某一思想学派或某一思想家的某些核心性的或影响深远的问题、思想、观念与范畴，做出深层次的系统的研究、剖析与评述。力争在各个具体的研究课题上做到"入乎其内，出乎其外，"有客观的理解，有公允的评价，有对他人的借鉴，也有自己独到的见解，从而成为中国基督教学术研究的一套有宽阔视野、有学术分量、有参考价值、有深远影响的丛书。

本丛书的作者大多属于中国学术界基督教研究领域的新生代。在中国，一个人在完成学业取得各种学历并进入正规的学术研究领域之时一般都在30岁以后；以此为起点，以15岁为年龄段，可以将中国现有的基督教研究学者大致区分为三代人并各有其粗略的特征，第一代是60岁以上的将要或已经退休的学者，他们在其特定的历史条件下对基督教的研究含有更多的政治文化批评与批判的意味；第二代系45岁至60岁的现今占据着中国基督教研究各种领导职位的学者，他们对基督教的研究含有更多的客观中立的意味；第三代系30岁至45岁的代表着中国基督教研究之未来的新生代，他们对基督教的研究更多地含有同情式理解与学术性批判的意味。"维真基督教文化丛书"的这些作者即属于这第三代中国基督教研究学者之列并构成了这第三代学者当中的核心与骨干。此外，他们还具备这样一些共同的特征：他们大都是从事基督教学习与研究的科班出身；他们全都具有博士学位；他们全都在中国最著名的科学院所和大学里从事着科研或教学工作；他们全都具有负笈海外的留学经历。

就上述最后一点而言，也顺便一提本丛书名称的由来。这套丛书的题名前冠以"维真"一词，其中文含义是一目了然的，学术研究对"真"的追求与维护永远都是它的目标所在。不过，"维真"一词对本丛书大部分作者而言还具有另一层含义，因为"维真"一词亦系加拿大"Regent College"这一学院名称的音译，这不仅是指本套丛书的出版得到了维真学院中国研究部的合作与支持，而且也是指本套丛书的作者至少全都曾经在维真学院这一在北美乃至世界享有盛名的研究生院进修和学习过这一事实。俗话说，"十年树木，百年树人"；又道是"万事人为本"。中国基督教学术研究有了这些新生代的崛起与跟进，假以时日，必将有更大的发展和更喜人的前景。这就像《圣经·耶利米书》所说，他们"必像树栽于水旁，在河边扎根，炎热到来，并不惧怕，叶子仍必青翠，在干旱之年毫无挂虑，而且结果不止。"

许志伟
2004年春于香港

目 录

丛书总序 …………………………………… 许志伟（1）
序一 ………………………………………… 卓新平（1）
序二 ………………………………………… 许志伟（5）
第一章　福音派的性质与特征…………………………（1）
　第一节　什么是福音派…………………………………（1）
　第二节　福音派的信仰特征……………………………（6）
　第三节　福音派的社会形态……………………………（14）
　第四节　福音派的神学立场……………………………（21）
　第五节　福音派的地缘分布……………………………（26）
第二章　福音派的历史发展……………………………（38）
　第一节　福音派的历史渊源……………………………（38）
　第二节　对"基要"教义的固守…………………………（44）
　第三节　基要派内部的不满与反叛……………………（54）
　第四节　新福音派的出现及其标志……………………（61）
　第五节　现代福音派发展的三个阶段…………………（68）
第三章　权威、启示与理性批判………………………（84）
　第一节　圣经的终极权威性……………………………（84）
　　一、圣经的神性起源：神感默示说……………………（86）
　　二、行为、话语与意义的统一：圣经的启示本质……（91）
　　三、圣经的真实性问题：现代性的挑战………………（95）
　第二节　神学分水岭：圣经绝对无误论………………（102）

一、福音派内部的"圣经之战"……………………（102）
　　二、林赛尔的神学"多米诺"理论……………………（107）
　　三、圣经中的困难与不一致问题……………………（110）
　第三节　嬗变与创新：圣经一贯正确论……………（113）
　　一、松动的迹象：有"道"，有"言"……………………（113）
　　二、艰难的过渡：有"道"，有"灵"……………………（117）
　　三、更新的局面：有"道"，有"意"……………………（126）
第四章　救赎福音的基督中心论……………………（141）
　第一节　传统的基督论：救赎的基督与神
　　　　　在十字架上的成就………………………………（141）
　　一、"以基督的十字架为夸口"………………………（142）
　　二、耶稣基督在福音派信仰中的神学意义……………（148）
　第二节　变异的基督论：复临的基督与神定
　　　　　时代论的前千禧年主义…………………………（156）
　　一、千禧年主义的久远玄想…………………………（156）
　　二、神定时代论的晚近发明…………………………（166）
第五章　个体精神皈依是社会变革的根基…………（187）
　第一节　个体灵性的动态发展………………………（187）
　　一、基督徒灵性生活及其重要意义……………………（187）
　　二、"在基督里成为新造的人"…………………………（194）
　　三、基督徒灵性培育与成长的基本要素………………（206）
　第二节　社会精神的根本变革………………………（214）
　　一、"做盐做光"的个人影响策略………………………（217）
　　二、"居于此世但不属于此世"的双重公民身份………（222）
　　三、"合作但不妥协"的社会精神批判…………………（225）
第六章　对现代形式与价值的创造性回应…………（240）
　第一节　和而不同：宗教多元论与基督教个殊论
　　　　　之间的张力………………………………………（240）

一、信仰多元主义的挑战以及宽容重心的转移……(240)
　　二、对话有助于理解的加深无助于信仰真理
　　　　的积累………………………………………(248)
　第二节　在自然中的启示以及对自然的干预………(253)
　第三节　福音化过程中的处境化压力………………(262)
　　一、在福音中的处境与在处境中的福音…………(262)
　　二、"向什么样的人，我就做什么样的人"………(274)
　第四节　现代文化精神的侵袭与挑战………………(283)
　　一、超越性下的相关性与适应性…………………(283)
　　二、合理化的"秘密囚徒"………………………(291)
　　三、信仰私人化与"赤裸的公众广场"……………(294)
结语　探索成功下的自我身份认同…………………(309)
参考书目………………………………………………(316)

序 一

卓新平

20世纪以来，世界基督教进入了多元、复杂的发展。面对社会和教会世俗化、政治及经济全球化、宗教与信仰本土化的挑战，基督教会及其神学思想有着各种回应，形成其不同发展趋势和思想走向。现代基督教福音派的兴起及其神学思想特色的展现，则正是这一社会、时代背景的重要反映。

与19世纪基督教宣教风靡世界的景观相比，20世纪的基督教经历了在其西方大本营的衰退。随着主流教会人数的不断减少，基督教在西方社会中传统作用及功能的退隐，以及持守其他宗教信仰的移民大量涌入西方各国，不少人惊呼西方进入了"非基督教化"的时代。针对西方社会基督教人数的衰减和这种"非基督教化"趋势，有人指责教会未能适应变化中的当代西方文化，没有真正融入其社会主流，因而失去了其应有的发展机遇，丢掉了其本来已经具有的社会功能。但另有人则批评教会过于向现代世俗文化的发展妥协，与其时代潮流结合得太好、融入得过多，以致失去了其信仰本真和教会身份。在此，无论哪种批评，都不否认教会在当代西方社会中的作用及影响明显衰弱这一事实。

然而，20世纪西方教会对于西方社会本身的"非基督教化"趋势亦是极为敏感、警觉的，并有着种种抵制和反抗。基督教在

20世纪的发展趋势显然有着从西方到东方、从北方到南方这一转变，甚至世界南半球的信教人数亦开始超过北半球的基督教人数。为此，西方教会在20世纪40年代开始提出"回到西方"即"向西方宣教"的口号，认为西方社会本身乃有着"重新基督教化"的当务之急。从西方天主教来看，两位法国天主教神父达尼尔（Yvan Daniel）和戈丹（Henri Godin）于1943年出版了其引起轰动的著作《法国，对之宣教的国度？》（1946年英译本题为《法国，异教徒？》）。他们指出，传统上绝大多数人信奉天主教的法国在当时仅有百分之十的人保持其天主教信仰实践，而城市劳动阶层中约有900万人已脱离教会成为"异教徒"或无宗教信仰者。面对西方社会这种"非基督教化"的走势，他们呼吁基督教宣教应回返西方，以使西方"重新基督教化"。从西方新教来看，这种对世俗化和"非基督教化"最强烈的回应，则是以现代基督教福音派为代表的灵性复兴运动在20世纪40年代的兴起。它最初是西方国家、尤其是现代英语国家的宗教复兴运动。不言而喻，其对圣经权威、个人灵性皈依和积极在社会传福音以达其精神变革等基本原则的强调，乃表现出鲜明的"重新基督教化"之旨趣和意向。

应该指出，现代基督教福音派的兴起，是20世纪以来西方基督教会及其神学最重要的发展之一。由于基督教会及其思想在西方社会中的久远传统和强大积淀，其在当代社会对"非基督教化"的抵抗和"重新基督教化"的努力乃有着全球性影响。而且，福音派宣教及其思想对海内外华人的影响也是显而易见的。因此，深入而系统地研究现代基督教福音派思想，对我们关注和了解当代教会概貌及其发展走向具有重要的理论和现实意义。1995年，笔者利用赴北美学术访问的机会，曾对新福音派神学加以初步探讨。但此后限于时间和精力，笔者无法进而全面、系统、深入地展开这一研究。所以，当董江阳博士与笔者商量其博士论文题目时，笔者鼓励他将现代基督教福音派作为专题来深入研究。尽管这一领域的研究有很大难度和现实敏感性，董江阳博士仍同意了这一选题，并作了充分准备。在许志伟教授的支持下，董江阳博士得以在加拿大维真学院进修一学年，搜集到大量第一手资料和学术信息，因而为其博士论文的撰写奠定了重要基础。毕业后，董江阳博士又利用到美国耶鲁大学进修一年的机会，对其博士论文又进行了认真修改和补充，最终完成了这部摆在我们面前的学术专著。

董江阳博士的《"好消息"里的"更新"》一书，是中国内地学术界出版的第一部较为系统研究现代基督教福音派思想的专著。此书分六章全面、深入地阐述了现代基督教福音派的兴起及其思想渊源，其基本性质与特征，其在历史中的发展及其三个重要阶段，其对"圣经权威"之理解从"绝对无误论"到"一贯正确论"的过渡，其对基督中心论的强调和对个体灵性皈依的重视等问题，并提出了自己的独到见解。在这种研究中，董江阳博士以其扎实的资料功底和逻辑分析能力，指出现代西方基督教福音派运动及其神学思想是在基要派和自由派这两种极端发展之外对第三条路径的找寻，其结果是对西方社会世俗化、"非基督教化"趋势，对西方现代性形式与价值给基督教带来的挑战做出了创造性回应。回顾20世纪基督教发展的历史，我们可以看到两种较为明显、却彼此矛盾的倾向。一是社会多元化发展带来的基督教存在形式的多元化，它表现为"分"的倾向。这种多元分殊使人们常常谈起多种基督教会、甚至多种基督宗教，人们很难找到一种统一的基督教存在模式。二是现代基督教在返本归真、找回其独特身份和基本标准时在精神追求上的共构努力，它表现为"合"的倾向。这种万流合一、求得共识的特点在现代基督教力争世界、尤其是西方"重新基督教化"上尤为明显。对此，董江阳博士认为，现代基督教福音派在其精神意向上的三个特征，正表现出这种求"合"、求"同"之走向：其一，现代基督教福音派有其超宗派性，它试图以回归基督教福音传统的努力来克服基督教历史演进中形成的宗派性；其二，它乃存在于各主流宗派中的一种主要神学运动或趋势，这就是要以其思想、精神之共构来淡化其教会存在形式之区别；其三，它本身即代表着一种普世性运动倾向，由此给现代基督徒带来了一种超越其传统宗派界限的自然亲和力与归属感，这对于现代基督教的共存和重新复兴极为重要。笔者认为，董江阳博士的这些见解和分析既独特又深刻，它们提醒我们应对现代基督教福音派的崛起和发展加以全面观察和深入研究，由此而较为准确地把握现当代整个基督教发展的脉络神髓。

  董江阳博士指出，现代基督教福音派乃20世纪后期以来在当代新教中发展最快、信众最多、宗教热情最高、宗教活动最为活跃的流派。此乃在全球化处境中在我们身边、我们当下可以感觉、接触到的现代基督教之生动存在与发展，它理应成为我们对当代基督教研究的重点之一。董江阳博士亦表示了其继续探究当代基督教灵性奋兴、灵恩运动的学术兴趣。我们衷心希望董江阳博士在今后的研究中有更大的进展、取得更多的成就。

  是为序。

2004年中国春节临近之际
写于英国伯明翰

序 二

许志伟

　　董江阳博士的这本著作是福音派神学的一项深入系统的研究。然而，什么是福音派神学？却并不容易下一个定义。它是历代基督教信徒的一个"活生生的"神学传统。其目的是如何把圣经教导运用和实践于现实生活之中。福音派神学坚持圣经是上帝的话语、是绝对无误的真理。福音派神学亦同时坚信上帝最高的启示是耶稣基督，借着圣子的道成肉身，进入人的历史，成就人的救赎，透过圣灵的大能叫人悔改而重生。换言之，福音派神学是三位一体的神学，而董博士也正是从这一基本架构去进行阐释与剖析的。

　　基督教福音派尤其强调信徒藉着圣灵的力量在基督里与三位一体的上帝建立直接的个人关系。因为凭借这种人神关系，信徒就可以直接得到上帝的呼召并执行上帝的使命。18、19世纪英美各国的海外宣教运动大部分都源于这种个体福音派宣教士对上帝呼召所做的回应。由于福音派具有这种强烈的个体精神，因此福音派的教会多数是由人数不多的教友所组成，它们各自为政，在自己的信众中选拔教会领袖，避免隶属于传统主流权大财厚的大教会。这种个体的取向与精简的教会架构，为福音派提供了跨国界跨视域及跨文化迅速增长的便利条件，使之成为了惟一真正"全球化"的宗教。

这可以从下列数据得到证明。首先，在1900年，非白人基督徒仅占全球基督徒的19%。一个世纪之后，在2001年，根据学者提供的统计数字，全球非白人基督徒人数所占比例剧增至55%，即约有11亿人，而在这11亿非白人基督徒中，超过一半以上即约有6亿人是属于福音派的。他们主要分布在拉丁美洲、非洲及亚洲（包括中国、印度与韩国在内）的部分地区。值得一提的是，在福音派信徒中亦包括有不少来自天主教的信徒，可见福音派是一个跨宗派的运动。然而也须强调，这里所说的福音派信徒并不包括所谓基要派的信徒，因为他们标志着两种不同的信念与立场。首先，福音派始于18世纪，而基要派是在20世纪才出现的。基要派注重的是如何深化信徒的生命质素，使他们从一般信徒提升为门徒。由于福音派也注重信徒质素，因此这两派有重迭的地方，甚至被混淆为一。但福音派更为强调的是努力传扬福音、使广大群众有机会听到福音而成为基督徒，因此福音派在过去两个世纪里渗透世界各地，深入社会草根阶层，以致成为现代社会增长最大、最迅速的宗教团体。有学者称福音派运动是一个"由下而来的全球化"现象，意思是说它有别于18、19世纪的西方海外宣教运动，福音派在过去两个世纪里的迅速增长并不依赖于西方的传教士，也不是乘坐"经济全球化"的"顺风车"，而是靠着福音派本身那种"活生生的"神学与信仰，在世界各地的草根阶层中，不断顺应着这些群众的环境与需要而扩张和增长，成为近两个世纪世界现代化与全球化进程中一个令人注目的现象。当今中国正赶上现代化与全球化的热潮，董江阳这本著作对福音派的神学信念有着详尽的描述与诠释，它对现代化与全球化等现象的理解亦具有重要的意义。

董博士在本书中以六章内容详细探究了福音派运动及其思想。第一、二章围绕着福音派的性质、特征与历史进行了一般性的研究。第三、四、五章是围绕着上帝的三位一体特性对福音派思想进行了专门性的分析。第六章则围绕着福音派对现代性形式与价值的创造性回应这一主题再一次进行了一般性的论述与反思。我相信,董博士的这部著作对于中国社会及学术界全面深入地理解现代基督教运动与思想具有十分重要的现实意义与学术价值。

2004年3月7日于中国香港

第一章

福音派的性质与特征

第一节 什么是福音派

福音派是个极其复杂的现象。在福音派这个名号下聚集着形形色色的亚团体与支流派，它们当中有"和平教会"保守派，有阿米尼安保守派，有卫斯理信徒，有浸信会信徒，有保守的加尔文派，有移民教会，有虔敬派教会，有基督复临论者，有五旬节派与灵恩派，有黑人福音派，诸如此类，不胜枚举。有人将它看做是"福音派万花筒"，有人将它称做是"福音派马赛克"，也有人将它当做是"福音派大帐篷"。福音派著名神学家唐纳德·布洛施（Donald G. Bloesch）甚至将它看做是一种心态或情绪[1]，亦有人将它当做是一种精神或气质。但无论如何，我们仍然还是可以将福音派看作是基督教的一种神学运动或趋势。而且，这还是一种影响极其深远、极其重要的神学信仰流派。诚如帕特里克·约翰斯通（Patrick Johnstone）所言，近年来，福音派的发展是前所未有的，"历史上，还从未有如此高比例的世界人口能够接触到福音，福音派基督徒的增长从未有如此令人鼓舞的大发展"[2]。自20世纪70年代中期以来，福音派就一直处于复兴与大发展时期。到80年代末90年代初，福音派信徒人数仅在美国就在三千万（据《今日基督教》民意调查）到六千六百万（据盖洛普民意调查；有趣的是，乔治·盖洛普本人亦自认为是其中的一员）之间，在世界范围内其信徒则有五亿（据大卫·巴雷特民意调查）之众[3]。另外，根据1992年进行的"阿克隆民意调查"[4]，在美国有30%以上的人隶属于福音派，即属于那些强调超自然的新生的必要性、信仰圣经为上帝的神启、支持团体和个人传布福音以及看重耶稣基督的死亡与复活的救赎意义的人。在美国这一群体其人数大体与罗马天主教徒持平，但要远多于任一主流新教宗派的信徒。这项"阿克隆民意调查"还根据对个人宗教信守、教堂礼拜、祷告、相信死后生命及其他一些指标的调查发现，有60%以上的福音派信徒（61%以上的白人福音派信徒以及63%以上的黑人福音派信徒）同时又隶属于宗教热情最为高涨、宗教活动最为活跃的范畴之列[5]。事实上，在每个礼拜日前往教堂做礼拜的人大多数都是福音派信徒。可以说，福音派至少在北美及英国已成为宗教生活中人数最为众多，宗教热情与活动最为高涨的信仰群体。全面认识和了解现代福音派信仰与实践的内容与特征具有十分重要的意义。

大致说来，福音派并不是什么近期的新发现、新杜撰，它有着源远流长的演变和发展历史，并可以一直追溯到原初的、使徒时期的新约基督教当中。而且，福音派信仰也不是基督教正统阵营之外的某种偏差或什么旁门左道，它可以毫无保留地接受并信仰"使徒信经"或"尼西亚信经"，它的信仰与实践始终都是以圣经为最高最终的权威。此外，福音派信仰也不是什么基要派神学的同义词，它们有着完全不同的涵义和发展轨迹。从积极的角度讲，福音派信仰当然包含着许多确切而肯定的内容，福音派神学家詹姆斯·帕克曾罗列出福音派自我理解的理想的福音派所应具备的以下四点一般性特征[6]，它有助于人们对福音派形成一种梗概的、整体性的了解。

首先，福音派是实践的基督教，他们是以全身心追随耶稣基督的"完全的门徒"。换言之，福音派不单单是一种神学，不单单是一种灵性,也不单单是一种行动方案,因为它是这三者的总和。而且作为基督的门徒,使得他们必然要在世俗主义文化的潮流中逆向而行,否则,就不可能成为一个福音派,也不可能成为一个真正的基督徒。其次,福音派是纯粹的基督教。追求教义、教会与伦理上的纯洁性历来是福音派关注的核心。他们认为,判定是否是纯正基督徒的标准就在于检验其是否一贯恪守纯正的以圣经为依据的基督教信仰;而判定是否是纯正基督徒信仰的标准则可用使徒保罗提出的消极与积极双重标准加以检验:从消极的标准而言,就是不以人的智慧与事工来干预对神的救赎的理解,而应对上帝在他的"道"、在他对人的恩典中给人的启示保持完全的开放与依赖;从积极的标准来讲,就是完全接纳基督的救赎与荣耀为我们的智慧、正义、圣洁、救赎、平安、生命和希望。据此尺度,福音派自认为属于纯粹的基督教。再次,福音派是统一的基督教。这就是说福音派是超宗派性的,他们将对福音派的爱与忠诚置于特定的宗派教派范畴之上。但这并不意味着他们是分裂的宗教主义者或个人主义者,而是出自他们特定的福音派普世观。实际上,福音派所希冀的是使全世界的教会都植根于福音派神学的基础上,并通过福音派神学获得全面的更新和振兴。也就是说,福音派神学本身就具有一种普世主义性质。最后,福音派也是理性的基督教。现代福音派的兴起其主因之一就在于对基要派所持的理性蒙昧主义的不满与反叛。而今,福音派在注重经验的同时,也同样强调福音派信仰的合理性、一致性与可解释性,并鼓励信徒站在福音派信仰立场上去积极而有力地展开基督教信仰的护教学努力。

可见,福音派是超越信仰告白与宗派界线的一种现代基督教运动,它强调的是在基督教信仰基本原则上的统一性和对福音传教活动的必要性与迫切性。一个福音派信徒就是一个信仰和宣扬耶稣基督福音的人。在英语中"福音派"(evangelical)一词来源于希腊文新约中的"euangelion"这一术语，意即"好消息"或"福音"的意思。在新约中它是指上帝为拯救人脱离罪恶通过耶稣基督道成肉身而生活、死亡并从死亡中复活的"好消息"。福音是圣经证实了的对人的永生至关重要的好消息，它是有关罪者为获得精神与道德的救赎而通过耶稣基督的人格与事工在上帝眼里有可能称义的讯息。这个消息要告诉人们的内容是，正如圣经中所预言的，基督因为人的罪而死，被埋葬，并在第三天复活升天，因而为陷于罪的人的获救提供了现实的可能。"耶稣基督的道成肉身，替代性死亡以及肉体复活构成了基督教福音的实质所在。"[7]它在圣经中的主要依据是《新约·哥林多前书》第十五章第一至四节的一段经文："兄弟们，我如今把先前所传给你们的福音，告诉你们知道。这福音你们也领受了，又靠着站立得住；并且你们若不是徒然相信，能以持守我所传给你们的，就必因这福音得救。我当日所领受又传给你们的，第一，就是基督照圣经所说，为我们的罪死了，而且埋葬了，又照圣经所说，第三天复活了。"这就是说，这种好消息是圣经预言并实现了的神的承诺。上帝纯洁无罪的弥赛亚代替注定走向沉沦的罪人而死亡，而且,这被钉十字架的救赎主被神从死亡中复活、升天并得着神的荣耀,从而成为了世人通向永恒的道德、精神与生命世界的舵手。

由此可知，正如使徒保罗所说，这好消息或福音并不单单就是作为上帝真正儿子的"拿撒勒的耶稣"给人留下深刻印象的死亡，它不单单就是道成肉身本身，它不是耶稣完全的圣洁生活，它不是在末世对万邦万民审判时基督的复临，它也不是圣经的真实性。这就是说，对福音派而言，"那至关重要的不是耶稣的教导，而是他牺牲性的生活以及在十字架上的死亡。福音就是十字架的意义"[8]。道成肉身的意义是通过十字架而获得阐明的；福音派将道成肉身及其他教义都置于十字架的教义之下，而不是相反。任何企图将福音淡化成诸如有关个人的自我实现、以忏悔为条件的新生、圣灵的内在丰富与充盈、灵语或奇迹、物质的丰富或实际的利益之类的做法都完全是错误的[9]。一般地,有两条基本的信仰原则或标准为福音派所一贯持守。一条是所谓的形式原则,另一条则是所谓的质料原则。前者是指圣经的真实性、权威性与终极性;后者是指使徒保罗所说的福音[10]。它们构成了福音派之所以成为福音派的最为一般的内涵和特征。

在此需要指出的是,这里所说的"福音派"(evangelical 或 evangelicalism)同英语中常用的"福音传教"(evangelism)一词是两个完全不同的概念,后者专指布道与传教的行动与事业,而前者则是一个更加宽泛的神学范畴。简单地讲,福音派(evangelical)在西方日常使用中有四种不同的指称和用法。在讲德语和西班牙语的地区,它可以简单地指称整个"新教"。在德国和瑞士,这个术语有时还可以专指新教当中的路德宗,以同那些追随茨温利与加尔文的"归正宗"相区别。第三种常见用法是指英国国教会中兴起于 18 世纪的一个具体派别,他们希望通过强调个人皈依等教义来重新激活教会。以上这三种用法都不完全属于我们这一研究中所说的福音派的指称对象。我们所说的福音派(在英语中其名词形式为 evangelicalism)是指一个享有共同信念和实际联系的超宗派性神学运动或趋势,"即这个群体接受了宗教改革时期强调的圣经独一无二的权威性以及单凭信仰基督获救的教义,同时还增加了在有节制的信仰生活中追求灵性与圣洁,以及对一切人传福音的信念,此外,这个群体还坚信同其他不同宗派或在次要问题上持不同观念的基督徒的合作是极其重要的"[11]。

第二节 福音派的信仰特征

福音派是一种十分复杂的活生生的宗教现象,要准确把握它的本质特征绝非一件轻而易举之事,惟有对其予以全方位、多角度的审视与剖析,才能领悟它是其所是的独有特征与形态。从外部形态讲,现代福音派是在对基要派与自由派的批判与拒斥中确立自己的发展走向的。换言之,在消极的意义上,福音派是主要存在于现代英语国家和地区新教中的一种既非基要主义亦非自由主义的神学运动和趋势。当然,要完整而准确地把握现代福音派的特征,仅有这种外在的、消极意义上的认识是远远不够的,还必须要揭示福音派内在的、本身所固有的那些性质与内涵。在何为福音派本质特征这个问题上,有关专家与学者由于彼此的视角与重心不同,更由于相互的好恶与信仰的差异而对此众说纷纭、莫衷一是。不过,全面考察这些学说,可以为我们形成自己的见解提供有益的线索与启发。

关于福音派的特征,历来就有所谓的形式与质料"二原则说"。1990年福音派联盟发布的"福音派声明"就再次肯定了这一见解[12]。它认为福音就是关于上帝在耶稣基督中成为人而生活、死亡并从死亡中复活,以使人们从罪恶中获救的"好消息"。福音派在信仰和宣扬这个"好消息"时特别强调两个基本原则。一是所谓的质料或内容原则,他们坚信所有那些来自圣经的最为基本的教义,例如他们信仰圣父、圣子、圣灵的三一性;基督的预在论、道成肉身说以及完全神性与完全人性统一说;基督无罪圣洁的生活以及教导的权威性;替代性赎罪说;从死中的肉体复活说,以及二次复临和对生者与死者的审判说;奉行圣洁生活、为福音作见证以及事奉上帝与人类的必要性;对未来生活的希望等等。福音派相信所有这些教义全都是来自圣经,它们经过"使徒信经"的概括与总结而成为了历史的福音派教会所一贯信奉的信仰告白。另一原则,则是所谓的形式原则,它认为圣经是一切教义的具有终极权威性的来源。福音派认为圣经之道与上帝之道是完全同一的因而也是完全真实和值得信赖的,它是指导人们精神与生活的最高权威。这样,对基督福音的信仰以及对形式与质料二原则的恪守就构成了福音派的突出特征与标志。不难看出,这种学说强调的是福音派在神学与信仰上的特征,但并没有涉及到它的历史形态与行动纲领。

有鉴于此,福音派神学家唐纳德·卡尔森(D. A. Carson)侧重于历史的角度提出了福音派的"三要素说"[13]。他认为,福音派在其历史渊源上就有拒斥"高教会"神学的传统,他们强调圣经而不是圣传的自足性与终极性,认为是基督的赎罪性死亡及复活而不是宗教仪式或圣礼为罪者的救赎提供了真实的可能,人人都可通过聆听并信仰上帝之道而直接站在神的面前,不必经过祭司或神职人员的中介。同时,他们认为近现代兴起的圣经高批判原则最终会削弱圣经的权威性,因而强烈地认同于教会对圣经权威的历史承诺。因此,"低教会论"、"高圣经观"以及"福音传教热情"构成了福音派运动的三个主要特征。需要指出的是,这三个特征的确是福音派特别是历史的福音派所具备的显著特征,但仅凭它们尚不足以将福音派同其他神学运动或流派完全区别开来,也就是说,这些特征并不是为福音派所独有的特征。

同时,富勒神学院教授罗伯特·约翰斯顿(Robert K. Johnston)从另一方面认为福音派是同时涉及头脑、心灵与双手(Head, Heart and Hand 简称"3H")的宗教,福音派是指那些主张个人性地体验福音、圣经性地界定福音,以及富有激情地传播福音的人[14]。为此,约翰斯顿还提出了一套判定是否是福音派的可操作性方案,它涉及个体对以下三个问题的回答:需要同救主耶稣基督保持个人性的关系吗?圣经是自己惟一的有约束力的权威吗？人有义务同远近的邻人以语言和行为方式分享福音吗？如果对这三个问题的回答是肯定的，那么就可以认为他是一个福音派信徒。

当然，要仅凭这些来准确把握福音派的独有特征是颇为困难的，因为福音派是一个极为复杂与繁复的现象。对此历史学家托马斯·艾斯丘（Thomas A. Askew）深有同感地指出，要准确限定福音派不是一件易事，因为它"从来都不是一个宗教组织，也不主要是一个神学体系，甚至也不是一个具有包容性的运动。它是紧密围绕圣经神学并涉及宗教体验主旨的一种态度、观点或方式"。尽管如此，艾斯丘还是指出，那些为大多数福音派所认同的特征主要有四个："圣经"是信仰与实践的惟一权威，救赎来自对福音的信仰；"皈依"是开始有意识的基督徒生活的必要的个人体验；有意识地对个体灵性与圣洁生活的"培养"是极为重要的；在福音宣扬与社会改造两个层次的"宣教"是基督徒的责任与义务[15]。艾斯丘的这种"四要素说"要取得个体福音派信徒的认可自然是情理之中的事。不过，这种特征论侧重的是信徒个人的经验与反应，而没有指出福音派在神学上与众不同的特征。

能够同时从神学教义与宗教经验两个方面很好地把握福音派特征的当属英国宗教史学家大卫·贝冰顿（David Bebbington）所提出的"福音派四特征说"[16]。贝冰顿从宗教信仰与宗教实践两个方面概括出了福音派的四个主要特征。它们分别是"皈依主义"，即对生活生命需要改变的信仰；"行动主义"，即宣扬福音的行为与努力；"圣经主义"，即对圣经权威的特殊看法，以及"十架中心主义"，即强调的是基督在十字架上的替代性牺牲；这种值得优先考虑的"四边形"构成了福音派的基础。贝冰顿的这种福音派"四特征说"可以比较准确地揭示了福音派的独有本质与形态，成为影响较大、流传较广的一种颇具代表性的看法。不过细究起来,这种学说也仍然存在着一些值得商榷的地方,首先就是贝冰顿使用四个"主义"来作为福音派的特征令福音派信徒在心理上难以接受,因为它们似乎暗示着某种怪诞、偏差、支流或失误。同时,福音派大都倾向于将自己看做是信仰与实践的有机整体,而位于其核心的则是他们对圣经权威的认信和恪守,在这种意义上,应将圣经权威性特征置于首要的地位。此外,"十架中心主义"似乎也是个比"基督中心主义"更为具体和狭义的范畴,而后者似乎能更恰当地反映福音派对基督福音的信仰和领悟。尽管如此,贝冰顿的四特征论仍然表明,虽然福音派在历史文化环境中不断得到发展与重塑,但它仍然保持着某种一成不变的共同核心或本质[17]。

比大卫·贝冰顿的"四特征说"更详细、更全面的关于福音派特征的描述是由著名福音派神学家詹姆斯·帕克提出的,帕克认为福音派具有六个核心性或基础性的信念[18]。从时间上讲,帕克的福音派"六特征说"的提出要早于贝冰顿的"四特征说",它是帕克在1978年出版的《福音派圣公会的身份认同问题:一相分析》中提出的,而贝冰顿的"四特征说"则形成于其1989年出版的《现代英国福音派》一书之中。从内容上讲,帕克的"六特征说"涵盖了贝冰顿"四特征说"。而且,帕克的学说也同样经得起时间的检验,牛津大学神学家阿利斯特·麦格拉思在1995年出版的《福音派与基督教的未来》一书中就再次肯定了帕克的"六点论"并对之做了进一步的补充和发挥[19]。具体说来,这六点关于福音派特征的见解如下。

一是圣经的至高权威性。福音派把圣经看做是由神所默示的上帝之道,是指导人们信仰与实践的最高权威。福音派坚持圣经的权威,就是要使自己免于束缚于所谓的时代的自我形象之中,因为使自己的观念与价值受制于任何人或事物而不是在圣经中自我彰显的上帝,就是一种偶像崇拜。在福音派看来,一味追求文化适应形式的基督教更易于变成文化的囚徒而不是文化的解放者。惟一能够保证基督教免于随文化时尚的变迁而随波逐流的方法，就是要使自己精神与信仰深深植根于一种独立于变易不居的时代文化的根基之上。对此，传统的福音派方式就是坚持以圣经为神学和精神领域的最高、最终权威，以圣经的原则来评判今日的文化时尚，而不是根据一时一地的文化来评判或修正圣经，因为两者不是同一层次上的精神和价值标尺。

二是耶稣基督的威严性。正如人们常说的，基督教是关于基督的宗教，若不信拿撒勒的耶稣为个人的救主基督就不能称为基督徒。同样地，福音派当然也是信仰和宣扬福音的流派，否则，也就无法称为福音派。而福音的主体和实质就是新约见证的耶稣基督的生、死以及复活。福音派信仰耶稣基督的死是一种替代性的赎罪，它覆盖或遮掩了人的罪，避免了神的公义的愤怒，使人同神能够重归于好，以使人从精神的枷锁与羁绊中获得救赎，这就是福音的基本内涵。福音派在神学上最为突出的特征就是坚信一种彻底的基督中心论，基督中心性在福音派神学中具有最为突出的地位，同时，它也是同圣经权威性密切相连的，因为圣经是见证福音的最终源泉，而耶稣基督又是圣经所见证的福音的核心所在。

三是圣灵的统治性。福音派赋予圣灵以极其重要的地位，认为正是圣灵的作用导致了个人的灵性与精神的重生。圣灵在赋予理解、激发信仰、导致重生、唤起祷告、缔造团契、维持自制等方面发挥着至关重要的功能。圣灵在基督教各种神学体系中历来就处于相对比较次要的地位，但在福音派中则是个例外，这一点尤其明显地表现在像五旬节派这样极具灵恩运动倾向的宗派都被接纳到福音派这一阵营中来。福音派主张基督徒的生活是在圣灵中的生活而基督教会则是圣灵的团契。

四是个人灵性皈依的必要性。有的人仅在形式上同意耶稣基督的教义,但却没有真正经历被耶稣基督接纳的体验;有的人能口若悬河地谈论基督救赎的本质,但却在自己内心从未把自己看做是一个亟待救赎的罪人。这一切对于福音派信仰来说都是不可思议的事情。福音派认为,基督教信仰不是消极地对一些命题和信条的赞同,而是一种同被钉十字架又复活的耶稣基督的活生生的、动态的个人关系,每个基督徒在生活中都应展现出某种认信皈依以及由此而来的个体生命的转变,亦即要有对上帝积极主动的认信以及同神相遇并为神所改变的意识和生活。这就是说上帝是被认信的,而不仅仅是被了解的;对神的信仰意味着个人在生命中同神的相遇,而不仅仅是停留在书本上的了解。J.I.帕克有本发行逾百万册的著作,其书名就是"Knowing God"而不是"Knowing about God"。这就是说人不应仅仅满足于"认识神"的层次,而应达到"认神"以及"同原本没有信靠关系的神建立起真正的信仰关系"的层次;不仅要有理性上的认识,更要有在整个生命上的对神的认信、认靠和体认,这一点正是福音派的个体灵性皈依特征所特别强调的地方。需要说明的是,福音派认为个体灵性的皈依并不是人的努力的结果,而是上帝藉着圣灵所彰显的救赎作为。人在寻找神的同时,神也在寻找着人,皈依或重生就是神人相遇与和好的过程或时刻。福音派强调皈依的必要与重要性,也就意味着他们必然也格外强调堕落的人的罪性、无能与失丧感。对神的皈依正是人从罪中获救的惟一途径。惟有经过皈依与重生的人才能领悟新生命的喜悦。所谓"前我失丧,今被寻回,瞎眼今得看见"[20],就是对福音派皈依过程的形象化描述。

五是福音传教的优先性。对福音派来说,自我重被寻回的喜悦会驱使他去将这一对每个罪人都敞开的神的恩典告知给其他的迷失者。同他人分享基督的希望对于一个福音派是自然的也是合情合理的,因为对他人所做的福音见证,正是自己的心灵与生命对上帝大爱的回应性事奉的一个重要方面,是他崇拜的实质所在。麦格拉思指出,福音派将宣扬福音置于优先的地位是出于四个方面的考虑:第一,个人信仰的需要引发了个人信仰如何形成的问题,以及已信者对这一过程的责任问题。第二,福音派对基督为救主为权柄的宣扬自然也就包含有扩展基督之国的关注。第三,对圣经的忠实信仰也就意味着要必须严肃对待圣经中所有的那些要求去宣扬基督福音的诫命[21]。第四,认信基督的巨大喜悦,也使得福音派自然而然地希望同他所关爱的人分享这一体验,就像个人的慷慨与体贴关爱行为一样。而且,宣扬福音也是关系到教会在世界中的未来的重大问题。故而,福音派特别把福音布道置于信徒使命的优先地位。

六是基督社团的重要性。福音派认为信徒在基督中作为信友的相互交流对于保持灵性的健康发展具有十分重要的意义。而且这一点正是教会生活的本质所在。他们认为,教会首先是这样一个社团和有机体,其中重要的是实现团结友爱以及对他人灵命与实际需求的帮助,而不是组织、教阶或仪式之类的东西。

在某种意义上,帕克和麦格拉思所坚持的这种"六点论"的基督教,十分接近于英国当代著名基督教思想家 C. S. 刘易斯(C. S. Lewis)所提出的所谓"纯粹的基督教",它是横亘于基督教教会各时代的共同信仰和追求。这六点在福音派看来共同代表着具有自我身份认同作用的具有特殊意义的重心。比如,有些其他基督教信仰流派也承认福音传教的必要性,但它们往往并不像福音派那样把它置于具有特殊意义的具有限定自我身份性的重要地位。当然,福音派不会把"上帝的知识"当作纯抽象和形式化的东西。相反,福音派认为它具有强烈的经验与个人性特征,它不仅能改变思想也能改变心灵。这就是说,在这些核心教义之外,福音派运动还拥有一种独特的精神或气质,它是围绕一系列圣经原则而不单单是特定的教义所表述的基督教思维与生活方式。圣经不仅是神学的源泉，而且也是基督教个人或团体生活与敬拜的根基。

此外，英国当代著名神学家与宗教活动家约翰·斯托特(John Stott)认为帕克的福音派六特征说中还存在着另外一种瑕疵，即帕克列出的这六种特征是对并非隶属于同一个层次上的事物的同级并列，这就是说他的前三个特征即圣经权威性、基督威严性和圣灵统治性与后三个特征即传教、皈依与团契分属两个不同层次和两类不同的范畴，因为正是三位一体的神引发了皈依、促成了传教、创造了团契。对此，斯托特指出，"当我们试图限定福音派的身份本质时，我们应当在神性和人性之间、在主要的和次要的之间、在中心性的和次中心性的事物之间作出区分"[22]。因而，斯托特主张应由繁归简，将福音派特征归结为圣父的启示、圣子的救赎以及圣灵的转变这三种基本特征。

无论如何，所有这些有关福音派特征的学说与看法，都可以说在一定程度上，从一定的侧面上描述了福音派在神学教义与信仰上的特征。要准确、全面而又不失简明地把握福音派的特征，就是要揭示出福音派在神学信仰上所采取的最核心、最基本的立场与观点，同时又要标明福音派在同其他神学派别的关系中借以界定自我独特身份的内涵，就是说，既要表明福音派的丰富内容又要指出它的鲜明个性。在以上对福音派特征分析的基础上，可以认为，现代福音派的主要特征大致可以简明扼要地归结为以下三点内容：

第一，圣经终极权威论。它是对三一体中的圣父藉着由他默示而来的圣经向人言说和自我启示的强调。

第二，救赎福音的基督中心论。它是对上帝在圣子耶稣基督里并通过耶稣基督对人所做的救赎的强调。

第三，个体灵性皈依与社会精神变革论。它是对圣灵在福音宣扬、在个体灵性皈依与成圣、在以此为基础的社会精神变革过程中所发挥的决定性作用的强调。

可以看到，坚持圣经的最高、最终权威是福音派历史上最为鲜明的特征，它直接渊源于16世纪宗教改革时期所确立的圣经而不是圣传具有最终权威的原则。自19世纪后期以来，是否认同圣经的最终权威性，成为福音派同自由派、现代派神学决裂的分界线。坚持圣经在信仰与实践上的最高权威性，成为福音派聆听上帝之道、信仰和宣扬基督福音，抵御自由主义与世俗主义侵袭的可靠根基和源泉。而圣经宣扬的就是基督的福音；基督中心论则是福音派在神学上的最为重要的核心。所谓福音当然是基督的福音，福音派之所以被认为福音派就是因为他们是信仰与宣扬基督福音的人。基督的生活、死亡与复活成为福音派神学关注的主要对象和中心。对基督福音的信仰同时也包含着对它的宣扬，重视福音传教也同样是现代福音派的突出特征。强调个体灵性皈依肇始于18世纪福音派对新教神学经院化教条化的不满；强调社会精神变革则渊源于20世纪40年代初期新福音派对基要派的撤离与孤立主义的反叛，二者都构成了现代福音派确立自我身份认同的重要象征或标志。当然，以上这三种福音派特征是相互联系、密不可分的，它们共同构成了福音派在信仰与实践上的本质特征。

第三节 福音派的社会形态

在不少历史学家和神学家中，当然还有社会学家中存在着这样一种倾向，即避免通过神学因素来限定福音派的特征，而是转而强调它的一系列文化、体制、组织或个人因素方面的独到之处。其中有代表性的有理查德·奎比道克斯（Richard Quebedeaux)、乔治·马斯登和理查德·林茨（Richard Lints）等人。究其因，一方面固然是因为福音派作为一种社会存在自然有其社会性因素及特征,但另一方面也在于不少人认为,在福音派这一框架内,与其说神学的统一性不如说神学的多样性更符合福音派的本质特征。能够标志这一运动特有身份的在更大程度上是社会文化因素而不是某些限制性的共同神学教义。有人甚至极端地认为,教义标准只是位于这一运动的边缘而不是核心的位置,福音派运动主要不是由某种信仰告白或神学框架聚集在一起的[23]。

而且,福音派作为一种神学趋向或运动常常是同基督教各宗派(denomination)密切相关的。人们常常会看到一些"福音派"加"某一宗派"的复合指称表述,比如循道宗福音派、圣公会福音派、长老会福音派,等等。他们使用这样的表述意味着他们尊重自己所接受的宗派身份和传统遗产,但同时他们又感到它们在某个或某些方面偏离或背弃了福音派的、因而也是圣经本身的基本信仰。当这些"宗派性福音派"指称出现的时候,人们几乎总是联想到福音派的那些基本的信仰与教义。比如对于英国圣公会来说,福音派可以被看成是像两百年前的循道宗一样为圣公会内部复活与振兴的触因与动力,事实上,福音派已在英国国教内取得了长足的发展,并发挥着越来越大的影响。人们无论是说"圣公会福音派"还是说"福音派圣公会"都没有什么内在的矛盾或不一致之处[24]。在他们看来,那些相对规模较小或组织严密的宗派或教会联盟往往能较好地保持他们的传统遗产,然而,他们也常常不得不为此付出某种代价而陷入相对内向的文化孤立主义窠臼,并且也会使其在传教布道上陷入不利的地位。而超宗派性的福音派或者说认同并加入福音派的宗派则能较好地克服这类弊端。它不否认彼此的传统差别,而是强调共同的事业以及所面临的共同的敌人,因而能使不同宗派背景的人都汇集到福音派的旗帜下来。比如 M. 埃里克森的神学具有浸信会色彩,T. 奥登的神学具有卫斯理特征,而 A. 麦格拉思的神学又具有圣公会意味,但这些并不妨碍他们都共同属于福音派阵营中的一员。

当然，福音派绝不是通常意义上所讲的作为一种有组织的宗教结构性质的宗派。这就是说，只有在承认其内部丰富多彩的多样性与差异性的基础上，人们才能正当地将福音派作为一个单一的现象来看待。在"宗派性福音派"的符合构成中，后者比前者具有更为重要的意义。他们认为在今日基督教阵营中，福音派与非福音派的区别具有比传统的宗派间的区别更为重要的意义[25]。

就福音派作为一个统一的整体而言，其含义从来都不是单一的。乔治·马斯登认为可以将福音派区分为三种不同意义上的统一体[26]。首先，福音派是指一个概念性的统一体。在这种意义上，福音派是指那些强调以下五点神学信仰特征的基督徒。一、圣经的终极权威性；二、圣经记载的上帝救赎事工的真实性和历史性；三、个人仅凭信仰基督而获永恒的救赎；四、福音传教的重要性；五、灵性改变生命的重要性。根据这样的定义是可以区别出一个独立的宗教信仰群体的。在这种意义上，福音派基本上是一个抽象的概念，因而它指称的是一个广义的和包容性的信仰群体，其内部的多样性特征表现得尤为明显。大多数有关福音派的民意调查，所指的基本上就是这个意义上的福音派。

其次，福音派也可以是指一种更为有机的运动。具有共同传统与体验的宗教团体，彼此之间尽管具有极大的多样性和极少的组织联系，但仍不妨碍它们可能会共同构成一种朝向同一目标的运动。在这种意义上，福音派就是指一种具有共同传承、共同倾向和身份认同的动态的宗教运动。这同样也是一种广义的和具有包容性的统一体，一些福音派亚群体之间即使只有为数不多的联系和共同事业，也有可能使它们共同构成同一历史运动的一部分。这样，它们就会真正形成一种由各分散的、具有鲜明多样性的部分而组成的，但同时却能够展现出某种一般性模式的所谓"福音派马赛克"：尽管彼此传承、重心与文化经验不尽相同，但他们都有着共同的对圣经权威的认同感，都有着共同的对圣经信息的传统超自然主义理解,也都面临着共同的理性主义与世俗主义的挑战与压力。在这种情形下,他们就有可能求同存异,共同组成一种其主旨清晰可辨的历史性宗教运动。

最后,在上述两种广义的福音派内部,还存在着一种更为狭义、更为自觉的"福音派"超宗派性团体,那些认同于"福音派"机制的人员为此建立起了复杂的内部基础设施。就这个意义上的福音派而言,它不仅具有共同的传承与倾向,而且还是一个具有高度自觉性的宗教群体,它是一种宗教性的团契或联盟,拥有高度完善的宗教设施与组织形式。马斯登指出,如果对上述这三种意义上的福音派不加甄别地混为一谈,特别是将第三种狭义的福音派同前面两种广义的福音派混为一谈,就会造成许多认识上的模糊和混乱。当然,这三种含义是相互交叉、重叠的而不是彼此对立的。人们通常所说的,包括本文所指的福音派是广义的福音派,它相当于这种分类中的前两种形式。

由此可见,福音派绝不是传统意义上的基督教宗派。事实上,在福音派中历来就存在着基于对圣经权威的某种理解而来的,对体制性的教会所采取的一种低调的立场[27]。他们将在神与圣经面前"人人皆为祭司"的观点发挥到了极致。每一个信徒而不仅仅是神职人员可以解释圣经,可以"布道",可以传福音,可以判定哪些是正确的教义哪些是不正确的教义,也可以宣布什么是正统什么是异端。在历史上,福音派就对传统体制化、教阶化的教会采取了比较低调的看法,在这一点上可以说他们继承了英国国教会中反教权主义的"低教会派"的立场。而且,在福音派神学体系中,从来就没有出现过比较一致的教会理论,它认为圣经特别是新约在这方面的看法是开放性的,任何宗派性的区别相对于福音真理而言都是次要的。福音派看待教会的焦点既不是它的教阶制亦不是它的什么外在的物质形态,而是人——由圣灵通过耶稣基督而带给上帝的那些人。教会本质上更多的是末世论的、与神处于约定中的人的社团。总之，福音派作为一个基督教运动更多的是由它的基督论、救赎论和圣经观而不是由它的教会论来界定自身的。因而，A. 麦格拉思提醒人们在理解福音派的教会学特征时，应注意以下三个方面的特征[28]：

第一，福音派是超宗派的。它本身不是基督教的一个宗派也不局限于某一传统的具体宗派。

第二，福音派是存在于各主流宗派中的一种神学和信仰运动或趋势。

第三，福音派自身就代表着一种普世性运动。不论各自的宗派归属如何，在福音派中存在一种超越传统宗派的自然的亲和力和归属感。

对于这半个多世纪的当代福音派运动来说，传统的、历史的基督教宗派之间的分歧与竞争已不再是它关注的焦点，引人注目的是那些形形色色、数不胜数的具有某种特殊目的的准教会组织的出现。在传统宗派结构之外，大量活跃着的是各种福音机构、布道机构、圣经协会、出版机构、期刊杂志、广播电视节目、妇女宣教组织、青年事奉组织、监狱布道组织、夏令营、神学院、圣经学校、主日学校、专业协会、职业协会、灵恩群体、查经班，等等。它们在某种程度上接收并履行着传统宗派的某些功能，这一切集中体现了福音派运动的非宗派性特征。它为福音派在福音布道的领域与范围上提供了前所未有的新视野、新手段和新动力。

当然，福音派的这种性质也就决定了在其内部不可能是齐一化的。围绕不同的教义和信仰，在福音派内部表现出一定的差异和多样性是必然的。据此，为考察福音派内部的丰富多样性，有不少学者尝试依据不同的标准对福音派，乃至对整个保守派基督教阵营做出某种分类。

德国图宾根大学的彼得·拜耶豪斯（Peter Beyerhaus）教授

将他理解的"福音派"区分为六个群体[29]，即新福音派，他们抛弃了基要派的科学恐怖症与政治保守主义而寻求最大可能的合作；严格的基要派，他们坚持绝对的分裂态度；告白性福音派，他们更重视恪守某种信仰告白而拒斥现代的教义谬误；五旬节派与灵恩派；激进福音派，他们承认某种社会政治义务并试图将福音见证同社会行动组合在一块；普世福音派。拜耶豪斯的这种分类缺少统一的标准，而且还包括了并不属于福音派阵营的基要派在内。这种分类基本上属于社会学意义的分类。

类似地，福音派神学家加布里埃尔·法克雷（Gabriel Fackre）也罗列出了六种范畴的福音派：[30]基要派（好争斗的、分裂性的）；老福音派（强调个人皈依与大众传教）；新福音派（承认社会责任与护教学）；正义与和平福音派（社会政治活动主义者）；灵恩福音派（强调灵语、治疗与崇拜）；普世福音派（关注联合与合作）。同样地，这种分类也同拜耶豪斯的分类一样包括进了不应包括的基要派而且也属于一种社会学意义上的分类。

与上述两种分类略有不同，理查德·圭比道克斯则依据教义重心的不同，按照从基要派到福音派的连续渐变统一体的模式，将整个保守派基督教区分为五大类型：分裂主义基要派（它位于这一连续体的最保守的一端）；开明基要派（分裂倾向不太明显，同情福音派但不愿放弃基要派这一术语）；体制化福音派（持圣经无误论）；新福音派（持圣经一贯正确说，并接受了圣经批判原则）；青年福音派（隶属于新福音派内的年轻而具有反叛和创新精神的福音派）。圭比道克斯的这种分类有利于人们了解保守派基督教内部在神学教义上的细微区别。不过，所有这些分类都是依据某种神学、历史学或社会学的特征而对现实的复杂的福音派的人为区分，它们仅在一定程度上具有理论与认识上的意义。

其实，当代福音派内部已呈现出越来越强的非中心化的离心倾向，福音派作为一场神学运动也日渐走向支离破碎的局面而不是统一策略、联合行动的神学阵线，以至于现在很难明确地说出福音派到底是由什么构成的，甚或连谁是以及谁不是真正的福音派都是一个令人感到棘手的问题。有鉴于此，一些福音派阵营的神学家开始积极尝试用新的视角或新的思维模式来审视福音派这一日趋复杂与多元的社会现象。其中，最具代表性的是，在界定福音派时，以"核心型思维取向"来代替原有的"界线型思维取向"，即按照福音派这一运动的核心而不是按照其边界来限定福音派的实质。

唐纳德·卡尔森就认为，"福音派"只有在追溯到它的"福音"一词的词源学意义上时才是最有价值的。按照这一思路，福音派作为一种运动应被看作是由其"中心"而不是其"边界"来决定的，当然，这一"中心"是根据其信仰告白并时刻接受圣经的检验而确立的。这样，当代福音派这一概念就可以包括进足够多的人，而不是这些人的全部神学观念[31]。采用这种思维取向，其实对于卡尔森来说是迫于形势下的无奈选择，他本人对福音派的这种发展趋向是持悲观态度的。因为这样做有可能会使这一运动演变成仅具象征意义的徒有其名的指称，而很难包括有什么实质性的内容。所以，他认为对福音派的这种核心型理解不会得到流行，而且从长远的角度讲应放弃这种理解方式。

与卡尔森的消极看法相反，富勒神学院的罗伯特·约翰斯顿则对以核心型取向代替界线型取向这一限定福音派的方式持完全乐观的态度。他认为静态的界线型取向仍带有基要主义的好斗与分裂主义色彩，而动态的核心型取向思维模式则更适于当代福音派与社会文化的实际现状，有利于培养福音派的宽容、对话和友爱精神。约翰斯顿还依据这两种取向模式对福音派神学家做出了分类，他认为，卡尔·亨利、詹姆斯·亨特以及大卫·韦尔斯等人属于界线型取向的代表。而以富勒神学院教授为主的大卫·哈伯德、理查德·莫乌（Richard J. Mouw）、罗伯特·约翰斯顿以及加拿大的克拉克·平诺克和英国的约翰·斯托特等人则可以归于核心型取向范畴。介于两者之间的过渡形态的代表则为爱德华·卡内尔和伯纳德·拉姆。这种划分当然只属一家之言，但它仍能为人们理解福音派内部的神学类型与走向提供了一定的参考。按照约翰斯顿的这种模式，福音派神学就从原有的信条式定向转为围绕福音的更具流动性的核心定向，它在一定意义上也消除了原有的正统与异端的分界线，使得人们不可能再明确指出哪些信仰与流派属于神学上的"异端"。对此，约翰斯顿强调，福音派是一种运动而不是一个宗派或教会，它作为一种运动没有能力也没有义务去评判是否是异端之类的问题[32]。

第四节　福音派的神学立场

福音派一向自认为福音派神学继承了基督教历史的、正统的神学立场，故而它总是有意识地同自由派神学之间保持着泾渭分明的界线。然而，在福音派同以卡尔·巴特、埃米尔·布龙纳和莱因霍尔德·尼布尔为代表的新正统派神学之间乍看之下似乎并没有如此一目了然的区分。新正统神学不仅以对那些否定传统正统神学信仰的自由派的激烈否定而引人注目，而且"新正统派"这个名称本身就意味着向正统的回归或新正统的出现。面对新正统派神学，如何限定自我的身份与界限，在20世纪60年代中期以前，一度曾是福音派神学建构中的一个重要议题。对于新正统派对自由派神学的毁灭性批判与打击，福音派当然是持完全赞成态度的，并且在他们看来，新正统派所做的正是基要派想做而又没有做到的事情。不过，福音派认为，新正统派神学由于在圣经权威性问题上采取了一种归根结底仍属现代范畴的原则，而导致了新正统派神学在整个走向与性质上同仍然坚持传统圣经权威观的福音派神学存在着本质性的差异或分歧。全面考察双方的神学立场,可以看到福音派同新正统派之间的分歧主要集中在这样一些方面。

首先,在福音派看来,以巴特为代表的新正统派没有完全接受圣经的"默示(inspiration)性与权威性"[33];它在"上帝之道"与"圣经之道",或者说,它在"上帝启示的道"与"上帝默示的道"之间不恰当地做出了区分。新正统派未能在传统的启示论与默示论之间保持适当的平衡。而且,"巴特将灵感默示理解为先知对启示做见证的意愿性,也很难同圣经有关默示的论断相吻合"[34]。新正统派认为,圣经只是对耶稣基督的"见证",而惟有耶稣基督才是教会的权威。而福音派则发现,基督的权威性作为一种教义在内容上太过模糊,而且亦难以将其运用于基督教信仰的具体问题之中。同时,如果真像新正统派所主张的那样,耶稣基督的权威是在信仰团体中被识别出来的,那么,到底是哪个时代的哪个团体的基督理解才是规范性的呢?

其次,福音派认为新正统派特别是巴特神学属于基督一元论,那么它就引出这样的疑问,即圣经内容是否都可予以基督论的解释。与此不同,福音派采取的则是基督中心论,认为基督是圣经的中心、神学的中心,以及福音的中心[35]。可以说,基督一元论构成了基督中心论的极端形式,而采取这种极端化的理解就会引发一系列的神学问题。比如对于巴特来说,神与人之间就只有一种恩典的立约,而不是在创造与救赎上的两种立约。这使他必然会将创造置于恩典之下,而对部分旧约内容予以寓言传说式的解释。事实上,新正统派在很大程度上就拒绝了《创世记》第三章所记述的人的堕落的历史性,而将它视为对人的罪的普遍性的神话式描述。这样一来,罪就成了人性中的一种相对缺陷,比如对布龙纳而言它就是人的自我中心论;对尼布尔而言它就是人的过度的骄傲观念。人之所以是罪者是因为他们选择了犯罪,而不再是因为他们从亚当那里继承了某种根本性的弱点。此外，新正统神学还消除了普遍启示概念，进而拒斥了自然神学，因为倘若只有一种恩典的立约，那么也就只能存在着一种启示即救赎的或特殊的启示。

第三，新正统派回避了福音派尤为看重的灵性皈依问题。尽管他们都同意上帝本质上是超越性的，但福音派很快就指出了这样一个事实，即上帝在耶稣基督里并通过耶稣基督来到了人间，并且就藉着他的灵居住于那些信仰他的人与团体中间。"这不是罗马或英国天主教的道成肉身式的内在论，亦非新自由主义的人格关系式的内在论，而是一种圣灵的内在论"[36]；人的内在生命的更新是福音派灵性生活的重心，而社会性事奉不过是内在成圣的可以感知的后果。与此不同，许多新正统派神学似乎都降低了圣灵的重要性，仅把他当做是由圣父圣子而来的神性力量，而似乎不再是三位一体中的一个完整意义上的位格，成了备受忽视冷落的"灰姑娘"。实际上，在新正统派那里，似乎并不把人的悔改与认信福音看做是绝对的必要。即使新正统派中一再强调的同基督的"生存性相遇"，也不过是一种模糊而空洞的宗教经验。它缺乏福音派所强调的那种对又真又活的神的丰富生动的宗教体验与灵性感悟。

第四，在救赎论上，福音派也无法赞同新正统派所持的近乎普遍救赎论的观点。新正统神学同样也强调十字架上的基督的重要性，但它认为这是对在基督里获得永生的普遍拣选的象征，它象征着世界同上帝已然恢复了和好。这样一来，新正统派主张信仰的回应基本上就是伦理性的，而福音派则仍然坚持在救赎论意义上去理解信仰的回应。在福音派看来，如果世界已然同上帝修好如初，那么还有什么必要去从事个人的福音传教活动呢？福音派坚信，要成为一个真正的基督的门徒，个人必须要经过灵性的重生，必须要经过被圣灵的生命转变；也惟有如此，才有可能出现世界与社会精神的真正变革。因而，福音宣教与个体灵性皈依对基督教信仰具有十分重要的意义。

透过以上的分析，我们可以为包括福音派在内的几种主要基督教运动的神学立场，勾画出这样一幅平面示意图：如果在正中间的位置上存在着一种理想的、标准的、历史的，以圣经为核心和基础的当然也是虚拟的基督教正统立场的话，那么，在它的左右两侧分别分布着它的自由与保守的两种极端形式，位于右侧的是极端保守的、超正统的基要派神学，位于左侧的则是过于追求标新立异而不囿于传统束缚的、低于正统的现代派或自由派神学，在某种意义上，基要派和自由派都是对基督教正统立场的某种偏离与歪曲。在这个图景中，福音派与新正统派神学可以被分别看做是对各自极右与极"左"神学立场的部分否定或修正。福音派是从位于极右端的基要派立场出发，并力图将其神学立场向左拉动以接近位于正中间的基督教正统立场；而新正统派则是从位于极左端的自由派神学立场出发，并力图将其神学立场向右拉动以图同样接近位于正中间的基督教正统立场。福音派神学与新正统派神学在这种意义上彼此有着相似的目标，它们都试图缓和或弱化各自阵营中的极端化倾向；福音派弱化了基要派的保守的蒙昧主义和悲观主义倾向，新正统派则缓和了自由派的天真的自由乐观主义倾向。因而，在福音派与新正统派之间存在着一种自然的、显而易见的吸引力。特别是对于那些既希望避免自由主义又渴望获得学术与理智尊重的新福音派神学家来说，新正统神学一度曾成为他们满腔热忱地寄予厚望的对象。

然而，好景不长，福音派很快就发现它同新正统派之间存在着上述那些重大的分歧。在福音派看来，新正统派仍然同自由派享有太多共同的根基。尽管新正统神学试图纠正自由派的某些极端倾向，但它仍旧接受了现代科学理性精神的最高评判权威和历史批判方法的总体原则。如果重新回到前面所描述的神学流派示意图景中，就可以看到，福音派在扬弃极右的基要派立场后自认为基本达到了或比较接近于位于正中间的规范的基督教正统立场的地步，而新正统派在扬弃了极"左"的自由派立场后，在向右偏转的过程中，在某些核心的问题上可以说算是半途而废。也就是说，就它们各自同理想的或虚拟的基督正统立场的距离而言，福音派比新正统派要更为接近、更为靠拢。

这样，起初为福音派所欢迎的这种"正统神学"的新形式，很快就构成了对正统本身的某种威胁。它看起来似乎提供了一种可以信赖的"正统"形式，实际上却采取了自由神学的一般预设和原则。它未能完全重新回归历史的、以圣经为核心的神学正统立场，它保留了传统神学教义的框架，却给它填充了一些完全不同的内容，一些核心性的概念比如上帝之道、罪、救赎等等同历史基督教的传统看法相去甚远、面目皆非。福音派发现自己很难再同它携手并进。而且，由于新正统派声称自己也是一种基督教正统立场，甚或也是一种"福音派"立场，从而成为更加隐蔽、更加不易为人察觉的自由主义神学的一种"危险"形式；用通俗的话讲，就是"一只披着羊皮的狼"。事实上，由于缺乏坚固的宗教权威基础以及对福音宣道的忽视，使得新正统派在西方社会从来就没有形成为一种实际的群众性神学运动。随着60年代中期激进神学的出现，新正统派作为一种基督教思想流派也就宣告了自己的寿终正寝。

当然，福音派同新正统派在某些问题上看法的一致性以及相互的影响也是不容抹杀的。新正统派一些神学家比如托马斯·托兰斯（Thomas F. Torrance）、奥托·韦伯（Otto Weber）以及赫尔穆特·蒂利克（Helmut Thielicke）等人在福音派阵营中一直有着深远的影响。而一些福音派神学家比如伯寇威尔（Berkouwer）、杰弗里·布罗米利（Geoffrey W. Bromiley）、伯纳德·拉姆以及唐纳德·布洛施等人则深受新正统派神学的影响，并在自己的神学建构中留下了明显的烙印。特别是伯纳德·拉姆，作为现代福音派运动早期的代表人物之一，后来因完全转向新正统神学，一度还引发了广泛的关注和激烈的争论[37]。

简单地讲，福音派同新正统神学的分歧关键就是集中在如何看待圣经的权威性这一问题上，而且，这一问题也是困扰福音派的一个焦点问题。1962年在巴特轰动一时的美国之行中，还曾就这一问题同福音派进行过面对面的接触。巴特在访问芝加哥大学时，爱德华·卡内尔有幸同其他几位神学家一道被选中作为有代表性的美国年轻神学家来向巴特就神学提出一些问题，卡内尔的问题是，"巴特博士，你是如何使自己接受圣经——客观的上帝之道，又承认圣经事实上包含着历史的或事实性的以及神学的谬误的"？而且卡内尔还坦率地在这个书面提问的后面，用括号注明，"我乐于承认，这对我也是一个问题"。巴特的回答是，圣经是将人导向上帝的一种真实而恰当的工具，只有上帝才是一贯正确的，圣经包含的"错误"是囿于时代局限的人的表述所致。可见，在这一点上彼此的分歧一目了然，在包括卡内尔在内的福音派神学家看来，巴特的圣经观会使信徒在究竟接受圣经的哪些内容为真的问题上陷入主观性的泥沼而无力自拔。这里，卡内尔对巴特的评价或许在一定程度上也代表着部分福音派对新正统派的看法：与其说他是地道的自由派，不如说他是前后矛盾、不一致的"福音派"[38]。

第五节　福音派的地缘分布

福音派从历史上讲一般被认为是主要起源并兴盛于英语国家的基督教运动。随着它的不断发展，其影响范围也日趋扩大。可以说，在当今的世界几乎已没有哪个地区没有受到过福音派势力的触及和影响。福音派作为一种颇具生命力的神学运动或趋向，如今不仅广泛影响于美国、英国以及加拿大，而且其势力也不同程度地波及到世界其他各个地区。福音派在不同的国家和地区当然具有各自特色的表现形态与历史发展脉络,但从总体上讲,这场运动仍可以说是在朝着更加讲究积极的虔敬与理性的成熟这一平衡态势而发展着,并且在不同的地区都对一种共同的福音派而不是宗派性特征,表现出了日益增长的兴趣与关注[39]。

福音派在世界范围内的发展与影响,可以从主要由福音派所组织和参与的三次世界性的福音布道者大会的盛况中略见一斑。1966 年,葛培理福音布道协会与《今日基督教》杂志联合发起了"柏林世界福音化大会"。来自世界 100 多个国家的 1200 名福音派领袖出席了这次以"一个种族,一个福音,一个任务"为主题的会议。这次大会在葛培理和卡尔·亨利的领导下广泛探讨了基督福音的性质并确定了在世界范围内宣扬福音的方案,对明确福音派信仰和布道宣教策略发挥了极大的推动作用[40]。这次大会直接孕育了另一次具有里程碑式的福音派大聚会。1974 年,约翰·斯托特、葛培理和卡尔·亨利等人在瑞士联合发起了"洛桑世界福音化国际大会"。这次以"让世界聆听他的声音"为主题的大会有来自世界 150 个国家的 2473 名正式代表和 1300 名观察员、特邀嘉宾及顾问出席,其中来自第三世界国家的代表占了整整二分之一。它不仅在某种意义上履行了主要由自由派参与的"世界基督教联合会"(WCC)的某些功能,而且还形成了被广为接纳的"洛桑公约"[41]。"洛桑公约"的意义不仅在于肯定了福音传道的重要性,更重要的是,它还确定了实施福音布道的教义框架[42]。第二次"世界福音化国际大会"于 1989 年在菲律宾的马尼拉举行。173 个国家和地区(比当时的联合国所代表的国家和地区的数量还要多)的 4000 名代表莅临大会,这次以"完整的世界,完整的福音"为主题的大会在肯定"洛桑世界福音化国际大会"的精神的基础上,进一步就在世界福音化过程中所新出现的问题进行了深入探讨[43]。这些福音派大会不仅有力地推动了世界福音派运动的发展,而且也向世界表明了福音派在当今世界的精神与信仰领域所占有的重要地位和影响。

从地缘分布上看,位于北大西洋两岸的英语地区即英国、美国以及加拿大英语地区是福音派的起源地,同时也是福音派影响最为活跃、最为集中的地区,由他们为主体所代表的福音派通过传教布道等交流方式,广泛影响着其他地区福音派的总体特征与走向。可以说英国和北美的福音派构成了福音派地理分布上的一类地区。在18、19世纪以英国为中心的海外殖民化过程中,福音派也随之传入了这些新的殖民地并获得了持续的发展。譬如,澳大利亚的福音派在第二次世界大战以前同英国的福音派一直保持着密切的联系并深受英国福音派的影响,而在"二战"以后,其福音派的发展又深受美国的影响。现今,福音派信徒在澳大利亚与新西兰的人口中约占六分之一的比例[44]。可以说,由于殖民化的影响,由于共同的语言与文化背景的作用,澳大利亚、新西兰、香港以及南非等地的福音派构成了福音派世界地理分布上的第二类地区,其特征是发展历史较长并在总体上同第一类地区的福音派保持着极大的相似与平行特征。福音派历来就将福音传教置于首要的位置,它创立和组织了各种传教布道组织、机构和联盟。自19世纪晚期以来,福音派就积极卷入到向第三世界国家和地区的传教活动当中,使得在亚洲和非洲许多国家和地区中,出现了为数众多的自觉或不自觉的福音派基督徒与教会,可以说,亚非地区的福音派构成了当今福音派地理分布上的第三类地区。其特征是人数众多、分散、保守以及自主性较低。最后,值得一提的是,近几十年间,福音派在欧洲大陆以及传统上被认为是天主教势力占绝对主导地位的拉丁美洲,亦呈现出迅猛发展的态势[45]。它们构成了福音派地理分布上的第四类地区。

福音派在地域上虽然有着广泛的分布,但它发展最充分、表现最丰富的形式还是出现在英国和北美这一福音派的始发地区。

在英国，福音派自18世纪初期正式形成以来，在基督教教会与社会文化生活中长期处于少数派的边缘性地位，但在北美地区也就是美国和加拿大说英语的地区中则获得了高度的发展，并从19世纪中叶起在美国这一处境中取得了宗教以及文化生活中的主流地位与身份。前文所叙述的自19世纪末期以来主要发生在美国的福音派同自由派与基要派的冲突、分裂与斗争以及福音派运动发展的兴衰起伏，在英国、加拿大以及其他一些国家与地区也有着大致平行性的发展，只是在程度与规模上要缓和得多。用历史学家大卫·贝冰顿的话来说，在英国和加拿大发生的类似情形，"同席卷当代美国的大张挞伐的暴风骤雨相比不过是茶杯中的风暴而已"[46]。

古典福音派在北大西洋两岸的英国和美国最初可以说是同时自发形成的。在18世纪30年代的短短数年间，乔纳森·爱德兹、约翰·卫斯理和乔治·怀特菲尔德等人几乎同时经历了各自精神上的"重生"并开始大规模地宣传基督的福音，呼吁人们悔改和认信基督并完成灵性上的重生。在英美，福音派所面临和经历的文化影响、神学发展、宗派模式以及社会行为类型都具有极高的平行性特征。就其核心或基本特征而言，大西洋两边的福音派构成了一个单一的实在或宗教运动，尽管有所差异，但这只是程度上的不同而已。在随后的几个世纪里，英美福音派运动一直保持着一种休戚相关的互动关系。共同的文化背景、相同的语言以及密切的个人联系，使得他们在神学发展与福音布道上大致保持着一体化发展的态势。

特别是自20世纪40年代即"新福音派"形成以来，英美福音派的发展轨迹始终保持着极大的相似与平行特征，它们都在40年代初期经历了发展的最低点，都各自从50年代后期开始经历复苏与振兴，又都从70年代后期起开始重新回归各自社会宗教生活的主流[47]。一些著名福音布道家与神学家比如葛培理、哈洛德·奥肯加、唐纳德·巴恩豪斯（Donald G. Barnhouse）、卡尔·亨利、约翰·斯托特，等等，都对推动英美两地的福音派运动发挥了重要的影响。当然，由于环境的不同，差异也是存在的。譬如，相比而言，英国福音派对普世运动存在着较弱的抵制心理，对教会有着较强的意识，而且最为重要的是，基要主义的影响在英国要远逊于在美国的影响。在英国，很少有人接受"基要派"这一"不太名誉"的标签，神定时代论的前千禧年主义影响也较弱，圣经无误论也很少成为他们检验福音派身份的试金石。

就二战以后的英国福音派来看，至少有以下四点值得予以特别的关注。第一是约翰·斯托特的个人福音布道影响。作为世界著名的福音派教会领袖、布道家和社会活动家，斯托特自1950年被任命为伦敦市中区"全灵教会"（All Souls Church）的牧师以来，在长达半个世纪的教牧生涯里以他的布道与著述对英国新一代福音派青年学生发挥了至关重要的影响，为福音派在英国的复兴做出了决定性的贡献。第二是发生在60年代中期的以约翰·斯托特和詹姆斯·帕克为代表的"合作主义"与以英国大学校园团契的发起人马丁·劳埃德－琼斯（Martyn Lloyd-Jones, 1899—1981年）为代表的"分离主义"之间的争执，前者主张福音派在教会身份上应留在主流宗派之内并从各宗派内部发起福音派信仰的更新，而后者则主张福音派应从已受"污染"的现有宗派中撤出以组成自己的"纯洁"教派。在这场争执中，"合作主义"占据了上风。第三是1967年4月在基勒大学召开的具有历史意义的"全国福音派圣公会大会"。在约翰·斯托特、迈克尔·格林、菲利普·休斯（Philip E. Hughes）以及詹姆斯·帕克等人的领导下，这次由千人参加的宗教大会标志着福音派运动在英国国教会中进入了一个全新的发展阶段，并开创了福音社会关切的新局面。第四是设在牛津大学的由神学家詹姆斯·帕克等人负责的拉蒂默学社（Latimer House）的出现及其发挥的作用。它在神学教义等问题上有力地保证了英国福音派运动的连续性与统一性，成为了英国福音派运动的思想库与研究中心。总之，福音派运动在英国的发展历程同美国福音派保持着大体类似与平行的特征，可以说"两国都酿制出了品质相似的福音派美酒，但美国的那种无疑更醇、更烈"[48]。

一般地，人们都把加拿大文化看作是英美文化潮流的交汇产物。同样的情形亦可用于加拿大福音派，例如，许多重要的加拿大福音派机构大都起源于英美两国，或者至少是对这两国已有福音派组织的有意仿效。譬如1967年英国在基勒召开了具有标志性的"全国福音派圣公会"大会，而在这同一年加拿大也成立了全国性的"加拿大福音派团契"，并且其运作模式和理念也是明显仿效美国的"全国福音派联盟"。当然，加拿大自身也为整个福音派运动作出了许多重要的贡献，特别是在对亚非国家的海外福音传教事业上表现得尤为重要比如久享盛誉的"海外传教团契"（"OMF"）。在福音派神学建构中，许多加拿大思想家与学者比如克拉克·平诺克、理查德·朗格内克（Richard Longenecker）、约翰·沃里克·蒙哥马利（John Warwick Montgomery）、唐纳德·卡尔森、罗纳德·赛德尔（Ronald Sider）以及斯坦利·格伦茨等人都以自己的风格为整个福音派神学打上了自己的烙印。

根据20世纪90年代初的一项调查，在加拿大约有十分之一的人属于福音派信徒[49]。就加拿大福音派的内部组织形态与特征而言，有学者建议可以将它们区分为两大类型：[50]一种可以被称之为"教会型"福音派，它以安大略圣经学院、维真学院（Regent College）以及"大学基督教团契"（InterVarsity Christian Fellowship）和"加拿大福音派团契"为代表，主要分布于以多伦多为主的安大略南部城市地区、温哥华以及以蒙特利尔为主的魁北克讲英语地区。另一种则可以称之为"教派型"福音派。它以草原区域各种圣经学校和三一西部大学为代表，其分布遍及全国，尤以大草原及其移民延伸区和不列颠哥伦比亚省的弗雷泽河谷低地地区最为著名。一般地讲，前一种即教会型福音派基本属于通常意义上的保守福音派范畴，强调的是个人的圣洁实践、福音传教以及学术上的受尊敬性；后一种即教派型福音派则带有较多的基要派特征，并具有更多的法规纪律性和群体性色彩。前者主要集中在城市地区；后者则主要分布于乡村地区。这也就决定了前者会更积极地参与当代文化与学术建设，后者则对当代观念持有更多的怀疑与谨慎心理。它们共同构成了加拿大福音派独有的形态与特征。

在神学发展上，加拿大福音派同英国相似，也基本上没有经历困扰美国各宗派的那种在现代派与反现代派之间爆发的尖锐冲突。加拿大福音派也同样关注其文化主流日益背离传统基督教的倾向并以各种方式做出了回应，不过，它并未表现出美国基要派与福音派之间一度出现过的好斗与极端化特征。这部分是因为宗教在美国社会政治以及公众价值领域一直扮演着突出的、建设性的角色，而在加拿大，新教自20世纪30年代以后就逐渐失去了原有的社会活力而日益成为个人的"私事"，从而无法在更大程度上对社会公众领域施加创造性的作用与影响[51]。

由以上分析可以看到，福音派在英国、美国以及加拿大始终保持着基本一体化的发展特征。它们在起源与发展上具有密切的联系与相互作用。在二战以后现代福音派发展的阶段上，它们三者之间也大体呈现出同步化的趋势。其间的不同只是由于各自所处大环境不同所造成的程度与规模上的差异。它们作为现代福音派发展最集中、最活跃的地区一同对世界范围内的福音派发挥着重要的作用和影响。

注　释：

[1] Donald Bloesch, *The Evangelical Renaissance*, William B. Eerd-

mans, 1973, p. 41.

［2］Patrick Johnstone, *Operation World*, Zondervan Publishing House, 1995, p. 35.

［3］Kenneth S. Kantzer & Carl F. H. Henry (ed.), *Evangelical Affirmations*, Zondervan Publishing House, 1990, p. 28.

［4］此即"阿克隆美国宗教与政治民意调查"（1992年），调查者为约翰·格林（阿克隆大学）、詹姆斯·古斯（富尔曼大学）、莱曼·凯尔施泰德（惠顿学院）以及科尔文·施米特（加尔文学院）。该调查通过对4001例抽样者的研究，确定了有25.7%的人为"白人福音派信徒"，另外有7.8%的人为"黑人福音派信徒"。

［5］参见 Mark A. Noll, *The Scandal of the Evangelical Mind*, William B. Eerdmans, 1994, p. 9。

［6］J. I. Packer, *The Evangelical Anglican Identity Problem*: An Analysis, Oxford－Latimer House, 1978, pp. 15—20.

［7］"The Evangelical Affirmations" in *Evangelical Affirmations*, ed. by Kenneth S. Kantzer & Carl F. H. Henry, Zondervan Publishing House, 1990, p. 30.

［8］D. G. Bloesch, *The Future of Evangelical Christianity*, Helmers & Howard, Publishers, Inc., 1988, p. 15.

［9］Karl Henry, "Who Are the Evangelicals?", in *Evangelical Affirmations*, ed. by Kenneth S. Kantzer & Carl F. H. Henry, Zondervan Publishing House, 1990, p. 76.

［10］Karl Henry, "Who Are the Evangelicals?", *in Evangelical Affirmations*, ed. by Kenneth S. Kantzer & Carl F. H. Henry, Zondervan Publishing House, 1990, pp. 37—38.

［11］John Stackhouse, *Canadian Evangelicalism in the Twentieth Century: An Introduction to its Character*, University of Toronto Press, 1993, p. 7.

［12］Kenneth S. Kantzer & Carl F. H. Henry (ed.), *Evangelical Affirmations*, Zondervan Publishing House, 1990, pp. 37—38.

［13］D. A. Carson, The Gagging of God: *Christianity Confronts Pluralism*, Zondervan Publishing House, 1996, pp. 445—446.

[14] Robert K. Johnston, "American Evangelicalism: An Extended Family", in *The Variety of American Evangelicalism*, ed. by Donald W. Dayton & Robert K. Johnston, Knoxville, 1991, p. 261.

[15] Thomas A. Askew, "A Response to David Wells", *A Time to Speak*, ed. by A. James Rudin & M. R. Wilson, Wm. B. Eerdmans, 1987, pp. 41—42.

[16] David Bebbington, *Evangelicalism in Modern Britain: A History from the 1730s to the 1980s*, Baker Books House, 1989, pp. 2—3.

[17] David Bebbington, *Evangelicalism in Modern Britain: A History from the 1730s to the 1980s*, Baker Books, p. 4.

[18] J. I. Packer, *The Evangelical Anglican Identity Problem: An Analysis*, Latimer House, Oxford, 1978, pp. 20—23.

[19] Alister E. McGrath, *Evangelicalism and the Future of Christianity*, InterVarsity Press, 1995, pp. 53—82.

[20] 赞美诗，[美] 约翰·牛顿，"奇异恩典"。

[21] 参见《圣经·新约·马太福音》第二十八章第十八至二十节。《圣经·新约·使徒行传》第一章第八节。

[22] John Stott, Evangelical Truth: *A Personal Plea for Unity*, *Integrity & Faithfulness*, InterVarsity Press, 1999, p. 25.

[23] Richard Lints, *The Fabric of Theology: A Prolegomenon to Evangelical Theology*, Wm. B. Eerdmans, 1993, pp. 30—31.

[24] R. T. France & A. E. McGrath ed., *Evangelical Anglicans*, Society for Promoting Christian Knowledge, Holy Trinity Church, London, p. 18.

[25] 参见 Harold John Ockenga, "The Unvoiced Multitudes", in *Evangelical Action! ——A Report of the Organization of the National Association of Evangelicals for United Action*, United Action Press, Boston, Mass., 1942, pp. 32—33。

[26] George Marsden ed., *Evangelicalism and Modern America*, Wm. B. Eerdmans, 1984, pp. ix—xii.

[27] 参见 Robert E. Webber & Donald Bloesch, eds., *The Orthodox Evangelicals: Who They Are and What They Are Saying*, Thomas Nelson Pub-

lishers, 1978, p. 11。

[28] R. T. France & Alister McGrath, ed., *Evangelical Anglicans*, Society for Promoting Christian Knowledge, Holy Trinity Church, London, 1993, pp. 4—5.

[29] Peter Beyerhaus, "Lausanne Between Berlin and Geneva", *in Reich Gottes oder Weltgemeinschaf*, ed. by W. Künneth & P. Beyerhaus, Verlag der Liebenzeller Mission, 1975, pp. 307—308.

[30] Gabriel Fackre, *Ecumenical Faith in Evangelical Perspective*, Wm. B. Eerdmans, 1993, Chap. 1.

[31] 参见 Donald A. Carson, "Evangelicals, Ecumenism, and the Church", *in Evangelical Affirmations*, ed. by Kenneth S. Kantzer & Carl F. H. Henry, Zondervan Publishing House, 1990, p. 354. Donald A. Carson, *The Gagging of God*, Zondervan Publishing House, 1996, p. 448。

[32] Robert K. Johnston, "Orthodox and Heresy: A Problem for Modern Evangelicalism", *in The Evangelical Quarterly*, ISSN0014—3367, 69: 1 (1997), pp. 7—38.

[33] Richard Quebedeaux, *The Young Evangelicals*, Harper & Row, Publishers, 1974, p. 13.

[34] Bernard L. Ramm, *The Evangelical Heritage*, *Word Books*, 1973, p. 118.

[35] Bernard L. Ramm, *The Evangelical Heritage*, Word Books, 1973, p. 119.

[36] Donald F. Bloesch, *The Evangelical Renaissance*, William B. Eerdmans, 1973, p. 37.

[37] Gary Dorrien, *The Remaking of Evangelical Theology*, Westminster John Knox Press, 1998, pp. 146—152.

[38] 参见 George Marsden, *Reforming Fundamentalism*, William B. Eerdmans, 1987, pp. 194—195。

[39] Mark A. Noll & David F. Wells, ed., *Christian Faith and Practice in the Modern World*, Wm. B. Eerdmans, 1988, p. 7.

[40] 参见 Carl F. Henry & Stanley Mooneyham, eds., *One Race*, One

Gospel, One Task, 2vols, Minneapolis: World Wide Publications, 1967。

[41] 参见 J. D. Douglas, ed., *Let the Earth Hear His Voice*, Minneapolis: World Wide Publications, 1975。

[42] 参见 John Stott, *The Lausanne Covenant*: *An Exposition and Commentary*, Minneapolis: World Wide Publications, 1975。

[43] 参见 Alan Nichols ed., *The Whole Gospel for the Whole World*: *Story of Lausanne* II *Congress on World Evangelization*, Ventura, CA: Regal Books, 1989。

[44] Stuart Piggin, "The American and British Contributions to Evangelicalism in Australia", in *Evangelicalism*: *Comparative Studies of Popular Protestantism in North American, the Isles, and Beyond*, 1700—1990, Mark A. Noll etc. ed., Oxford University Press, 1994, p. 290.

参见 Brian Dickey, "Evangelical Anglicans Compared", *in Amazing Grace*: *Evangelicalism in Australia, Britain, Canada, and the United States*, ed. by G. A. Rawlyk & Mark A. Noll, Baker Books, 1993, pp. 215—240。

[45] Alister McGrath, *Evangelicalism and the Future of Christianity*, InterVarsity, 1995, pp. 2—3.

参见 David Martin, *Tongues of Fire*: *The Explosion of Protestantism in Latin America*, Blackwell, 1990。

David Stoll, *Is Latin America Turning Protestant*? University of California Press, 1991.

[46] David Bebbington, *Evangelicalism in Modern Britain*, Baker Book House, 1989, p. 227.

[47] 参见 David Bebbington, "Evangelicalism in Its Settings: The British and American Movements Since 1940", in *Evangelicalism*, Mark Noll etc. ed., Oxford University Press, 1994, pp. 367—368。

[48] David W. Bebbington, "Evangelicalism in Modern Britain and America: A Comparison", in *Amazing Grace*, ed. by G. A. Rawlyk & M. A. Noll, 1993, p. 212.

[49] "God Is Alive: Canada Is a Nation of Believers", *Maclean's*, Apr.

12, 1993, pp. 32—50.

[50] John G. Stackhouse, Jr., "More Than a Hyphen: Twentieth-Century Canadian Evangelicalism in Anglo-American Context", in *Amazing Grace*, ed. by G. A. Rawlyk & M. A. Noll, 1993, pp. 387—389.

[51] Michael Gauvreau, "The Empire of Evangelicalism: Varieties of Common Sense in Scotland, Canada, and the United States", in *Evangelicalism*, Mark Noll etc. ed., Oxford University Press, 1994, p. 220.

第二章

福音派的历史发展

第一节 福音派的历史渊源

从历史渊源上讲，有三个历史时期对现代福音派的发展具有至关重要的影响。或者，换句话说，整个福音派的发展与流变在历史上可以区分为三种主要的范式。对福音派在历史演变中三个核心时期的划分，如今已为绝大多数福音派研究学者所承认。比如威廉·亚伯拉罕（William J. Abraham）、唐纳德·戴顿、罗伯特·约翰斯顿（Robert K. Johnston）、麦克斯·斯塔克豪斯（Max Stackhouse）、蒂莫西·韦伯（Timothy P. Weber）、加里·多林（Gary Dorrien）以及斯坦利·格伦茨等人[1]，都认为现代福音派的形态与特征在很大程度上渊源于三个关键性的历史时期，尽管他们在具体的时段划分以及对各个时段主要特征的看法上互有出入。一般说来，这三个时期分别为，第一是 16 世纪的宗教改革时期，这一时期的福音派亦有人称之为古典福音派。它指的是对基督信仰的以圣经为依据、以基督为中心的表现形式，它集中体现在宗教改革时期提出的圣经至上和因信称义这两个基本神学原则上。第二是 18 世纪的宗教奋兴运动或大觉醒运动时期，这一时期的福音派也可称为虔敬主义或奋兴主义福音派，它强调的是个人的皈依与恩典的领受。第三是 20 世纪的基要主义与自由派论争时期，这一时期以后的福音派就是我们所说的现代福音派，它强调的是个人的灵性培育与对社会的不妥协的参与精神。

尽管"euangelion"（福音）一词的使用在新约中具有最突出的地位，但它的派生词"evangelical"（福音派）一直到宗教改革时期才获得广泛的并且是有争议性的使用[2]。它是由于宗教改革之父马丁·路德的使用而逐渐获得其显著地位的，因为路德重新肯定了保罗有关"euangelion"的教义为救赎不可或缺的消息。在他看来，它本来应有的光芒和重要性为教会权威、传统以及仪式所遮蔽。对路德而言，救赎的实质就在于单凭信仰而称义。

早在 1520 年，路德在文中就提到了"那些大胆地称自己为福音派的人"，在 1522 年还提到了"这共同的福音派事业"这样的说法；数年之后，人文主义伊拉斯谟（Erasmus）通过描述"一些错误地称自己是福音派的人"而间接地承认了这种共同的指称用法[3]。伊拉斯谟以及托马斯·莫尔（Thomas More）、约翰尼斯·厄克（Johannes Eck）等人都曾诋毁过那些接受这种观点的人并把他们称为"福音派"。所以，尽管路德本人不愿意他自己及其追随者被人称为福音派，因为在他看来，福音是一切基督教的绝对实质，但这一术语仍然同路德宗密切联系在一起；但有时，福音派一词也可随意地用来指称整个基督教新教，比如在 1648 年的"威斯特伐利亚协议"中就把整个宗教改革派称之为福音派。时至今日，在德语中，"evangelisch"仍然被看做是相对于罗马天主教的新教的同义语。

可以说，在 16 世纪 20 年代，evangelique 或 evangelisch 一词在初期改革派论著中占有相当突出的地位。但在 30 年代 Protestant（"抗议者"、"抗罗宗"，即新教）一词开始占据更重要的地位。不过，这后一种称谓是宗教改革的对立方强加在福音派头上的，而非他们自己自愿地选择；"福音派"才是他们自我称谓的名号[4]。也就是说，路德及其初期追随者相比较而言更愿意选择"福音派"这一指称，因为它表达了"基督福音"对其信仰与实践的核心意义[5]。

当然，改革派在将自己称为福音派之时，他们并没有将自己看作是基督教教会内的分裂群体，而自认为是真正的教会即由耶稣基督所建立并奠基于圣经福音之上的教会的代言人。福音派新教的发展初期在以下三点主张上使自己同罗马天主教判然有别，即在信仰与行为上是圣经而不是教会具有最终的权威；称义是通过对基督的信仰而来，而不是罗马所宣扬的信仰加事工的看法；主张普遍的信徒僧侣制而不是排他性的教阶僧侣制。宗教改革为其后福音派神学的发展定下了一般的基调和主题。宗教改革时期的核心旋律比如因信称义说、圣经权威原则以及一切信徒皆为祭司的观念，在福音派意识中一直留有深深的烙印。

不过，16世纪的宗教改革运动正如其名称所暗示的，关注的焦点是对现有基督教会的"改革"，其议程核心集中于对于基督教文化背景之内的现有教会的变革需要。换句话讲，在非基督教处境中如何赢取皈依者的福音传教问题不可能在路德和加尔文的议程中占据什么重要的地位。改革没有涉及现代意义上的传教问题[6]。另一方面，宗教改革及其随后兴起的新教"经院哲学"大都偏重于神学教义及学理上的争论，而对于信徒的灵性培育及主观经验则有所偏颇。这为福音派第二阶段在这些方面的发展埋下了伏笔。

路德宗与归正宗的信仰告白强调的是双重预定、绝对神治、因信靠恩典获救之类的主题。正确的教义不仅没有彰显对灵性生活的关切，反而限制了圣灵圣化作用的丰富可能性。新教正统体系在灵性生活上的冷漠以及在道德应用上的窘迫，为不同类型的福音派先驱在17世纪的英国与德国的兴起提供了可能。在英国，以威廉·埃姆斯（William Ames, 1576—1633）、约翰·欧文（John Owen, 1616—1683）、威廉·珀金斯（William Pekins, 1558—1602）以及约翰·班扬（John Bunyan, 1628—1688）为代表的清教主义在新教正统神学的教条化理智主义之外,倡导一种对基督教信仰更加注重灵性整合性的理解,他们强调圣经权威、神治、人的责任以及个人虔敬与自制的需要。清教徒的重心是对灵性培育的深深关切,主张宗教不仅是"头脑的宗教",而且也是"心灵的宗教"。可以说,"英国18世纪的福音派奋兴运动是直接建立在17世纪的清教主义基础之上的"[7]。在德国,以雅各布·斯潘纳(Jacob Spener, 1635—1705)、奥古斯特·弗兰克(August Francke, 1663—1727)以及尼克劳斯·冯·琴岑道夫(Nikolaus von Zinzendorf, 1700—1760)为代表的虔敬主义对正统路德宗神学在灵性方面的局限发起了一场更为明确、影响更加深远的抗议。他们认为倘若没有实践,基督教就不可能被信仰也不可能有真正的救赎,因而他们格外强调查经、布道、个人皈依与圣洁、福音传教以及对他人实际需求的关注。特别值得一提的是,虔敬派尤为注重个人的信仰领受,这被理解成是一种个人在灵性上的"重生"以及个人同耶稣基督保持的一种活生生的关系,而不再是以往对形式化信条的消极被动的认同。同样,这些虔敬派主张也对18世纪英国的福音派复兴有着十分重要的意义。

在英语国家,真正的福音派是同始于18世纪的宗教奋兴运动密切相连的。作为虔敬主义以及清教主义的后继者,兴盛于18、19世纪的所谓灵性圣洁运动,不过是完全恢复了福音的灵性遗产而已,他们是真正意义上的福音派。可以说,虔敬派特别是其福音派后继者比如约翰·卫斯理(John Wesley, 1703—1791)以及乔治·怀特菲尔德(George Whitefield, 1714—1770)提高了原本在圣经中所有的圣洁、"好消息"以及个体在圣灵中的新生命的意义。他们主张基督徒不仅有外来或附加性的称义,而且也有通过对基督的救赎性信仰而来的、由圣灵的充盈和做工而圣洁了的新生命。在他们看来,"基督徒的生命不单单是承认上帝怜悯的恩典以及愤怒的嫉恨,而且也应有经验福音所应允的在基督中令人喜悦的、使人获得新生命的重生"[8]。

因而,几乎是在同一时期内,约翰·卫斯理在英国、乔纳森·爱德华兹(Jonathan Edwards, 1703—1758)在美国、乔治·怀特菲尔德在大西洋两岸共同发起了一场强调灵性皈依、虔敬生活、福音见证以及消除社会邪恶的福音派奋兴运动[9]。在英国,这场 18 世纪的奋兴运动在国教会内部产生了一种被称之为福音派或"低教会"的派别。在美国,福音派兴起了殖民地时期的"大觉醒"运动并导致了"全国性的皈依"[10]。"虽然自 18 世纪起,宗教奋兴运动在许多国家都曾盛行一时,但在美国它几乎没有受到其他难以应付的传统与体制的挑战"[11]。到 19 世纪,福音派在美国已形成了全国性的宗教体制,成为全国占主导性的宗教信仰势力。这场运动孕育了一种时至今日仍然清晰可辨的宗教奋兴传统。一系列著名群众性福音布道家,从 18 世纪的爱德华兹,到 19 世纪的查尔斯·格兰迪森·芬尼(Charles Grandison Finney, 1792—1875)和德怀特·穆迪(Dwight L. Moody),再到 20 世纪的葛培理(Billy Graham),构成了一个连绵不断的福音派大众宣教传统。

就这一时期的福音派对当时及以后基督教的影响而言,归纳起来大致有这么几点。第一,影响遍及北大西洋两岸的福音派无疑是对圣经权威极为重视的新教徒,他们相互之间可能会对圣经的具体意义互有不同的看法,但圣经本身构成了他们共同的终极权威。第二,福音派深信真正的宗教需要有对上帝的积极经验,基督教不仅是"头脑的基督教"而且也是"心灵的基督教"。第三,福音派对现有的教会体制有着较为低调的看法,认为它们同圣经与个人宗教实践相比处于相对次要的地位。第四,福音派在关涉到理性、政治、社会以及经济的观念时保持着较为松散与较大可变性的关系;同样,它们相对于圣经中的终极实在与个人对基督的经验而言也是次要的,是可以因时因地予以接受、修正、抛弃或变化的东西。最后，福音派遵循着某种"纪律"或原则，正是福音驱使着他们积极探索社会创伤的愈合以及个人的圣洁。这些特征对后期福音派的发展都有着深刻的影响。

如果说19世纪是美国福音派的黄金时代的话，那么在20世纪最初几十年间则目睹了它的困顿与崩溃。自19世纪后期开始的纯理性的圣经批判，以进化论为代表的现代科学精神以及日渐高涨的世俗主义，使传统的福音派信仰面临着极大的困难与挑战。这些变化反映在教会内就是在教会中引发了一场有关自由派与基要派的激烈斗争和论战。当论战渐趋平静之时，那些19世纪福音派的后继者们发现自己失去了对大多数主要新教宗派的控制地位，它们在主流上已自觉或不自觉地"蜕变"成"现代派"或"自由派"了。有鉴于此，许多原有基要派联盟中的成员开始从主流教会以及更大的社会文化生活中撤离出来，形成了一种保持传统信仰但却与时代精神相左与隔绝的亚文化机制。

到20世纪40年代初期，在保守派或基要派阵营内部开始涌现出一股新兴势力。他们不满于现有的"孤立"与"隔离"方针，而主张在更大程度上实施文化、神学与教会的参与。这股新势力以受过高等教育的年轻神学家为核心，在40年代初期形成了一种新的联盟，从而开创了现代福音派的历程。新福音派的领袖们拒绝了原有基要派所形成的隔离、分裂、反理智主义、律法主义以及道德主义的特征。从历史渊源上讲，新福音派同基要派享有共同的神学根基，然而前者在保持那些传统神学信仰的同时却采取了一种更受尊重的方式或风格。

因而，从狭义上讲，福音派所指的就是这种更为具体的20世纪40年代初诞生的神学运动和现象，它是在原有基要派中涌现出的一场保守派基督教运动。可以说，福音派是站在自由派与基要派之间的一个信仰群体。而且，对福音派一词的刻意使用就是从基要派与自由派论战之中而来的，这就决定了人们应当按照基要派与自由派的序列来理解这一范畴。这就是说"福音派"比"自由派"要"保守",但却不像"基要派"那么"保守"[12]。对此,威廉·霍登(William Hordern)教授认为,"对这个群体的最佳描述是"新保守派",他们希望保持以往的真理与价值,但其思想却又没有对可能是更好的变化关闭大门"[13]。福音派的出现构成了原有的基要派与自由派二元对立之外的第三种立场,它既批判基要派的隔离主义以及对福音的膜拜教派式的理解,又批判自由派神学将福音置于时代文化之下的种种标新立异式的尝试。福音派正是在对基要派与自由派的双重批判中确立了自己的神学立场。自40年代以后,对新教神学的理解必须按照这三种范畴去进行。

尽管基要派在30年代建立起了颇具内聚力的亚文化根基,但它从40年代初开始逐渐分化为两个阵营。从组织上讲,最初可以观察到的迹象是在基要派内部出现了两个彼此对立、彼此竞争的教会联盟。第一个是成立于1941年的"美国基督教教会联盟"(ACCC),第二个则是成立于1942年的"美国福音派协会"(NAE)。尽管这两个组织在目标上大体相似,其成员在教义上极为接近,但它们在获取这一目标、实行这些教义立场的方式与策略上却大相径庭。"NAE"领导阶层虽然也同样相信自由派教会已然走上背教之路,但他们并没有把分裂当作检验教义纯洁性的试剂。基于这样及其他一些分歧,在基要派与福音派之间逐渐出现了一道界线,并最终在保守派基督教中产生了完全的分化。那么,现代福音派所由以产生的前身即基要派是如何形成并走向分裂的呢?

第二节 对"基要"教义的固守

在19世纪晚期至20世纪初期,北美传统基督教面临着来自教会内外两方面的压力。在教会外部,科学、理性以及世俗化的影响渐趋增强,现代化趋势的增强使得原有的宗教观念及神学教义的合理性受到了人们越来越多的怀疑。实证科学的发展特别是达尔文进化论的传播对圣经的权威性构成了直接挑战。在教会内部,社会文化的时代特征已引发了日趋明显的回应。一方面自由主义神学取得了长足的发展,另一方面,圣经研究领域中的"高批判"原则已为越来越多的学者所接受。严格说来,圣经批判中的"批判"原本只是意味着探究和考察而不是评判[14]。然而所谓"高批判"原则的出现使得这一学科的性质发生了根本性的转变。原有的圣经批判既所谓的"低批判"仅限于对圣经文本的比较研究,以尽可能确定最初最好的文本。然而,现代"高批判"原则则将这一研究扩展到对圣经文献的来源以及圣经各卷经书的历史背景的研究中去,进而试图依据某种主客观标准或哲学历史预设来对圣经的内容做出某种评判,从而使圣经的权威服从于世俗的或人为的标准之下,这在注重神启默示性的正统基督教看来是完全不可接受的。

起初,这种见解仅在高等院校和学者中间流行,比如,纽约协和神学院的教授查尔斯·奥古斯塔斯·布里格斯(Charles Augustus Briggs,1841—1913)就采纳了某种类似于圣经有限无误论的观点。当布里格斯于1892年在纽约长老会面前为自己的观点辩护时,他声称自己在圣经中发现的任何错误都是微不足道、无关宏旨的,它们不会影响到基督教的信仰与实践,圣经中的事实性错误并不会影响到它在信仰与实践上的正确性和权威性[15]。然而,从长远看,这种见解所可能引发的理论后果实际上是极其严重的。

为此,大约自19世纪90年代起,首先在美国东北部较发达地区的教会领袖阶层中,逐渐出现了一种结构松散的神学运动,旨在捍卫正统基督教不受这种危险的新型基督教教义的侵蚀[16]。

这一运动的成员主要是由前千禧年主义者如德怀特·穆迪（Dwight L. Moody）、鲁本·托里（Rueben Torrey）、A. J. 戈登（A. J. Gordon）和 C. I. 斯科菲尔德（C. I. Scofield），以及普林斯顿加尔文宗神学家如阿奇博尔德·亚历山大·霍奇（Archibald Alexander Hodge）、查尔斯·霍奇（Charles Hodge）以及 B. B. 沃菲尔德（B. B. Warfield）等人所组成。他们担心日趋流行的新型基督教即自由主义神学会对使徒信仰构成威胁，因而他们开始把维护圣经的神圣权威性视做自己的首要任务。在他们看来，如果能够坚持圣经作为无误的、一贯正确的上帝之道这一核心教义，他们就能够获得坚实的根基以驱散一切谬误的教义学说。然而，在 19 世纪的新教系统中，全面而完整的有关圣经权威的神学教义却并不存在，当时所有的只不过是一般流行的对圣经的敬意和尊重而已[17]。于是，以普林斯顿加尔文宗神学家为代表的保守派神学家开始着手建立有关圣经权威的系统神学。基督教基要派就是在这种背景下应运而生的。

"基要主义"在某种意义上是个语义含混的术语。乔治·马斯登（George Marsden）甚至将基督教基要派视为美国所独有的现象，尽管它在其他英语国家和地区比如英国也有一定的影响，但其程度、规模则要缓和得多。有关基要派的看法因人而异，但其基本观点则大同小异。譬如著名历史学家厄内斯特·萨迪恩（Ernest Sandeen）就将其视为，维护正统新教不受自由主义与世俗化侵袭的含有保守加尔文因素的历史千禧年运动[18]。类似地，教会史学家乔治·马斯登亦将基要主义看作是同主流福音派新教的奋兴传统密切相关的一场神学运动，其特征在于充满好斗精神地反对现代神学及其有关的文化变迁[19]。

一般说来，基要主义是指 20 世纪初期产生于北美的一场维护和促进保守的、以圣经为核心的正统基督教的超宗派性的神学运动。它是对自由神学、进化论以及圣经研究中的高批判原则的充满好斗精神的反应性抵制与拒斥。正式的"基要派"这一术语一般认为是由保守的浸信宗《观察者—检查者》的编辑柯蒂斯·李·劳斯（Curtis Lee Laws）于1920年发明的。劳斯用它来指称那些准备为忠于基督教信仰之"基要"教义而战的人们。不过，"基要派"一词的出现则可直接追溯到1909年至1915年间一套共十二本冠名以"基要"的小册子的出版与发行。这一计划的资助人是洛杉矶两位富有的保守派基督教平信徒莱曼·斯图尔特（Lyman Stewart）与米尔顿·斯图尔特（Milton Stewart），其目的旨在使"英语世界的所有牧师、布道家、神学教授、神学生、主日学校校长、YMCA与YWCA秘书"[20]都能免费获得这些讨论当今神学核心主题的小册子。这些小册子的作者基本上都是英语国家著名的保守派学者和布道家，比如英国伦敦威斯敏斯特教堂的G·坎普贝尔·摩根（G. Campbell Morgan）、美国南方浸信会神学院的埃德加·马林斯（Edgar Y. Mullins）、英国格拉斯格联合自由教会学院的詹姆斯·奥尔（James Orr）、普林斯顿神学院的本杰明·沃菲尔德（Benjamin B. Warfield），等等。出版这些小册子的意图在于重申基督教信仰的要旨以及重新赢得新教信仰在认识论上的控制地位。这些小册子都是学术性的、体系化的、以圣经为核心的，并且也没有什么明显的怨恨与激奋的情绪。这些印数极大的小册子在当时的教会领导阶层中曾得以广为散发，不过，学术界对此则没有太多的反响。这些书册所产生的实际效果是颇为令人怀疑的，因为它并没有达到遏止理性主义与世俗主义在教会当中的蔓延与滋长。对此美国著名宗教社会学家詹姆斯·亨特（James Davison Hunter）认为，"充其量它只是为新教各宗派内保守势力的下降提供了一个暂停的机会"[21]。

在这些小册子发行的同时，北方长老会于1910年发布了它的五点教义总结。并于1916年和1923年两次对之加以重申和确认，认为它们构成了基督教必不可缺的、最为重要的信仰，这五点教义即圣经无误说、基督处女感孕说、十字架替代赎罪说、肉体复活说以及奇迹真实说。这"五点论"很快就超出了长老会的范围而在整个保守派基督徒中都产生了巨大的影响。此后，在这五点的基础上逐步形成了构成整个基要派核心的五个信仰要点，直至今日，仍被基要派奉为基督教信仰的核心教义和基本信条，它们是圣经无误论、基督神性论、基督替代赎罪论、基督复活论以及基督二次降临论[22]。在20世纪初的保守派希望通过肯定这些"基要性"的教义来抵制现代派神学在各主要宗派内的蔓延，以及使社会文化理性化与世俗化的趋势比如在公立学校教授进化论学说等等。于是，争执与分裂已是势所难免。

在19与20世纪相交之际，基督教保守派仍然受到广泛的支持与尊重，它仍然维持着认识论上的大多数地位。不过，自由派神学在教会内的影响也在稳步增长。可以说，直至一次世界大战之前，基要派仍然是一种非常松散和自由的神学倾向，也远未表现出其后的好斗情绪。然而，自第一次世界大战结束之后，双方的地位与影响力量发生了重大的转换。不仅双方的分歧日趋明显，而且社会公众对双方的支持也发生了根本性的逆转。保守力量在智力与理性上失去了受人尊重的地位，而开明的自由神学观念在主流教会中逐渐赢得了越来越多的理解和支持。就大众的层面而言，人们生活的重心已开始从精神领域转移到社会与实践领域，对人的经验的超验精神性解释与对之所做的更为理性化的、更为自然性的看法逐步处于紧张的对立关系之中。就知识阶层而言，现代科学理性主义开始成为人们一切智力活动的根本原则与标尺。

于是，在基督教各教会、各宗派内部对立的双方就形成了，争执也爆发了。一方是好斗的保守派和富于攻击性的神定时代论者；另一方是神学现代派、自由派以及希望避免争执的持宽容态度的保守派。基要派认为，自由派或现代派属于神学上的异端；

而自由派则将基要派讥讽为在神学信仰上是原始守旧的、反理性的以及蒙昧主义的，他们对圣经以及宗教经验的陈旧过时的解释，依据的是以声夺人的教条而不是合情合理的理性。与此同时，一次世界大战的惨痛经历又进一步加剧了双方的对立，因为人们开始更多地站在自己的立场上关注起社会文化以及整个人类文明的发展方向。自由派神学及其同盟希望教会能为社会的进步提供一种精神和伦理基础，而持神定时代论的前千禧年主义的保守派则认为以基督教名义而蔓延的亚基督教哲学的浸袭有可能会导致整个美国文明的死亡。彼此的争执与分歧渐渐达到了水火不容的地步。

这种存在于基要派与自由派之间的争执与冲突最为典型地爆发于美国较为发达的东北部地区，而且在信徒最多、影响最大的长老会与浸信会中表现得尤为激烈。一次大战之后，基要派发现他们正在逐步失去对各自教会与宗派的控制权。而且，他们还发现自己同其他宗派的保守者比同自己宗派内的自由派具有更多的共同之处。于是以神学观念为核心的跨宗派组织开始应运而生。1919年浸礼宗信徒威廉·赖利（William B. Riley）成立了"世界基督教基要派协会"，以聚集一切力量来反对自由派神学背离圣经的主张。值得一提的是，赖利，这位在当时影响甚大的西北学院（包括一所圣经学校、一所学院和一所神学院）的院长，在1947年去世之前选择了年轻的葛培理为自己的继承人。同时，美国保守派领袖人物约翰·格雷沙姆·马辛（John Gresham Machen, 1881—1937年）在长老会所属的普林斯顿神学院内亦同自由派神学展开了一场激烈的乃至殊死的斗争。

马辛是美国著名的保守派神学家，新约研究专家，"旧普林斯顿神学"[23]的代表人物。他出生于巴尔的摩的一个著名的长老会家庭，先后在约翰·霍普金斯大学和普林斯顿神学院求学，并曾到德国马堡大学和哥廷根大学做过为期一年的研修，一度曾被威尔海姆·赫尔曼（Wilhelm Herrmann）的自由神学所吸引，但对圣经无误性及传统归正宗神学的恪守最终使得他成为基督教保守派的领袖。在 20 世纪 20、30 年代马辛成了圣经权威与福音派神学的国际性的代言人。马辛及其追随者在离开普林斯顿神学院以后，于 1929 年在费城成立了威斯敏斯特神学院并于 1936 年成立了正统长老会联合会。1937 年马辛猝死于前往北达科他州布道的旅途中。他的思想与立场通过其丰富的著述比如《保罗宗教的起源》（1921 年）、《基督教与自由主义》（1923 年）、《何为信仰》（1925 年）、《基督的处女降生》（127 年）以及《现代世界的基督教信仰》（1936 年），也通过他的学生比如哈罗德·奥肯加、卡尔·麦金泰尔以及弗兰西斯·谢弗而对其后的基要派与福音派产生了深远的影响。

　　马辛认为，自由派在神学立场上是完全错误的，它们"根本就不是基督教，而是属于另一范畴的同基督教完全不同种类的宗教"[24]。20 世纪初期的自由派神学（以自由地对待传统而得名）或现代派神学（以积极地面对现代世界作出调整而得名）[25]，为了迎合当时社会文化中理性化与世俗化的趋势，积极以"时代精神"来重新诠释传统的基督教教义。在自由派看来，上帝的特征就是完全的仁慈，所有人都是神的子民，罪不会使人同上帝产生疏离与隔阂；甚至在人自身之中就存在着"神圣的因素"，人在内心深处都是善的，需要做的只是鼓励人们去发扬这种自然的善；至于耶稣基督也不再是道成肉身的神，而是成了人的完善的导师和楷模，人只要向这种楷模或榜样学习就能获得救赎；基督同人的差别不再是绝对的、无限的，基督教同其他宗教信仰的差别亦不再是绝对的了；圣经也不再是神圣启示的记录，而是人的宗教经验的表述。这样一来，基督教就成了耶稣的宗教，而不再是关于耶稣的宗教。对此新颖独到同时也是离经叛道的学说，保守派采取了断然拒绝的态度。在马辛看来，解决这一问题的方法应当是十分简单的：自由派要么就放弃他们无神论的异端邪说，要么就离开教会，"教会中两派的分裂已是当务之急"[26]。然而，具有反讽意味的是，斗争的结果最终导致马辛及其保守派追随者离开了主流教会。

而且，基要派并不是惟一一方使争执急剧升温的动因，自由派同样也加入了彼此间的言辞攻讦。其中最为重要的事件是1922年春由哈里·埃默森·福斯迪（Harry Emerson Fosdick）在纽约城第一长老会所做的题为"基要派能赢吗？"的著名布道所引发的。在福斯迪这位可能是那个时代最为著名的自由派新教牧师看来，新教正在分裂为两大阵营，基要派注定会走向失败并被自由派立场所取代。他的布道成为对基要派最为著名的抨击，并在客观上起到了将自由派联合起来以回应基要派的批评与指责的作用。很快，教会内外的人士以及全国报刊传媒的编辑们都认识到了这次布道的意义，它意味着：挑战发出了，战线划下了，分裂开始了。首先，福斯迪本人受到了审查并最终被迫放弃了在长老会的教职。他后来受邀成为公园街浸信教会的牧师，并最终成为纽约城由洛克菲勒所支持的河畔教堂的牧师，直至1946年退休。

在那篇引起轩然大波的讲道中，福斯迪承认在自由派与基要派之间存在着不可调和的矛盾，但他认为双方仍然可以和平相处。他甚至还希望那次讲道能够发挥愈合而不是加深创伤的作用。事隔多年以后，他辩解道，"那是出自善意的呼吁，但它引发的却是恶意的围攻。……我曾站在长老会的讲坛上坦率地说出了现代派的某些看法——处女感孕不是什么历史事实，圣经完全无误论不可相信，基督的二次降临是过时的希望"[27]。对此神学立场，坚持基要派"五点论"的支持者当然无法领首认同，以格雷沙姆·马辛为代表的基要派要求教会领导阶层开除这些自由派分子。然而教会领导阶层却采取了姑息宽容的方针。于是相反的情形发生了。基要派为了保持自己信仰的纯正性不受沾染而开始主动或被迫撤离主流教会的阵营,比如马辛及其支持者就离开了普林斯顿神学院,转而在费城创建了威斯敏斯特神学院。类似的情形,亦不同程度地发生在卫理公会、圣公会等其他基督教宗派当中。

对于基要派而言,最后争执的来源是进化论。在基要派的信念里,进化论会使人们放弃所接受的圣经为宗教与实践的权威的信念。他们认为如果对人的进化起源说听之任之,就会导致道德与社会秩序的颓废与崩溃。因此,基要派对外则把很大的精力都投入到了抵制进化论传播的活动中去。在他们看来,最危险的莫过于在公立学校中讲授进化论学说。于是在基要派的支持下,美国于1921年到1929年间通过了三十七项反进化论的提案,并在二十个州被引入了司法系统,著名的"斯科普斯审判案"就是在这种背景中发生的。

1925年夏,就在田纳西州刚刚签署了在公立学校内禁授进化论的法案不久,在田纳西州的戴顿这个地方的中学里一名叫约翰·托马斯·斯科普斯(John Thomas Scopes)的年轻教师就因挑战性地公开讲授进化论而遭逮捕。对于这一事件,有人认为有证据表明斯科普斯是自愿发出这一挑战的[28]。但也有人认为斯科普斯是在他人的鼓励或怂恿下对这一新法案发出挑战的[29]。无论如何,这一事件立刻就在全国引起了广泛的关注。"美国公民自由联盟"(简称"ACLU")在获悉斯科普斯被捕这一消息后,立刻就行动起来,声称要为斯科普斯提供全国最好的律师以彻底击溃神学基要派。其中著名的刑事辩护律师克拉伦斯·达罗(Clarence Darrow)被确定为被告的辩护律师。基要派一方亦不甘示弱,他们也把这一审判案看作是击败反基督的进化论与现代科学的一次良机,于是在受赖利领导的"世界基要派协会"的倡议下,此前已深深卷入反进化论运动的著名政治家威廉·詹宁斯·布赖恩(William Jennings Bryan)自愿担当控方的律师。布赖恩是位颇具雄辩与演讲天赋的资深政治家,曾三次获民主党总统候选人资格,并一度出任伍德罗·威尔逊政府的国务卿,在晚年他则将主要精力与时间都投入到了宗教事业中,成为基要派反对进化论的主要代言人。由他出面来捍卫圣经创世论似乎也是情理之中的事。这样,两位分别代表19世纪与20世纪、代表传统观念与时代文化精神的巨人在观念交锋的战场上不期而遇了。

审判本身早已超出了自身的意义并演变成为一场全国性的"新闻传媒事件",上百名记者云集在戴顿这个宁静的小镇,争相采访报道这一不胫而走的"猴子审判案"。审判过程本身是简单的,布赖恩从技术上讲赢得了审判。然而在辩论过程中,经由传媒报道的背景与过程给人的印象似乎不是斯科普斯在受审而是基要派在受审。代表圣经正统信仰的布赖恩似乎无法抵挡来自反对圣经信仰立场的达罗的盘问与诘难。在达罗无情与雄辩的诘问面前,布赖恩及其所代表的基要派观念,显得极其糟糕、极其幼稚和愚昧,并在全国公众面前丧失了值得信任与尊重的地位。无情刻薄甚或是故意歪曲的新闻报道宣告了基要派在美国社会权利与文化影响中的主导地位的终结。颇具讽刺意味的是,布赖恩在抵达戴顿之前曾经宣布这场斗争是殊死的较量,然而就在审判结束几天之后,人们发现因对自己使基要派蒙受羞辱而深负歉意与自责的布赖恩在一家旅馆中突然谢世。布赖恩的死亡宣告了作为一场颇具影响力的全国运动的基要派的高峰期已告结束。

斯科普斯审判案标志着基要派发展史上的一道分界线。之后,遭受挫折、失败与屈辱的基要派逐步撤离了社会文化与宗教生活的主流。可以说,斯科普斯审判案是那个年代科学与圣经的最后的对抗[30],并以圣经的失败而暂告一个段落。经过这次打击之后,基要派基本上就从社会公众的核心舞台中撤离出来,埋头致力于营造自己的教会、宗派、学校、组织、电台、协会等亚文化活动中来。在斯科普斯审判案的挫折与羞辱之后,基要派作为愚昧、落后以及充满好斗精神的负面形象已成为社会公众避之惟恐不及的对象,新闻界以及学术界很快就对他们失去了兴趣。而基要派从公众生活与社会政治活动的撤离也几乎是完全而彻底的,当然这种撤离亦是情理之中的事情。既然这一运动已背上负面消极的形象,既然自己对主流教会的影响已无能为力,那么他们转而退入到自己的"隔离区"内似乎就成了惟一的选择。

第三节 基要派内部的不满与反叛

起初,基要派不过是各种不同宗派团体中坚持圣经基督教的信徒的联盟,他们中间既有加尔文主义者,也有阿米尼安主义者。既有末世论上的非千禧年主义者,也有神定时代论者。既有政体上的圣公会派,也有公理会派。只是出于坚持以圣经为核心的传统基督教观念才使得他们形成了跨宗派性的神学联盟。在面对自由派或现代派神学的影响已无能为力之际,他们转而开始强调精神信仰上的纯洁性。这样分裂与撤离就成为他们行动的首选策略。他们不但自己从主流教派中撤离出来,而且还把那些也坚持以圣经为核心的但却选择继续留在主流教会中的保守基督徒看作是"妥协者"而同样予以猛烈的批评。不妥协、不宽容成了基要派的代名词。

基要派从主流教会撤离而转入自己的隔离区后,他们并不是转入休眠无为状态而是开始积极营造起自己的亚文化设施与机制。在几十年间,他们在主流教会之外建立起了大量的教会、传教团体、宗教学校、出版机构和福音广播电台,以至于在30年代任何一个随意打开收音机的人都能收听到基要派的声音[31]。比如,1925年,查尔斯·富勒(Charles E. Fuller)开始创播"重温旧日好时光"电台节目,到1942年时,在北美已有456家电台在转播这档基要派节目[32],拥有着一个庞大的听众群体。基要派这种制度化的发展使得他们可以建立起一套类似于美国宗教社会学家彼得·贝格尔（Peter Berger）所说的"看似有理结构"，以保护他们免遭外部充满敌意的世俗环境的侵袭。在40、50年代"新福音派"出现以后，基要派主要是指那些持极端分裂主义的、坚守神定时代论的并且是不满于"新福音派"的社会参与策略的为数不多的新教徒。在经过长期湮没无闻的消沉期以后，到70年代在福音派运动发展逐步走向高潮的同时，基要派亦开始重新进入到人们的视域之内。杰里·法尔威尔（Jerry Falwell）领导的右翼政治团体"道德大多数派"亦曾引起人们广泛的关注，并在一定程度上缓和了基要派长期形成的封闭、孤立和隔离的状态。不过自80年代后期开始，这种基要派运动在社会中的发展又呈现出下降和衰退之势。

从主流教会中撤离后的基要派事实上已成为了一个"认识上的少数派"运动，其成员意识到自己同大文化环境相比构成了一个少数派。同时某些自我强加的行为方式，以及严格的、极具禁欲色彩的生活方式又进一步强化了这种"少数派综合征"，他们极力反对文化适应与妥协论。在他们的脑海里，他们这些分裂分子似乎已成为那"旷野里呼告的声音"。著名福音派神学家大卫·韦尔斯（David F. Wells）和约翰·伍德布里奇（John D. Woodbridge）指出基要派在30年代的经历是一种"旷野体验"[33]。乔治·马斯登则把斯科普斯审判案之后的基要派比作是对美国初期宗教移民体验的重温。它们共同描述了基要派在那个年代"身在异乡为异客"的切身感触，以及被摈弃于宗教与文化生活核心之外的孤独意识。这一切大大助长了基要派"隔离心理"的滋长并严重影响了它在神学发展上的走向。

而且，绝大多数基要主义者在神学上都是前千禧年论者，其中很大一部分人又都接受了历史的神定时代论看法。这样，他们不仅在组织与行动上放弃了主流教会与文化生活，而且这种悲观消极的情绪也影响着他们在神学上放弃这个世界的信念,"这个世界将会越来越糟"的信念成为基要派世界观的基本格调。两次世界大战之间的大萧条期以及国际社会为战争阴云所笼罩的动荡不安,似乎又进一步佐证了基要派的看法与信念。他们确信现代世界观的出现预示着人的思维的不可避免的衰败,因而预示着基督二次降临之日的临近。个人救赎以及不同程度的灵性培养构成了他们在社会文化领域失利的某种补偿,使得他们在神学上逐步走上了一条自以为恪守正统,实质上已包含有某种偏差的发展道路。

对此,詹姆斯·亨特指出:"尽管自19世纪后十年起大多数保守派新教徒都意在为美国正统新教而战,但是到1919年时,他们所拥护的显然已是正统的某种变种了。"[34]按照约翰·斯托特(John R. W. Stott)的看法,基要派至少在三个方面已走向极端与变异:一是它完全拒绝了"圣经批判"的一切原则与成果;二是过于强调对圣经的字面含义的理解;三是机械理解圣经默示说的性质[35]。这一切都同传统神学的看法存在着一定的出入。可以认为,基要派同自由派相比,是对现代化趋势的反对。它既反对现代化过程所带来的不利因素,又反对现代性在教会神学内部的渗透,为了对抗这种影响越来越大的现代化形式与价值的影响,他们惟有高举超自然主义的大旗,并在神学上竭力捍卫在他们看来是绝对"基要"的一些教义和信仰。基要派完全放弃信仰的社会向度的好斗与分裂倾向,导致他们所坚守的只是历史传统信仰的修正或变异形式,而不再是使徒或宗教改革时期的正统基督教本身了。

不过,某种似是而非的矛盾心态始终伴随着基要派的发展。大致说来,可以看到有两种矛盾心态对基要派的未来发展具有特殊的意义。一种是基要派从神定时代论与普林斯顿神学中汲取了大量的好斗与分裂的因素,而同时他们又在19世纪德怀特·穆迪为代表的充满爱心与和平主义的虔敬与奋兴主义中埋有很深的根源。第二种使基要派颇感矛盾与踌躇的心态是，一方面，他们自认为是秉承19世纪以来的正统基督教的"里面的人"，另一方面，他们在事实上又自20年代以来由于分裂而被摈弃于主流教会之外，实际上成为了"外面的人"。这两种矛盾的心理为30年代末40年代初基要派内部发生反叛并最终为新福音派的诞生埋下了根源。

在1925年到40年代初期这一时期内，保守派基督徒在退而专注于其亚文化性的体制化设施建设的同时，也可以看到在保守派内部，特别是在受过较高文化教育程度的年轻人中间，存在着一种日益增长的社会关注的兴趣。基要派运动的动力在很大程度上来自这样一种信念，即这一运动是由上帝兴起用来维护社会文明的福音派根基的。然而这一信念同他们的分裂冲动与前千禧年心态之间产生了一种巨大的张力。他们发觉自己无法对现代文明逐渐漂离其根基的现实坐视不顾。基要派在20年代捍卫以圣经为中心的正统基督教的努力虽然失败了，并且在30年代国际社会政治经济的种种危机似乎又印证了他们的文化悲观主义理论，然而他们仍旧发觉自己不可能在等待基督复降的同时，能够完全泯灭他们对"邻人"的关怀与责任。因此，他们开始设想，倘若能够发起一场全国性的宗教奋兴运动也许能使现有的社会文明重新回归到基督教的轨道上来。正如哈罗德·奥肯加（Harold Ockenga）事后所回忆的，"年轻的基要派对这种处境怀有一颗深感不安的良心。他们在神学上依然恪守正统的同时，在教会论与社会学上转向了一个新的方向。最终'福音派'这一指称取代了'基要派'这一称谓"[36]。

那些较为温和与开明的基要派领袖们认识到他们只有在能够广泛接触大众时他们的目标才有可能获得实现。这些没有接受分裂原则的"开明的"基要派在自己积极同新的大众传媒及商业界保持密切联系的同时，也在为新的宗教复兴积极工作和努力着。美国福音派教会史学家乔尔·卡彭特（Joel A. Carpenter）指出，"基于这一观念，在基要派中出现了两种重要的趋势：一种新的泛福音派合作的兴起，以及在分裂基要派与开明基要派之间的日益扩大着的分裂倾向"[37]。

这样，在这一阶段的后期，随着早期基要派合作机制的下降，一种探索新型合作机制以促进基督教奋兴的念头出现了。这一特征尤其明显地存在于那些较为年轻的、受过更高等教育的教会领袖阶层之中。此外，当时基督教的发展还存在着将这一念头付诸实施的有利因素。这就是在保守派联盟中有相当大一部分包括像穆迪圣经学院、达拉斯神学院、惠顿学院以及戈登学院在内的神学力量并不属于"持分裂原则"的极端阵营[38]。这时，来自"新英格兰团契"的J. 埃尔温·赖特（J. Elwin Wright）意识到了这一迫切的现实需要，于是开始积极致力于促进这一新联合的实现。从1939年到1941年间，赖特将大量的时间用于周游全国，四处游说这一希望通过联合而实现宗教奋兴的方案[39]，试图在以新英格兰地区为主的上千个保守派教会之间建立起一种新型的合作与交流机制。

与此同时，更为激进、更为好斗的基要派也在积极着手建立起他们自己的全国性联盟。他们在来自新泽西州的牧师卡尔·麦金太尔（Karl McIntire）的领导下于1941年9月率先成立了"美国基督教教会联盟"（简称"ACCC"），其目的在于对抗声称代表全体新教组织的"联邦教会联盟"（简称"FCC"），并规定任何同后者有任何关系的教会都没有资格加入新成立的"美国基督教教会联盟"。

这样，赖特及其筹建中的团体就面临着一个进退两难的困境：他们是选择加入麦金太尔的组织呢，还是继续着手组建自己的联盟呢？如果他们不加入麦金太尔的组织而继续组建自己的联盟，那么原有的基要派阵营就可能会分崩离析。然而，"美国基督教教会联盟"的消极主义倾向明显同他们的联盟构思相抵触。于是他们于1941年10月聚集在芝加哥穆迪圣经学院商讨此事，在经过同包括"美国基督教教会联盟"代表在内的讨论之后，他们决定鉴于双方目标的分歧无法弥合，而选择了不加入麦金太尔的"美国基督教教会联盟"组织[40]。在赖特及其他温和派看来，新联盟的创立应面向积极的目标而不是仅仅停留在同某个已有组织的单纯对抗上，他们于是决定继续创立自己的组织。这样，赖特及其同事就向全国各地的福音派教会代表发出了邀请，决定在1942年4月7—8日召开新联盟即"美国福音派协会"（简称"NAE"）的成立大会。

起初，"美国福音派协会"与"美国基督教教会联盟"在教义上并没有太大的区别，但这两个组织却采取了两种完全不同的组织与行动方针。"美国基督教教会联盟"的成员是排他性的，它拒绝接纳已加入"联邦教会联盟"的成员，而"美国福音派协会"的成员则具有更大的包容性，其中有一个关键性的决定就是邀请五旬节派加入该联盟，这意味着新联盟同基要派之间的一种明显的决裂。因为后者从未同五旬节派建立过任何合作关系。可以说，在面对不同的神学传统时，"美国基督教教会联盟"采取的是"不合作，不妥协"的消极态度；而"美国福音派协会"采取的则是更为温和的"合作，但不妥协"的积极态度。

刻意选择"福音派"而不是"基要派"作为自己新建组织的称谓，也可从一个侧面反映了新联盟在某些方面同基要派分道扬镳的意图[41]。在新福音派看来，基要派在其撤离期间，错误地放弃了在社会伦理领域中的领导地位，同时也错误地放弃了在科学与历史领域中的理性探究，而把主流宗派的领导权拱手让给了自由派神学拥护者。理性的开放性，社会关注以及宽容和平的精神使得这一新联盟判然有别于那些继续保持基要派身份的团体。

自初创之日起，麦金太尔及其分裂派就对这个新联盟作出了猛烈的抨击，并最终导致基要派乃至整个保守派阵营都发生了分化与重组。这种分歧与争执使得分裂派更加充满敌意与仇恨，因为他们据此确信，自由派的流毒甚至已经渗透到了基要派的大本营内，而他们现在最危险的敌人就是这个"新福音派"了[42]。

从神学上讲，现代福音派是20世纪40年代初期在哈罗德·奥肯加、葛培理以及卡尔·亨利等人的领导下，从基要派内部反叛而出的一种神学运动。基要派与它的更正或革新形式即福音派一开始尽管享有共同的神学基础，但福音派在试图保持基要主义信仰的某些教义核心的同时采取了一种比基要派更易受人尊重的风格与行动策略。他们在思想信仰上是基要主义的，但他们试图以积极的方式避开那些同基要派纠缠在一起的一切固执、不宽容、歪曲事实、仇视、嫉恨、误判以及伪善的态度方式[43]。在现代文化背景中，基要派是作为面对现代世俗文化的兴起而形成的一种宗教反对力量，它试图利用对核心教义的认信来作为限定文化边界的方式，这样，某些核心教义比如圣经的绝对权威以及基督的前千禧年主义就成为他们拒斥世俗文化、确定自我身份认同的重要手段。"被包围或受隔绝的心理"成为了这一运动的醒目特征。而从基要派阵营反叛出来的"新福音派"运动则试图重新校正基要主义所造成的令他们无法接受的孤立情形。人们可以从以下四个方面来理解福音派同基要派的区别。

第一，在圣经观上，基要派敌视一切圣经批判观念而严格遵守对圣经字面意义的解释。福音派则在谨慎小心的基础上有限地接受了圣经批判原则，承认圣经中存在着文本形式的多样性和某些事实性的失误。由福音派学者从事的圣经学术研究以其丰硕的高质量成果而佐证了这一特点。

第二，在神学上，基要派遵守的是一套狭隘的教义体系，其中有些教义比如神定时代论、前千禧年主义等等逐渐被福音派认为是属于边缘性的教义而将它们逐出了信仰的核心位置。

第三，在社会学上，基要派属于一种消极的反文化运动，具有极为严格的成员判定标准与好斗心理，并往往同社会中的"蓝领"阶层或不发达地区具有密切的关系。而福音派则是一种具有极为松散、灵活的自我限定标准的宗教运动或趋势，其成员往往为职业或"白领"阶层所信奉[44]。此外，福音派也抛弃了基要派存在和孕育的蒙昧主义或反理智主义倾向。

第四，在文化学上，基要派代表的是一种"基督反对文化"的立场，它在行动上采取的是"不合作，不妥协"的原则。而福音派代表的是一种"基督改造文化"的观点，其在行动纲领上遵行的是"合作，但不妥协"的原则。

第四节 新福音派的出现及其标志

具体地讲，"美国福音派联合行动协会"（The National Association of Evangelicals for United Action，简称"NAE"）的成立大会，在会议召集人J. 埃尔文·赖特（J. Elwin Wright）等人的主持下，于1942年4月7—9日在美国密苏里州圣路易斯市的科罗纳多旅馆召开。其目的旨在促进福音派各团体在宣扬基督福音事业方面采取联合、协调的行动。当时，共有来自全美三十四个宗派以及基督教传教或教育组织与机构的近两百位福音派领袖出席了这次具有历史意义的成立大会。

会上来自波士顿公园街教会的牧师哈罗德·约翰·奥肯加（Harold John Ockenga, 1905—1985年）博士作了题为"沉默的大众"的主题发言并当选为"美国福音派协会"的首任主席。奥肯加的发言首先从高度历史使命感的角度将"美国福音派协会"的成立视为将会影响整个美国福音派基督教未来发展进程的重大事件[45]。他指出，在当时已为自由派神学所把持的教会中，自己的感受就像是"一匹独狼",他以及广大像他一样的福音派成为了社会文化生活中"沉默的大众",奥肯加将自己看作是数以百万计的那些既不支持"联邦教会联盟",也不支持"美国基督教教会联盟"的福音派中的一员。这些精神上极具独立性而在组织上难以合作的信徒被奥肯加称之为正在"沉默的大众",因此,迫切需要有能够代表福音派利益,站在"孤独的群狼"立场上说话的"喉舌"[46]。

奥肯加批评基要派在社会文化问题上采取了错误的态度、错误的策略并导致了错误的结果。他呼吁福音派摆脱失败主义的悲观消极情绪,克服分裂,走向超宗派的福音派联合,以应付越来越大的自由主义与世俗主义的挑战。在他看来,传统的"宗派不再是世界与教会之间的界限,反而是有助于它们结合的因素;宗派只不过是我们先辈们旧有争执的纪念碑"[47]。那些争执的理由如今已不复存在,宗派间的对立已让位于跨宗派的神学思潮之间的对立。"分裂不再存在于各宗派之间,而是产生于那些信仰基督与圣经的人与那些拒绝基督——十字架上的基督与圣经的人之间。"[48]自由主义与世俗主义已成为隶属于各宗派的福音派基督徒的大敌,能否有力地应付这一挑战,成为了影响基督教未来发展的至关重要的因素。

大会另一位主题发言人来自纽约霍顿学院的院长斯蒂芬·佩因(Stephen W. Paine)博士则阐述了采取联合行动的可能性,他在呼吁福音派放弃宗派性偏见之时,也同样强调宽容与仁爱的意义。"我们应将中心转移到积极的目标上,要避免现存各团体间的争执与对立情绪。……我们必须以仁爱和谦卑之心来达致我们的目标,要在爱心中去宣扬真理。"[49]佩因区分了美国新教中的三种不同群体,他分别称之为"正统的"、"超正统的"以及"非正统的"。在佩因看来,超正统的群体不愿意同他人合作也不愿意使自己的信仰受到妥协,而非正统的群体则在合作的同时也妥协了他们的基本信仰[50]。惟有福音派采取的"合作,但不妥协"的立场才合乎正统基督教之道。

"美国福音派协会"的成立在基督教保守派阵营中获得了广泛的响应,它极大地激发和唤起了他们那被湮没或被扭曲的福音派意识。1947年,年轻的神学家卡尔·亨利(Carl F. H. Henry)发表了他那著名的只有八十九页的小册子《现代基要派的不安良心》,这本被称为"新福音派宣言"的小册子就像丢在基要派阵营内的一颗炸弹,在保守派基督徒中产生了极大的震动和影响。应当讲,这本书并不是站在其后的福音派立场上对基要派的批判,因为它是站在基要派内部的自我批判,亨利在写这本书时仍然是以一个基要派的身份来表达对这场运动的缺陷与失误的反思的。他所抨击的核心不是基要派的信仰而是在基要派内部形成的一种自我称义的错误态度,即一种"法利赛人式的基要派"形式[51]。令亨利深感不安的是当时在福音见证与广阔世界之间正在形成的越来越大的鸿沟[52]。在亨利看来,"现代精神若不经过重生,就只能由一种心态转换为另一种心态"[53],而没有质的改变。然而基要派所采取的隔离主义与失败主义阻碍着他们去影响和变革现代精神,教会缺乏一种社会的维度,放弃了福音在社会方面的影响与作为。

亨利批判了基要派缺少对同为基督信徒的其他神学流派的爱心,从而引发了充满好斗精神的和无所节制的攻击与争论,并最终导致了陷于孤立与无所作为的局面。基要派在教会学上未能成功地将爱心与独立性很好地结合在一起。面对社会,基要派也存在着严重的人道主义精神失丧的缺憾。就此而言,基要派甚至是忽视那受苦受难的人性的现代祭司与利未人[54]。他们置侵略战争、种族仇恨、不宽容、酗酒以及劳工剥削于不顾,缺少一种社会性的行动纲领。当然,这并不是说基要派不反对罪恶,事实上,他们对人性的堕落与罪恶,以及惟有神的恩典能最终拯救人类的现实具有清醒的认识与了解。问题的关键在于基要派所抨击的罪恶仅仅是人性的罪恶而不是社会性的罪恶[55]。所以，亨利认为基要派没有将基督教当做是一种具有鲜明社会向度的世界观，而是偏重于基督教信仰的一个方面，将经过缩减与贫困化的并且是缺乏社会向度的福音呈给了世人。因而，基要派具有极强的彼岸意味，并且缺乏理智活力以赢得受过教育的公众的认同与皈依，也不愿意积极探讨基督教同文化与社会生活的可能的关联。

为此，必须要提供一种具有灵性目的的新世界精神，以使福音派主张能够运用于国内外的政治、经济、社会与教育领域。基督教救赎的讯息关乎生活的全部而不是部分，而受到删减的"讯息"只能导致受到删减的生活[56]。在亨利看来，福音派之所以能够以一种冷静的乐观主义来审视未来，这不仅在于有正义终将胜利的最终担保，而且也在于有神圣救赎能够成为任何一个时代的动力因素的坚定信念[57]。这种救赎性的福音是"改变世界"而不是"抵制世界"的信息，然而，从当时的基要主义那里却不可能产生出奥古斯丁的"上帝之城"的现代版[58]。正是这一点成为像亨利这样的现代"基要派"良心中的深深的"不安"。

值得一提的是，亨利在这部写于1947年的著作中所使用的一些类比或比喻，已象征性地表明了一种呈现在像亨利这样的年轻神学家思想中的下意识的转变，即预示着从一种历史性的基要派运动转变为一分为二的两种不同发展途径上来。譬如，在题为"十字架上的基要派强盗"的第五章中，亨利利用耶稣受难时两旁同钉十字架的强盗形象，来说明基要派与现代派对福音的滥用与误解。"用不着太多的想象，在耶稣两旁被钉十字架的强盗身上贴有人本主义与基要主义的标记。左边的那位觉得耶稣对受难的人性没有什么太多的贡献，而右边的那位尽管相信他的救主身份但又仅将希望寄托在无限的未来，即当耶稣降临他的国度时才被记起"[59]。这种比喻表明，就像与耶稣同钉十字架的那两个强盗一样，自由派神学和基要派神学都没有完全领会耶稣的生活与死亡的社会意义。因而亨利指出，"现代基要派需要久久沉思救主基督的回答：'今日你要同我在乐园里了'[60]。对于堕落的现代文明，这个讯息必须以现在时态来聆听。我们现在必须以一种能够使其震颤的伦理、赋予其希望的动力来面对这个世界"[61]。

在亨利表达他对基要派现状的不安时，奥肯加也表达了相似的心情和看法。奥肯加认为要使基要主义成为现代世界的一种卓有成效的力量的话，就必须要实施更具实质性的变化。在一篇公开发表于1947年6月的《基督教生活与时代》期刊上的题为"基要派能赢得美国吗？"的演讲中，奥肯加认为基要派只能徒然无力地、绝望地看着现代主义与世俗主义席卷整个社会文化生活。它的分裂与消极精神只能起到相反的作用，只会妨碍人们将真正的福音信息带给已饱受践踏与战乱之苦的社会、政治、经济与文化等各个世俗领域。令人欣慰的是，"NAE"的创立在合作精神、相互信任、进步行动以及伦理责任上展示出了一种全新的态度和方向。福音派一开始就是在这种对基要派否定的基础上而限定自我身份的。随着基要派与福音派之间在教义等问题上分歧的日渐明显，它们在组织与结构上也逐渐划定了自我限定的界线。这当然不是个一蹴而就的举动而是一个缓慢的演变过程。而此时的新福音派仍同基要派保持着千丝万缕的联系，其完全清晰自觉的自我身份认同一直要延续到50年代末才告完成。

这一时期，奥肯加在积极推动"美国福音派协会"发展的同时，也在同福音布道家查尔斯·富勒紧张地筹办一所属于福音派自己的高等人才培养与学术研究基地。1947年，作为新福音派学术与教育中心之一的富勒神学院在加州帕萨迪纳市成立，它以查尔斯·富勒为校董会主席，哈洛德·奥肯加为首任院长，哈洛德·林塞尔为注册官兼教授传教学，威尔伯·史密斯教授护教学，埃弗里特·哈里逊（Everett F. Harrison）教授新约，卡尔·亨利教授神学。富勒神学院很快就为自己树立了良好的声誉，并最终发展成拥有数千名学生的超大规模的神学研究生院，成为全世界著名的神学研究生院，有福音派的"普林斯顿"之称。它的创立成为新福音派出现的另一个重要标志。

对"新福音派"的形成，葛培理（William Franklin Graham-"Billy"）及其影响深远的福音布道活动在其中也发挥着极其重要的作用。葛培理同"NAE"、富勒神学院以及《今日基督教》杂志都保持着密切的关系并在其中发挥着重要的影响。作为大众福音布道家，葛培理在1949年至1957年间分别在洛杉矶、波特兰、波士顿、哥伦比亚、南加州及纽约等地举办了极其成功和壮观的福音布道大会，不仅使为数众多的普通公众皈依了基督信仰，而且也使福音派世界观逐步在美国主流文化中重新获得了认同和响应。通过他以及他对新福音派运动的认同，使得这支保守基督教运动在大众传媒及公共舆论之中获得了全新的、更易于为人接受的形象。

葛培理的布道活动强调的是个人皈依和圣洁的意义，他弱化了那些常常引起分裂的教义与宗派分歧。他更感兴趣的是如何将基本的福音真理传达给公众而不是确定神学教义上的正确性与纯洁性。葛培理的布道信息是传统的和保守的，而且着重于救赎福音的宣扬。葛培理的福音布道对基要派与自由派双方都产生了极大的震动。一方面，对于基要派而言，葛培理布道团自1949年的崛起是值得称道的，而且葛培理本人一开始也认同于基要派主张。但问题在于葛培理侧重的是一种包容式的福音布道方式，这一点同基要派的分裂主义主张是背道而驰的。在1957年准备纽约布道大会时，因葛培理吸收了具有普世性的新教联盟的共同参与而导致了双方最终的决裂，基要派领袖如鲍勃·琼斯（Bob Jones）、约翰·莱斯（John R. Rice）及卡尔·麦金太尔（Carl

McIntire)等人开始刻毒地、无休无止地谴责葛培理为基要派的背叛者,并且是比现代派更加危险的敌人。同基要派的决裂使得葛培理最终完全站在新福音派一方并成为这一运动的重要标志及代言人[62]。另一方面,葛培理福音布道活动对自由派神学也产生了极大的震动。特别是在1957年纽约布道会召开前后,面对如何对待、评价葛培理的布道活动在自由派阵营内也产生了广泛的争论。有些人如纽约协和神学院院长亨利·范杜森(Henry van Dusen)对葛培理持赞成态度,有些人如约翰·贝内特(John C. Bennett)则站在中立立场上对葛培理持谨慎的乐观态度,还有一些人如莱因霍尔德·尼布尔(Reinhold Niebuhr)则对葛培理持批判态度,在尼布尔看来,葛培理不过是个和蔼、谦逊、具有感召力与演讲口才但对基督信仰仅具有蒙昧认识的年轻人而已。他用一种简便易行的方式代替了经由痛苦的宗教体验与追求而获得新生命的途径[63]。不管这些评论本身是否正确,但它反映出福音派作为既不同于基要派又有别于自由派的基督教形式,已开始对现代社会文化生活发挥出日益增长的影响,成为一股不容忽视的力量。就这样,在长达半个多世纪的漫长岁月里,葛培理通过无数次世界性大众福音布道活动以及同各界知名人士特别是同自德怀特·艾森豪威尔开始的十位美国总统的密切个人联系,极大地提高了福音派在社会生活中的名望与地位,有力地推动了福音派的发展和壮大。

随着新福音派运动的蓬勃发展,随着在福音派阵营中教会成员、祈祷崇拜和财物奉献的增加以及像艾森豪威尔和葛培理这样知名人物的出现,新福音派迫切需要一个能够集中表达自己立场与看法的工具。从1954年起,葛培理开始着手创立一份旨在宣扬新福音派立场的期刊以同自由派主办的《基督教世纪》相抗衡。按照葛培理的构想它应当站在两个正相对立的极端中间,它将分别吸纳自由派与基要派的精华成分,即采纳保守派的神学立场而以自由的方式去应对社会问题。

在 L. 纳尔逊·贝尔（L. Nelson Bell）、哈罗德·林塞尔以及卡尔·亨利的帮助下，以及在太阳油业公司的 J. 霍华德·皮尤的有力财政援助下，葛培理的计划于 1956 年得以付诸实施。这份按双周出版的名为《今日基督教》的杂志，以卡尔·亨利为第一任编辑。它很快就成为了新福音派运动的一面旗帜，成为初期福音派运动的象征之一。

《今日基督教》在其第一任编辑卡尔·亨利和第二任编辑哈罗德·林塞尔（1968 年接任）的努力下，以高质量的文章涵盖了神学的各个方面。它有力地表明福音派实质上并不是什么反理智主义的运动，它成为新福音派最为有力的护教学方面的媒介与载体。这份杂志为新福音派提供了主要的神学与文化意义上的身份认同。它不仅阐明了这一运动的特征、目标与策略，而且也成为了限定那些聚集在这一旗帜下的个人与群体是否真正属于福音派的重要工具。

此外，为了在教义和信仰上使福音派能够达致某种一致性，约有六十位新福音派学者于 1949 年在辛辛那提创立了"福音派神学协会"（简称"ETS"）。其后，"福音派神学协会"的影响获得了持续的发展并在 70 年代初期达到了顶峰。由于"福音派神学协会"明确坚持圣经绝对无误论，所以在 70 年代后期保守福音派与开明福音派围绕圣经绝对无误论教义发生分化后，它的作用与影响在某种意义上受到了局限。

第五节 现代福音派发展的三个阶段

现代福音派是指自 20 世纪 40 年代初期出现并不断发展起来的一种有别于基要派与自由派的跨宗派性神学运动或趋势。作为一种主要存在于英语国家各主流宗派与神学院中的一种有机神学运动或趋势,现代福音派的发展是连续而统一的。不过,由于在各个历史时期及其在自身不同的发展阶段所面临的不同神学问题与社会文化挑战,因而现代福音派在发展过程中也形成了具有不同侧重点与核心的阶段性特征。为了便于人们把握现代福音派发展的整体趋势,以及在各个不同时期所面临的不同问题,对现代福音派做出粗略的阶段性划分是有必要的。大致说来,可以将20世纪40年代至今的现代福音派发展划分为三个不同的阶段。

第一阶段:创立与成型期(1942—1960)。

这一阶段的起点以1942年"NAE"的成立为标志。这一时期的福音派当时被称之为"新福音派"(New 或 Neo Evangelicalism),它是一场由基要派内部发展起来的以一群年轻知识分子型神学家为领导核心的神学运动。"NAE"即"美国福音派协会"是福音派为采取统一行动而设立的一个自愿性的、民主制的组织。它在1942年成立之后,于次年即1943年5月在芝加哥召开了第二次会议,来自五十个宗派与教会的约一千名代表出席了大会。大会进一步完善和健全了组织与运作策略与模式。此后,总部设在伊利诺伊州威顿市(Wheaton)的"美国福音派协会"陆续形成了一些负责具体事务的组织机构比如"全国宗教广播者协会"、"福音派海外传教协会"、"福音派神学协会"、"全国基督教院校联合会"、"全国主日学校联合会"、"公共事务办公室"、"全国黑人福音派协会"等等。它摈弃了基要派所形成的极端宗派主义、反文化主义、反理智主义以及经院教条主义的特征,而将自己看做是对自宗教改革时期一直到19世纪末所发展起来的新教正统福音派的复兴[64]。他们所主张的新福音派属于那种既以圣经信仰为基础又能面对生活的全部,并试图使基督信仰对现行社会文化政治生活发生有效影响的基督教形式。用著名福音派神学家弗兰西斯·谢弗(Francis Schaeffer)的话说就是,"它的含义在于既是引导人们接受基督为救主,又要试图在文化中做盐做光"[65]。

至于"新福音派"这一称谓,是由哈洛德·奥肯加在40年代末期提出并经卡尔·亨利等人的提倡而加以流行开来的。其重心在于突出这一运动对原有的基要主义福音派的反叛以及对自由派或现代派的不满。事隔三十年后,奥肯加对此回忆说,"1947年,我发明了'新福音派'一词来表述这种关切。新福音派以它愿意处理那些为基要派所拒绝的社会问题而同后者区别开来"[66]。在奥肯加等人看来,从罪恶中的精神救赎并不能担保获救者在社会问题上的态度,基督的教会具有社会方面的意义,应将其应用于生活的全部领域而非仅局限于精神领域。"为何需要有新福音派呢?它起源于那些意识到基要主义缺憾的基要派的自我批判。他们认为基要派的态度、策略与结果都是错误的。"[67] 新福音派这一称谓集中表达了这种新主张,它意味着对18、19世纪具有深切关注社会维度的奋兴运动与大觉醒运动时期的福音派的复兴或回归。

尽管早在1942年"美国福音派协会"就成了这种保守派基督教新势力的可见标志,但在这一阶段的前半期,在分裂派与温和开明派之间并未形成完全清晰可辨的界线。这种界线的形成尚需要一个过程,况且这种新势力的主旨在于联合保守派信徒,而非在他们之间造成进一步的分裂。起初,不论是奥肯加还是亨利,他们对基要派的批判都是以一个基要派的自我批判的形式而出现的,只是其后随着斗争的加剧以及新福音派自我身份意识的加强,新福音派才逐渐开始在一种自觉的意识下以新教阵营中的第三种势力而自居。

这一时期,标志着新福音派创立与成型的有前面提及的四大标志,即1942年创立的"美国福音派协会"或"NAE";1947年奥肯加与查尔斯·富勒在帕萨迪纳创立的富勒神学院;1949年开始崛起的葛培理布道团及其在1957年同基要派的最终决裂;

以及1956年创刊的以卡尔·亨利为首任编辑的《今日基督教》杂志。这一时期,新福音派的代表人物在美国主要为哈洛德·奥肯加、卡尔·亨利、爱德华·卡内尔、伯纳德·拉姆(Bernard Ramm, 1916—1992年)、葛培理、哈洛德·林塞尔(Harold Lindsell)、查尔斯·富勒、威尔伯·史密斯(Wilbur Smith)、弗农·格劳茨(Vernon G. Ground)等人,在英国则有约翰·斯托特(John Stott)、马丁·劳埃德-琼斯(Martyn Lloyd-Jones)、詹姆斯·英内尔·帕克(James Innell Packer)以及F. F. 布鲁斯(F. F. Bruce)等人。这样,新福音派就在宗教群体身份认同领域,在原有的基要主义与自由主义之间打开了一块"空地",新福音派为新教信众创造了一种新的身份认同和策略选择,为不同的信仰与宗教实践表现方式提供了一种新的可能性。

第二阶段:发展与分化时期(1960—1980)。

这一阶段是现代福音派迅速发展与成长并达致发展高峰的时期。这场保守派神学运动从一开始起就认为自己继承了基要派遗产的最优秀部分,是对早期"美国福音派"新教传统的再现和复兴。如果说它在第一阶段即创立与成型期在自我身份上追求的是标新立异、特立独行以求获得独立和认可的话,那么它在第二阶段对自我身份界定上则更为注重传统的继承与历史的渊源。这样,原先使用的"新福音派"这一称谓就变得极为有限了。从60年代起它基本上已被更加简洁、更加传统的"福音派"这一指称所取代。"新福音派"这一名称的始作俑者哈洛德·奥肯加,在70年代末期的一篇论文的标题"从基要派,经新福音派,到福音派"[68]就极为生动地描述了这一自我身份界定上的变迁。事实上,自50年代末起,时任富勒神学院院长的爱德华·卡内尔就对这一运动名称之前被冠以"新"字倍感不安,因为它似乎含有福音派运动是凭空而来的新创或新兴流派之意,所以他要求富勒神学院师生放弃使用这一称谓[69]。其继任者大卫·哈伯德

(David Hubbard) 更是风趣地提议要对那些自称为"新福音派"的人处以五美元的罚款[70]。可以说，自60年代起，这一运动就已放弃了一度曾使用过的"新福音派"一词而直接改用"福音派"这一称谓了。

这种称谓上的变化从一个侧面也反映了现代福音派这一时期在地位与心态上的变化。这个时期的福音派同第一阶段相比已发生了翻天覆地的变化。首先，福音派已由受人歧视和忽视的对象一跃而成为了受人尊重、具有巨大影响力的对象，成为社会文化生活中一支重要的、引人注目的力量。从60年代起，受自由派控制的主流教会成员开始持续递减，其在精神与世俗领域的影响发生了明显的衰退。与此相反，以福音派为主导的教会无论在人数还是在社会文化影响上则表现出稳步上升的趋势。从1965年起到80年代中期，自由派教会的成员平均每5年以4.6%的速度在递减，而与此形成鲜明对照的是，这一时期的福音派教会成员则是平均每5年以8%的速度在递增[71]。从70年代初期开始，福音派已呈现出明显的复兴迹象。到1976年也就是美国建国两百周年之际福音派迎来了其现代发展史上的高峰期，其时，根据"盖洛普民意调查"，它在美国已拥有四千万以上的追随者[72]，有三分之一的美国成年人都经历了"精神上的重生"。这就意味着超过二分之一的新教徒、将近三分之一的美国人都成了某种意义上的福音派。福音派一下子变成了街头巷尾广为谈论的话题和大众传媒争相报道的对象。这一年，美国《新闻周刊》将该年度称为"福音派年"。同一年还产生了一位福音派总统（吉米·卡特）。1977年，福音派又成为了《时代》杂志的封面故事。福音派事业进入了鼎盛时期。尽管它在认识论意义上仍属少数派，但在社会文化意义上已成长为多数派[73]。

这一阶段，福音派在迅猛发展的同时，其内部也经历着某种分化过程。这一时期在福音派阵营内涌现出的新一代年轻神学家，同第一代福音派神学家相比，他们没有经历过多少基要派失败与孤立的惨痛教训，也缺少同自由派激烈斗争的沉重记忆，因而他们在神学与社会文化纲领上采取了一种更为积极、更具可变性的态度。他们同部分仍然在很大程度上属于基要主义神学范畴的保守福音派发生了分歧，并因此被称为"左派"、"激进派"或"青年"福音派。这种分化与冲突最为集中地表现在如何理解和对待圣经权威的问题上。1976年哈洛德·林塞尔发表了《为圣经而战》一书，将福音派内部分歧公布于众，从而引发了一场波及整个福音派阵营的大争论，并在70年代末最终完成了这种内部的分化。

总之，现代福音派发展在70年代中期达到的高峰以及在70年代末经历的内部分化，构成了这一阶段福音派运动的两大醒目标志。这一时期，最为活跃的著名福音派神学家除了第一阶段的部分代表人物如卡尔·亨利、伯纳德·拉姆、爱德华·卡内尔、哈洛德·林塞尔、约翰·斯托特、马丁·劳埃德－琼斯、詹姆斯·帕克、F. F. 布鲁斯以及葛培理之外，还有米勒德·埃里克森（Millard Erickson）、唐纳德·布洛施（Donald Bloesch）、理查德·奎比道克斯（Richard Quebedeaux）、克拉克·平诺克（Clark Pinnock）、大卫·韦尔斯（David F. Wells）、肯尼斯·坎泽尔（Kenneth S. Kantzer）、弗兰西斯·谢弗（Francis Schaeffer, 1912—1984年）、托马斯·奥登（Thomas C. Oden）、查尔斯·科尔森（Charles Colson）、詹姆斯·博伊斯（James M. Boice）、大卫·哈伯德（David A. Hubbard）、丹尼尔·富勒（Daniel Fuller）、迈克尔·格林（Michael Green），等等。

第三阶段：创新与转型期（1980年至今）。

这一时期的福音派在社会文化中的地位与作用同前两个时期相比发生了很大的改变。首先福音派神学已逐渐形成了自己的体系和特色并开始在学术界赢得尊重，西方许多著名大学纷纷开始设立福音派神学及其研究的讲座与教席。其次，福音派从一度被视为处于边缘地位的流派，已开始越来越多地融入到主流教会中来，它不再被看做是无关轻重的支流末派而成为当今宗教生活领域中一支不可忽视的力量。到80年代末，福音派信众据调查在美国大约在三千万（据"今日基督教"民意调查）到六千六百万（据盖洛普民意调查）之间，在世界各地则有大约五亿之众（据大卫·巴雷特估算）[74]。根据1982年的"巴雷特民意调查"，福音派在世界各地总人口当中所占的比例分别是：北美31.7%；西欧10.2%；东欧3.3%；大洋洲19.1%；拉丁美洲4.3%；东亚1.4%；南亚1.1%；非洲8.0%。而且还有多项民意调查表明，在基督教各流派中，福音派都是最为活跃、增长最快、宗教热情最高涨的群体[75]。

福音派的高度发展与繁荣也为它带来了一些问题，其中最引人注目的问题就是福音派又重新陷入了身份认同危机。当前，在福音派旗号下聚集着形形色色的神学流派与教会组织，它们有保守福音派，有归正宗福音派，有路德宗福音派，有再浸礼宗福音派，有圣公会福音派，有卫斯理宗福音派，有灵恩福音派，有黑人福音派，等等。当今福音派在内部面临着诸如道德失检、教义紊乱以及自我身份认同模糊之类的问题，对外则面临着诸如信仰多元主义与世俗主义之类的持续挑战。有鉴于此，福音派于1989年5月，由"NAE"与芝加哥"三一福音神学院"共同主办了有关"福音派声明"的协商会，以期重新限定和明确福音派的主张与界线，然而其发挥的实际效果却并不尽如人意。福音派在今日已变得越来越适应于现代性并在更大程度上具有包容性与异质性特征。有人据此认为它已变得越来越世俗化了。当然，它仍然坚持着圣经权威的中心性并继续使用着传统的宗教象征与术语，但是它也越来越适应和认同圣经批判原则，强调正统教义的相对性，相信个人体验在基督教伦理中的地位等等那些原来为福音派所拒斥的东西。许多福音派学者还使自己的神学建构对诸如后现代主义之类的文化思潮打开了大门。

自我身份认同危机、多元主义、后现代主义和世俗主义的冲击，以及能否克服自身成功所带来的种种问题成为这一阶段福音派所面临的主要问题。这一时期最为活跃的福音派神学家除了部分第一阶段的代表性神学家及大部分第二阶段的代表性神学家之外，还涌现了为数众多的新生代神学家，他们当中的代表有阿利斯特·麦格拉思（Alister McGrath）、唐纳德·卡尔森（Donald Carson）、奥斯·吉尼斯（Os Guinness）、内森·哈奇（Nathan O. Hatch）、马克·诺尔（Mark A. Noll）、詹姆斯·亨特（James Davison Hunter）、唐纳德·戴顿（Donald W. Dayton）、斯坦利·格伦茨（Stanley Grenz）、罗杰·奥尔森（Roger Olson）、大卫·多克利（David Dockery）、罗德尼·克拉普（Rodney Clapp）、南希·墨菲（Nancey Murphy）、威廉·亚伯拉罕（William Abraham）、布里安·沃尔什（Brian J. Walsh）、J. 理查德·米德尔顿（J. Richard Middleton）、大卫·贝冰顿（David Bebbington）、加布里埃尔·法克雷（Gabriel Fackre）、罗伯特·伍斯诺（Robert Wuthnow）、R. C. 斯普劳尔（R. C. Sproul）等人。

美国福音派协会（"NAE"）、富勒神学院、葛培理布道团以及《今日基督教》杂志只是现代福音派在其初创阶段出现的标志性组织与机构。在随后的岁月里，福音派在建立福音派亚文化设施与机制方面取得了巨大的成就，一大批新组织、新机构纷纷创立，同时，为数众多的原有独立的或者隶属于其他流派的组织和机构也纷纷改换门庭，转投到福音派门下。教育上，在研究生教育阶段著名的院校有富勒神学院、戈登—康韦尔神学院、三一福音神学院、加尔文神学院、阿斯伯里神学院、维真学院、牛津威克利夫学院、惠顿学院研究生院，等等。在普通本科生教育阶段较有代表性的院校有戈登学院、威斯特蒙学院、加尔文学院、霍顿学院、西雅图太平洋大学、贝瑟尔学院、泰勒大学、弥赛亚学院、阿苏拉太平洋大学、惠顿学院，等等。在中小学教育方面，福音派也取得了巨大的成功。据一项在 1985 年的统计表明，仅在美国就有私立福音派中小学校达一万八千所，在校学生人数在两百万到两百五十万之间[76]。

福音派在福音传道与布教方面也建树颇丰，成为基督教各流派中热忱最高、活动最多的流派。其传道机构较为著名的有基督青年会、校园基督布道团、青年生活会、基督教大学联谊团契、向导、青少年挑战者、基督教运动员团契、国际世界观察、洛桑世界福音化委员会、海外传教团契、福音派外事协会、世界福音派团契，等等。

在期刊杂志方面，影响比较大的有《今日基督教》、《永生》、《归正宗期刊》、《基督教学者评论》、《福音》、《福音派神学协会期刊》、《旅居者》、《穆迪》、《基督教使者》、《基督教生活》，等等。

福音派著名的出版社有威廉·伊尔德曼出版社、佐德万出版社、大学联谊出版社、贝克出版社、"道"出版社、廷德尔出版社、克罗斯维出版社、托马斯·内尔森出版社、弗莱明·雷维尔出版社、穆尔特诺马赫出版社、亨德里克森出版社，等等。此外，专门负责音像出版的有麦尔赫、麻雀、道、戴斯普林、重聚、布伦特伍德以及星歌等出版机构。

另外，福音派还设立了一些全国性专业协会，比较著名的有，福音派神学协会、全国宗教广播协会、福音派社会行动会、福音派出版协会，等等。福音派兴起之后，在不长的时间内就迅速建立起完善的全方位、多层次的亚文化机构与设施，它们有利地推动了现代福音派事业的发展。

注　释：

[1] 参见 William J. Abraham, *The Coming Great Revival*, Harper &

Row, 1984, p. 73。

Donald W. Dayton & Robert K. Johnston, ed., *The Variety of American Evangelicalism*, InterVarsity Press, 1991, pp. 12—14, 254.

Gary Dorrien, *The Remaking of Evangelical Theology*, Westminster John Knox Press, 1998, pp. 2—3.

Stanley J. Grenz, *Revisioning Evangelical Theology*, Intervarsity Press, 1993, pp. 22—27.

[2] John H. Gerstner, "The Theological Boundaries of Evangelical Faith", in *The Evangelical: What They Believe, Who They Are, Where They Are Going*, ed. by D. F. Wells & J. D. Woodbridge, Abingdon Press, 1975, p. 23.

[3] Donald G. Bloesch, *The Future of Evangelical Christianity*, Helmers & Howard, Publishers, Inc., 1995, p. 15.

[4] F. T. France & A. McGrath, ed., *Evangelical Anglicans*, Society for Promoting Christian Knowledge, Holy Trinity Church, London, p. 3.

[5] Jaroslav Pelikan, *Reformation of Church and Dogma (1300—1700)*, vol. 4, *The Christian Tradition: A History of the Development of Doctrine*, Univ. of Chicago Press, 1984, p. 128.

[6] A. McGrath, *Evangelicalism and the Future of Christianity*, Intervarsity Press, 1995, p. 15.

[7] A. McGrath, *Evangelicalism and the Future of Christianity*, InterVarsity Press, 1995, p. 16.

[8] Gary Dorrien, *The Remaking of Evangelical Theology*, Westminster John Knox Press, 1998, p. 5.

[9] Mark A. Noll & David F. Wells, ed., *Christian Faith and Practice in the Modern World*, Wm. B. Eerdmans, 1988, p. 3.

[10] Stanley J. Grenz, *Revisioning Evangelical Theology*, Intervarsity Press, 1993, p. 24.

[11] George M. Marsden, "Fundamentalism as an American Phenomenon", in *Reckoning with the Past*, ed. by D. G. Hart, Baker Books, p. 314.

[12] Donald W. Dayton, "Some Doubts about the Usefulness of the Cate-

gory 'Evangelical' ", *in Variety of American Evangelicalism*, ed. by Donald W. Dayton & Robert K. Johnston, InterVarsity Press, 1991, p. 246.

[13] William Hordern, *New Directions in Theology Today*, I, The Westminster Press, 1966, p. 77.

[14] John Stott, *Fundamentalism and Evangelicalism*, Wm. B. Eerdmans, 1959, p. 13.

[15] Charles A. Briggs, *The Defense of Professor Briggs before the Presbytery of New York*, Charles Scribner's Sons, 1893, p. 91.

[16] J. D. Hunter, "The Evangelical Worldview Since 1890", *Piety and Politics: Evangelicals and Fundamentalists Confronts the World*, ed. by Neuhaus etc., Ethics and Public Policy Center, Washington, D. C., 1987, p. 29.

[17] Ernest Sandeen, *The Roots of Fundamentalism: British and American Millenarianism*, 1800—1930, Chicago University Press, 1970, p. 106.

[18] Ernest R. Sandeen, *The Roots of Fundamentalism: British and American Millenarianism*, 1800—1930, Univ. of Chicago Press, 1970.

[19] George M. Marsden, "Fundamentalism as an American Phenomenon", in *Reckoning with the Past*, ed. by D. G. Hart, Baker Books, p. 303.

[20] 参见 D. L. Smith, *A Handbook of Contemporary Theology*, SP Publications, Inc., p. 11。

[21] J. D. Hunter, "The Evangelical Worldview Since 1890", in *Piety and Politics: Evangelicals and Fundamentalists Confront the World*, ed. by Neuhaus etc., Ethics and Public Policy Center, Washington, D. C., 1987, p. 32.

[22] 参见 Cal Thomas & Ed Dobson, *Blinded by Might: Can the Religious Right Save Tradition?* Zondervan Publishing House, 1999, pp. 31—32。

[23] 自1812年普林斯顿神学院成立至1929年，美国长老会的主导神学，同时也是美国最具影响力的神学之一。其代表人物有阿奇博尔德·亚历山大、查尔斯·霍奇、阿奇博尔德·亚历山大·霍奇、本杰明·沃菲尔德和约翰·格雷沙姆·马辛。

[24] J. Gresham Machen, *Christianity and Liberalism*, New York: Macmillan, 1923, pp. 6—7.

[25] George Marsden, *Understanding Fundamentalism and Evangelicalism*, Wm. B. Eerdmans, 1991, p. 33.

[26] J. Gresham Machen, *Christianity and Liberalism*, New York: Macmillan, 1923, p. 160.

[27] Harry Emerson Fosdick, *The Living of These Days*, New York: Harper & Brothers, 1956, pp. 145—146.

[28] Mark Ellingsen, *The Evangelical Movement*, Augsburg Publishing House, 1988, p. 91.

[29] Cal Thomas & Ed Dobson, *Blinded by Might: Can the Religious Right Save Tradition?* Zondervan Publishing House, 1999, p. 33.

[30] Cal Thomas & Ed Dobson, Blinded by Might: *Can the Religious Right Save Tradition?* Zondervan Publishing House, 1999, p. 35.

[31] William R. Hutchison, ed., *Between the Times: The Travail of the Protestant Establishment in America*, 1900—1960, Cambridge University Press, 1989, p. 28.

[32] D. L. Smith, *A Handbook of Contemporary Theology*, SP Publications, Inc., p. 17.

[33] *The Evangelical: What They Believe, Who They Are, Where They Are Going*, ed. by D. F. Wells & J. D. Woodbridge, Abingdon Press, 1975, p. 13.

[34] J. D. Hunter "The Evangelical Worldview Since 1890", *Piety and Politics: Evangelicals and Fundamentalists Confront the World*, ed. by Neuhaus etc., Ethics and Public Policy Center, Washington, D. C., 1987, p. 34.

[35] John Stott, *Fundamentalism and Evangelicalism*, Wm. B. Eerdmans, 1959, pp. 13—19.

[36] H. Ockenga, "From Fundamentalism, Through New Evangelicalism, to Evangelicalism", in *Evangelical Roots*, ed. by Kenneth S. Kantzer, Thomas Nelson Inc., Publishers, 1978, p. 38.

[37] Joel A. Carpenter, "From Fundamentalism to the Evangelical Coalition", *Evangelical and Modern America*, ed. by George Marsden, Wm. B. Eerdmans, 1984, p. 10.

[38] *Encyclopedia of the American Religious Experience*, Charles Scribner's Sons, 1988, p. 59.

[39] *Evangelical Action*! ——*A Report of the Organization of the National Association of Evangelicals for United Action*, United Action Press, Boston, Mass., 1942, pp. 3—7.

[40] *Evangelical Action*! ——*A Report of the Organization of the National Association of Evangelicals for United Action*, United Action Press, Boston, Mass., 1942, pp. 6—7.

[41] Mark Ellingsen, *The Evangelical Movement*, Augsburg Publishing House, 1988, p. 100.

[42] J. Carpenter, "From Fundamentalism to the New Evangelical Coalition", in *Evangelicalism and Modern American*, ed. by George Marsden, Wm. B. Eerdmans, 1984, p. 13

[43] Martin E. Marty, "Tensions Within Contemporary Evangelicalism: A Critical Appraisal", in *The Evangelical*: *What They Believe*, *Who They Are*, *Where They Are Going*, ed. by D. F. Wells & J. D. Woodbridge, Abingdon Press, 1975, p. 172.

[44] Alister E. McGrath, *Historical Theology*: *An Introduction to the History of Christian Thought*, Blackwell Publishers Ltd. UK, 1998, p. 251.

[45] *Evangelical Action*! ——*A Report of the Organization of the National Association of Evangelicals for United Action*, United Action Press, Boston, Mass., 1942, p. 19.

[46] *Evangelical Action*! ——*A Report of the Organization of the National Association of Evangelicals for United Action*, United Action Press, Boston, Mass., 1942, p. 31.

[47] *Evangelical Action*! ——*A Report of the Organization of the National Association of Evangelicals for United Action*, United Action Press, Boston, Mass., 1942, pp. 23—33.

〔48〕 *Evangelical Action*! ——*A Report of the Organization of the National Association of Evangelicals for United Action*, United Action Press, Boston, Mass., 1942, p. 33.

〔49〕 *Evangelical Action*! ——*A Report of the Organization of the National Association of Evangelicals for United Action*, United Action Press, Boston, Mass., 1942, pp. 59—60.

〔50〕 *Evangelical Action*! ——*A Report of the Organization of the National Association of Evangelicals for United Action*, United Action Press, Boston, Mass., 1942, pp. 50—51.

〔51〕 Carl F. H. Henry, *The Uneasy Conscience of Modern Fundamentalism*, Wm. B. Eerdmans, 1947, p. 63.

〔52〕 Carl F. H. Henry, "The Uneasy Conscience Revisited", *Evangel Quarterly*, ISSN0265—4547, Autumn 1990, p. 13.

〔53〕 Carl F. H. Henry, *The Uneasy Conscience of Modern Fundamentalism*, Wm. B. Eerdmans, 1947, p. 17.

〔54〕 Carl F. H. Henry, *The Uneasy Conscience of Modern Fundamentalism*, Wm. B. Eerdmans, 1947, p. 17.

〔55〕 Carl F. H. Henry, *The Uneasy Conscience of Modern Fundamentalism*, Wm. B. Eerdmans, 1947, p. 20.

〔56〕 Carl F. H. Henry, *The Uneasy Conscience of Modern Fundamentalism*, Wm. B. Eerdmans, 1947, p. 68.

〔57〕 Carl F. H. Henry, *The Uneasy Conscience of Modern Fundamentalism*, Wm. B. Eerdmans, 1947, p. 69.

〔58〕 Carl F. H. Henry, *The Uneasy Conscience of Modern Fundamentalism*, Wm. B. Eerdmans, 1947, p. 30.

〔59〕 Carl F. H. Henry, *The Uneasy Conscience of Modern Fundamentalism*, Wm. B. Eerdmans, 1947, p. 60.

〔60〕《圣经·新约·路加福音》第二十三章第四十三节。

〔61〕 Carl F. H. Henry, *The Uneasy Conscience of Modern Fundamentalism*, Wm. B. Eerdmans, 1947, p. 60.

〔62〕 George M. Marsden, "Fundamentalism", *Encyclopedia of the Amer-*

ican *Religious Experience*, Charles Scribner's Sons, 1988, p. 960.

[63] 参见 Mark Silk, "The Rise of the 'New Evangelicalism': Shock and Adjustment", in *Between the Times: The Travail of the Protestant Establishment in America*, 1900—1960, ed. by William R. Hutchison, Cambridge University Press, 1989, pp. 282—289。

[64] Richard Quebedeaux, "Conservative and Charismatic Developments of the Later Twentieth Century", in *Encyclopedia of the American Religious Experience*, Charles Scribner's Sons, 1988, p. 963.

[65] Francis Schaeffer, *The Great Evangelical Disaster*, Grossway Press, 1984, p. 97.

[66] Harold J. Ockenga, "From Fundamentalism, Through New Evangelicalism, to Evangelicalism", *Evangelical Roots*, ed. by Kenneth S. Kantzer, Thomas Nelson Inc., Publishers, 1978, p. 38.

[67] Harold J. Ockenga, "From Fundamentalism, Through New Evangelicalism, to Evangelicalism", in *Evangelical Roots*, ed. by Kenneth S. Kantzer, Thomas Nelson Inc., Publishers, 1978, pp. 41—42.

[68] Harold Ockenga, "From Fundamentalism, Through New Evangelicalism, To Evangelicalism", in *Evangelical Roots*, ed. by Kenneth S. Kantzer, Thomas Nelson Inc., Publishers, 1978.

[69] George Marsden, *Reforming Fundamentalism*, Wm. B. Eerdmans, 1987, pp. 172—173.

[70] George Marsden, *Reforming Fundamentalism*, Wm. B. Eerdmans, 1987, p. 256.

[71] James Davison Hunter, *Evangelicalism: The Coming Generation*, The University of Chicago Press, 1987, p. 6.

[72] 参见 George Marsden, "Fundamentalism", *Encyclopedia of the American Religious Experience*, Charles Scribner's Sons, 1988, p. 947。

[73] James Davison Hunter, *American Evangelicalism: Conservative Religion and the Quandary of Modernity*, Rutgers University Press, 1983, p. 47.

[74] Kenneth S. Kantzer & Carl F. H. Henry, ed., *Evangelical Affir-*

mations, Zondervan Publishing House, 1990, p. 28.

[75] Mark A. Noll, *The Scandal of the Evangelical Mind*, Wm. B. Eerdmans, 1994, p. 9.

[76] James Davison Hunter, *Evangelicalism: The Coming Generation*, The University of Chicago Press, 1987, p. 6.

第三章

权威、启示与理性批判

第一节 圣经的终极权威性

宗教改革之父马丁·路德曾对文艺复兴与人文主义的代表伊拉斯谟说道,"伊拉斯谟,你我之间的差别在于,你将自己置于圣经之上而去评判它,而我则将自己置于圣经之下并接受它的评判"[1]。这里涉及的就是一个究竟以什么为最高权威依据的问题。权威一词在现代社会里几乎已经变成了一个龌龊的术语,它总是使人联想起法律与秩序、指导与约束、命令与控制、主宰与顺服、尊重与听从。可以说,权威是个意味着统治和支配权力的关系性术语,它是通过顺从与一致性而得以自我表达的[2]。这一点似乎是同现代精神破除权威、崇尚自由的主流意趣格格不入的。其实也不尽然,撇开社会文化层面上的权威的得失祸福不论,单就精神信仰领域而言,完全摆脱权威的情形也是不可想象的。一方面,或许传统的权威正在坍塌崩溃;另一方面,形形色色的新权威或经过改头换面的旧权威却又悄然纷立。对于一个人来说,不信仰这种权威就得信仰那种权威;不崇拜真神,就会臣服于各种各样的偶像。面对这纷至沓来的不同层次、不同范畴的各种权威,基督教福音派坚信,在信仰与实践上最高或最终的权威依据只能来源于圣经,作为上帝之道的圣经是超越于一切规则之上的最高、最终的规范或原则。

权威问题是一切神学的核心问题。福音派既然将权威置于圣经之中,那么圣经权威的性质就成为了他们的基本关注。同时,这对一个基督徒来说也是一个现实的问题:应该具体从何处着手去寻找和聆听上帝之道呢?通过什么样的途径能使上帝的历史的、特殊的启示同现今的处境相关联呢?根据什么样的源泉来获得上帝神启的权威性指导呢?当基督徒彼此意见相左时,他们上诉的最高"法庭"又在何处呢?神学家詹姆斯·帕克指出,所有这一切涉及的就是有关权威的问题。权威来自于上帝的启示,上帝对现在的人所说所做的也就是他通过耶稣基督而对世界所说所做的一切,而圣经就是对上帝所说所做的权威性见证[3]。

充分肯定圣经权威的"形式原则"是现代社会中福音派神学同其他一切自由派神学区别开来的分界线。福音派"坚持作为'上帝之道'书面形式的旧约与新约的完全真实性以及完全与最终的权威性,对它正当的回应应当是谦卑的赞同与遵从"[4]。在福音派看来,圣经就是上帝之道,因而它是完全真实与可信的,它构成了指导信徒思想与生活的最终权威[5]。蕴涵在书写的圣经中的教诲就是上帝对他的教会与信徒言说的"道",要明了上帝的意思,人就必须求助于其书写的"道"。由默示而来的圣经是对完全而明白的神启的记录、解释和见证。福音派神学将圣经看作是发现永生之"道"的终极所在,相信它是永久保存救赎福音的神授文献,包含着上帝之道的圣经构成了基督徒信仰与实践的最高权威。

"Sola Scriptura"("惟有圣经"或"单靠圣经")曾被称做是16世纪宗教改革神学的形式原则,这意味着它处于首要的地位并赋予了基督徒一切信仰与行为所需的形式或指导。这个口号表达了宗教改革对圣经权威的看法,他们认为只有圣经,而不是教皇、教会、圣传或大公会议以及个体的模仿或主观情感,才是信仰终极的权威。因而,倘若其他所谓的权威背离了圣经的教诲,它们就应接受圣经的评判,进而受到拒斥和抵制。"惟有圣经"

或是"单靠圣经",正是在这一点上最为清楚地表明了现代基督教福音派,在神学与灵性上同宗教改革传统的连续和继承性。其核心在于以圣经为最高的权威,使基督教个体与团体的生活与精神植根于圣经并不断接受圣经的评判。圣经构成了福音派纲领的关键。历史学家马克·诺尔对此指出,考察福音派的圣经观可以发现,一切均有赖于这样一种认识,福音派团体将圣经看做上帝之道。不论各人对"上帝之道"的具体理解如何,它都总是涉及到圣经。他们深信,圣经本身就已表明了圣经所说的也就是上帝诉说的[6]。坚持作为上帝之道的圣经的权威性,就能够使福音派避开相对主义的泥沼而以一种客观性来审视与评判一切。

在这种意义上,接受圣经的权威性也就具有了某种解放或解脱的意义。对此,神学家A.麦格拉思指出,圣经权威的观念并非像某些批评者所说的那样完全意味着一种束缚与限制,实际上,福音派坚持圣经的权威也就表明了他们决定拒绝一切其他外来事物成为真正基督徒的规范的可能性,因为接受其他事物而不是在圣经中自我启示的上帝为权威,实际上就是接受了某种意识形态或偶像崇拜的束缚。而坚持圣经的权威则可以使人摆脱种种文化时尚的奴役,它为人们提供了一种能够评判而不是盲目追随变易不居的文化价值与观念的框架或结构。"认归圣经能够使人们效法基督,而不是晚近那些支离破碎、混乱不堪的文化噱头"[7],这一点已为大量不胜枚举的历史事实所证明。因而,福音派坚持,圣经不需要经由文化和传统的补充与诠释,也不需要经由理性和经验的修改与订正;相反,文化、传统、理性与经验都应接受圣经的评判,"人之道"必须要经由"神之道"的检验。这就是福音派对圣经作为最高或最终权威的理解。

一、圣经的神性起源:神感默示说

圣经的权威性来自于它的神启本质。权威性表示的是一种结果,而默示性表示的则是上帝自我启示以使世人认识他的过程。由于圣经是经由圣灵默示而来的上帝的启示,所以它才是独立的、无误的,因而也是权威的。正是由于圣经的这种神性起源才决定了它对人的信仰与行为的终极权威性。默示论教义是福音派圣经观的起点。

所谓默示论就是关于自我启示的上帝是如何对人性作者并通过人性作者而言说的教义。它认为上帝的自我启示是以一种可认识的、理性的和有意义的方式加以表达的,它具体就蕴涵在圣经之中。根据默示说,圣经是通过"人的话"而表现的"神的话",它是一部独一无二的著作,因为它同时拥有神性与人性双重作者的特征。当然,在圣经的神性因素与人性因素之间往往存在着一种张力。作为"上帝之道",它是绝对的、毫无谬误的;作为"人之道",它又是带有特定的历史与文化印痕的。如何正确把握圣经的这种双重作者性或者说双重因素特征,采取什么样的方法与原则是至关重要的。一种是圣经本身主张的演绎式方法,它是按照圣经自己的主张来看待它的性质与权威以及它的神性与人性双重作者特征的,这种方法是从某些神性设定出发并将人性现象置于它的范围之内。另一种方法则可以称之为归纳式方法,这是从对现象的某种解释性和历史性的理解出发来看待圣经的性质,甚或对它提出某种修正的方法。不同的方法决定了对圣经本身是否有误这一问题会采取不同的回答。从圣经自身主张出发的演绎论者,必然会对圣经采取高调的看法;而从现象出发的归纳论者,则不可避免地会对圣经持一种低调的观点。基督教福音派基本上采纳的是前一种即演绎论的圣经无误观。

在福音派看来,圣经的双重作者身份意味着"圣经既是人对神圣启示的见证,同时又是上帝对自己的自我见证。圣经不是部分地属于上帝之道,部分地属于人之道,而是在整体上既是上帝之道又是人之道"[8]。片面强调圣经双重作者当中的任何一方都会曲解圣经的神感默示性质。基督教早期历史上的幻影论观点与伊便尼派观点在现代基督教运动中的基要派圣经观与自由派圣经观中就得到了某种回应。基要派圣经观片面强调圣经的神性因素，他们倾向于将人性作者看作是完全消极被动的，人性官能为神性默示所中止。在他们看来，圣经的人性作者就像某种乐器或复写机，成为圣灵操纵的玩偶而不再是具有自主性的人。圣经因而完全是一部神书；人性因素不过是神性因素的面具或外在形式。这种圣经观有时也被称为默示的"听写论"或"打字机论"，它完全否定了圣经的人性因素。与此相反，自由派在强调圣经的人性因素上则走向了另一极端。它主张圣经完全是人关于上帝经验的记录或者是人的高度宗教意识的产物。圣经是人性作者的"话语"，它产生于人的意识，只不过偶尔带有一些神圣"启示"的火花而已。这种圣经观所采取的方法实质上就是前面提到的归纳式方法论，它为圣经的谬论说打开了方便之门，从而在根本上削弱乃至否定了圣经的绝对权威性。

此外，还存在着一种对圣经双重作者特性的误解，这就是詹姆斯·帕克教授所说的适应论或迁就论[9]。这种观点认为启示真理在经过有罪的人性这一工具的传递过程中必然会招致某种变形或损害。它主张，圣经的人性作者都是一些不完善的受造物，他们在道德上、精神上和智力上都有着种种局限和缺憾，他们既是他们所处时代的子孙，也是堕落的亚当的后裔。因而，在他们受默示而写作圣经时，粗糙、不成熟、扭曲以及错误会不知不觉、潜移默化地渗透其间。迁就论尽管可以使人在碰到那些与圣经告诉人们或应当告诉人们的观念不一致的段落时易于摆脱无法处理的窘境，然而它在福音派神学看来却是一种完全错误的看法。这是因为它首先就同圣经教导的所有圣经都是神所默示、都具有神性起源的教义相抵牾。而且，这种观点还暗示着上帝在他的启示旨意上，会受到他借以实现其旨意的人性质料的限制、妨碍和挫折,好像上帝没有能力去装备或引导有罪的人性作者去忠实无误地完成他的旨意似的,这同上帝的全能全知的属性是不相符的。帕克指出,这种观点实质上是将圣经人性作者自由行使自然能力与同时完全接受神性的控制割裂并对立起来了,它是对传统基督教神佑论(doctrine of providence)的误解,它错误地设定处在这种相互关系中的上帝和人不能同时作为自由的动因:神自由行动时人就不能自由行动,人自由行动时上帝就不能自由行动,这两种自由是相互排斥的。这种见解完全是同传统神佑论教义背道而驰的。圣经本身对此的看法是,上帝的自由本身就构成了人的行为自由的基础和保障,神能自由地在他的受造物中并通过他的受造物而行动,而且同时能够引导这些受造物按照他们自己的本性而行动。这就是圣经双重作者身份的关键所在。

事实上,福音派认为他们历来所坚持的圣经双重作者论在圣经中是有其出处的,它主要依据的是《新约·彼得后书》中的一段经文:"第一要紧的,该知道经上所有的预言没有可随私意解说的;因为预言从来没有出于人意的,乃是人被圣灵感动,说出神的话来。"[10]这里虽然指的是预言,但福音派神学认为这种见解也同样适用于全部由圣灵默示"感动"而来的整个圣经。圣经既是上帝的话语也是人的话语,而且上帝的话是通过人的话而得以表达的。具体说来,圣经的双重作者论包括以下三个要点。

第一,圣经是"上帝之道"。人们通常用"默示"这一术语表述圣经的神性起源。默示一说在《圣经·新约·提摩太后书》第三章第十六至十七节中有明确的表述,而且在整个圣经中这也是惟一一处明确提到圣经默示特性的地方。圣经原文是这样的,"圣经都是神所默示的,于教训、督责、使人归正、教导人学义都是有益的,叫属神的人得以完全,预备行各样的善事"。这里,"默示"一词在英文版圣经中是"given by inspiration of God"(见"KJV"版圣经)或字面原义为"God-breathed"(见"NIV"版圣经),后者是对希腊文"theopneustos"("神所呼出的")这一形容词的字面直译。著名神学家B. B. 沃菲尔德表明,这个希腊词实际意味着"由上帝所呼出的",这不是指上帝将它吹入了人性作者的思想中以使他们能够写出这些"话语",亦不是说上帝将其吹入这些著述中以使它由人的话转变成神的话,而是说圣经所写下的是由"上帝之口呼出的",因为在说话时是由口中呼出的气流来传递这些话语的[11]。因此,当使徒保罗说圣经是由上帝默示而来的时候,就是在"断定活生生的上帝是圣经的作者,圣经是他创造性的呼吸的产物"[12]。当然,有人对《提摩太后书》中的这段经文的理解存在着不同看法,比如它说"圣经都是神所默示的",究竟是指作为一个整体的圣经还是指圣经的个别段落并不是十分明朗[13]。而且,这里所说的"圣经"主要是指旧约而言的,因为此时有些新约部分尚未写成。不过福音派神学认为旧约和新约拥有同等的权威,都是由神所默示而来的[14]。尽管上帝的圣灵在那些作者那里运行的方式未有明确的提及而仍归是一种神秘,但圣经的默示性的确表明了它的神性起源。正如帕克所言,"默示不一定要涉及其作者异常的心理状态比如出神、异像或异觉。它也不会涉及对人格特征的抹杀或忽略"[15]。上帝在他的恩宠神佑下,完全可以使人性作者在行使其自然禀赋的同时而完成自己的旨意。在这种意义上,圣经的默示性就意味着它是"上帝之道"。

第二,圣经也是人的"话语"。圣经的默示过程不是什么机械的复制或摹写过程,人性作者在其中发挥的不是什么可有可无、无足轻重的纯粹消极作用。大量证据表明,在圣经这六十六部书中包含着许多历史处境与人性生活的痕迹。圣经各书在历史叙述、文学风格以及神学重心上都有各自鲜明的特征。因此,福音派圣经观并不否认圣经也是人的"话语"。它否定的只是以下两种看法,一是认为人性因素必然会牵涉进错误,二是认为全能全知全在的上帝不能与神选作者的自发、自由和创造性的创作行为同时运作,以使他的代言人所写就的内容能够表达出绝对的真理。

第三,圣经既是神的"话"也是人的"话"。神性因素与人性因素在圣经中不是互相排斥的关系,而是二性共在的关系。人们在理解这种关系时常将它同耶稣基督的神人二性共在属性相类比。尽管这种类比具有一定的局限,但它仍然可以说明正如基督同时是神又是人一样,圣经也同样可以既是"神的话"又是"人的话",强调它的神性起源不会否定人性作者的自由行为,断定人性与神性的合作也不会排斥它同时又是上帝之道。圣经是上帝通过"人的话"而言说的"神的话"。上帝通过人性作者而表达的上帝之道,既不会否定人性作者的人格性亦不会使来自神性的自我启示受到人性的扭曲。这就是福音派所坚持的圣经默示的双重作者论。

二、行为、话语与意义的统一:圣经的启示本质

基督教被称为启示的宗教,启示是基督教信仰的根本所在。在英语中"revelation"(启示)一词来自于拉丁文"revelatio",意即去除面纱、去除遮蔽的意思,它描述的是先前被面纱、面罩或其他掩饰物所隐藏的事物被揭开、揭露以使人看见的客观行为。基督教福音派强调,没有启示就不可能有对上帝的认识。在他们看来,作为造物主的上帝是永恒的、无限的,而作为受造物的人是受时空限制的有限者;而且上帝是完全神圣的,人却是完全堕落的,因而有限与有罪的人不可能达到和认识无限而神圣的上帝。属人的智慧与属神的智慧是完全不相称的。这就是说人永远无法认识神除非上帝自己屈尊俯就主动将自己启示给世人。正如圣经所讲的,"神为爱他的人所预备的,是眼睛未曾看见,耳朵未曾听见,人心也未曾想到的。只有神藉着圣灵向我们显明

了"[16]。福音派神学虽然承认普遍或自然启示的存在,但认为惟有来自上帝通过耶稣基督的特殊启示才能使人获得救赎的恩典。

在现当代基督教神学中,许多自由派神学特别是以卡尔·巴特为代表的新正统神学倾向于认为上帝的特殊启示是人格性的而不是命题性的。他们主张上帝自我启示的方式不是通过他的话语,而是通过他道成肉身成为世界救主而来的救赎事工,启示是通过神的行为而不是通过神的教导而得以表现的。这样一来,圣经自然就不再是启示的同义语,而成为有关启示的纪念与遗产,成为有关在神的救赎史中蒙召者的观察、印象与观念的记录。圣经不再是救赎真理的绝对权威,它仅在作为那些蒙召的、具有纯正信仰与深邃洞察力的信徒留下的第一手记录的意义上具有相对的权威性。圣经中的表述只是人对启示的见证,仅具有或然的真理性。换言之,圣经仅是神学的一种源泉而不再是它惟一的标准。

这种将上帝的启示仅仅局限于人格性启示的看法完全无法为福音派神学所接受。福音派坚信在上帝特殊启示的旨意中,事件与见证是密不可分的。任何企图将它们截然分割开来的做法都是有悖于传统基督教信仰的。诚然,上帝的自我启示主要是人格性的,即通过救赎与审判的行为而得以彰显,但上帝的自我启示既包括他对人所行的权能也包括他教诲世人的真理,这两种行为不是截然对立而是相辅相成的。所以说"上帝的特殊启示是行为与话语的结合,是事件与见证的结合"[17]。这种立场主要是基于以下两种考虑。

一方面,即使对于那些在那个特定的时间与地点卷入上帝救赎行为的人而言,上帝的神能行为如果没有伴随有上帝之道的解释亦很难对人构成真正的启示。让人自己凭一己之意去猜测揣摩上帝的心思和旨意,只能是徒劳无功甚或堕入歧途。况且,上帝神能行为的整个意图在于使人藉着信仰去认识他,而信仰的整个根基就在于上帝的话语之中,是上帝之道使人藉着神为人所行的异能归信于他。话语或命题性启示是上帝对关于自己的真理的揭示与透露。它不仅仅是神的救赎行为的附属物,而是它的不可或缺的组成部分。话语启示的必要性在耶稣基督的人格与事工上表现得尤为清晰。尽管基督的生、死事工是神最明确最完全的启示。但倘若没有神的解释仍无法为人所完全理喻,譬如如果不是被告知的话,谁能猜测到他是神道成肉身并通过在十字架上的赎罪性牺牲以及复活而成为人救赎的指望的呢?单就基督十字架受难这一行为或事件而言,在罗马帝国统治巴勒斯坦的那些岁月里,在十字架上被钉死的人何其多矣,倘若上帝没有拣选和预备那些使徒作为见证,又有谁能证明得了耶稣十字架受难对人类历史的特殊意义呢?

  另一方面,耶稣基督道成肉身的生命仅在公元前后的巴勒斯坦地区持续了短短的一段时间,那些在此地之外以及在此时之后的人如何也能够藉着基督的人格与事工而与神重归和好呢?为此,上帝拣选并预备了使徒以使他们能记录和解释神通过耶稣基督所说所做的一切。惟如此,后世之人方能亲近和认识上帝。事实上,人们惟一能够认识的基督就是圣经中的基督,圣经使得一切时代一切地点的人们认识基督成为了现实的可能。因而,上帝的最高启示应被界定为历史的、道成肉身的基督以及对他的圣经见证。这就完全凸现了圣经的启示性质。圣经和基督密不可分,它们有机地实质性地关联在一起。事实上,人们不可能与其他形式的基督相遇而只能同在圣经中发现的基督相会。凭靠信仰可以使人接受圣经为基督的见证,又接受基督为圣经所见证的基督。正如 B. B. 沃菲尔德所指出的,圣经的言说好像是上帝的言说,而上帝的言说又好像是圣经的言说,圣经与上帝的紧密关联表明了它的权威性[18]。基督教对上帝的独特认识通过耶稣基督而来,而对耶稣基督的认识又只能通过圣经而来;基督是圣经的中心主题与焦点，圣经所解释与宣扬的又主要是耶稣基督的人格与事工。圣经的权威就在于它的历史与神学意义之中。

所以福音派主张作为启示的圣经就是上帝的"话语"。书面形式的"圣经"（Bible）与作为上帝之道的"圣经"（Scripture）是同义的，它的主题就是作为圣子的耶稣基督以及围绕圣子而来的圣父的救赎旨意。当人们听到圣经的声音之时，不论意识到与否，萦绕和呈现在人的意识之中的就是来自上帝自己的话语。圣经的默示与启示特征使得福音派神学坚持圣经的文本与意义的统一性。错误的语言必然会扭曲它想要表达的意义，因而由上帝默示而来的圣经经文必然能够表达上帝之道。然而，在许多自由派神学中，文本与意义发生了不同程度的脱离倾向，神学意义漂移或游离于圣经文本之外，不再受控于文本的统摄。圣经仅仅蜕变成为神学意义的提示、暗示或线索。福音派不可能首肯于这样的见解，他们认为上帝的启示意义就在圣经的话语之中并通过它而得以表达。圣经的默示性保证了语言与意义的一致性。意义不是像自由派神学所声称的那样"隐藏于圣经文本之上、之后或之外，而是就蕴涵在文本之中"[19]。圣经能够揭示上帝的特性、意志与行为，也能够完成使属神的人明了上帝救赎的旨意，因为它就是上帝自己藉着默示而揭示的真理。在这种意义上，它就是上帝的启示。

圣经是上帝启示给世人的"道"。关于圣经的启示性，当代神学家斯坦利·格伦茨提出可以从以下三重意义上来理解圣经与启示的密切交互关系。第一，圣经之作为派生性启示。圣经主要在派生的意义上是一种启示，因为它是对上帝的历史的自我显示的见证以及对那种启示的记录，它证明了上帝的确启示了自我，故而上帝对人不再是隐匿的，而是以一种被启示者的状态来面对世人。圣经就是对这种自我启示的书面的见证与积淀，事实上，要想了解上帝在历史中对人的自我启示，人们除了圣经之外，再无其他可资利用的资料与来源。在这种意义上,圣经就是上帝对人的"话语"。第二,圣经之作为功能性启示。圣经不仅在派生意义上而且在功能意义上也同样是一种启示,因为圣经不是要把读者的注意力引向它自身,不是要对圣经本身予以偶像化,而是超出了自身,将人们的注意力引向那自己启示了自己的上帝,并且圣经告诉了人应当如何认识上帝。圣经宣扬的讯息是圣灵使世人称义与成圣的媒介或工具。惟有通过同活生生的上帝的相遇,才能认识神圣的实在,而圣经信息使这种相遇成为了可能。在这种意义上,圣经就是上帝给人的"话语"。第三,圣经之所为中介性启示。这就是说圣经在中介者的意义上亦是一种启示,因为在人神隔绝的情形下,是中介性的圣经的存在使人能够正当地认识神的本质,它是关于上帝的话语。在这个意义上,圣经也是上帝给人的"话语"。总而言之,"惟有圣经是如此密切地同上帝的历史启示相关联着,以至于它本身也可被视之为'启示'。惟有圣经构成了对启示性历史事件以及这些事件的先知性解释和意义的书面记录。惟有圣经能将人们的目光引向位于基督之中的上帝,并使人能够面对面地同仁慈的救主相遇"[20]。正是在这种意义上,福音派神学将圣经视作上帝之道,视作上帝对世人的自我启示,并因而对人的信仰与实践具有终极的权威意义。

三、圣经的真实性问题:现代性的挑战

一般地,基督教神学大都主张在圣经的权威性与它的真实性之间存在着休戚相关的联系。圣经的神感默示与启示特征决定了它是一种"正确的"或"无误的",因而也是值得信赖和具有权威性的特殊文献。福音派神学坚持圣经的真实与可靠性,主要是出于这样一些信念和立场。一、圣经作者们常常宣称他们所写的都是"主如是说"的,它营造了这样一种氛围,即圣经的无误性是它理所当然、自然而然的属性。大量证据表明,没有任何一位

圣经作者曾就任何一个细节对其他同样也是出于神感默示的作者的作品之真实性提出过质疑,绝对的肯定性与终极性构成了这些默示而来的著述的鲜明特征。二、耶稣基督对旧约的权威性与可靠性的见证。通观《新约·四福音书》可以看到,耶稣基督始终对圣经保持着确凿无疑的信任。接受耶稣基督为救主也就意味着必然会接受他对圣经权威与真实性的看法。事实上,基督的权威性同圣经的权威性是相辅相成的,在活生生的"道"与书面的"道"之间是不存在任何间隙与错位的。三、上帝的本质。虔信的心灵无法想象全能、神圣、仁慈、完善的上帝的"话语"会有什么错误,会接受有限的人的思维的订正和检验。四、上帝的强有力的、涵盖万物的神佑恩宠论。"那位随已意行做万事的,照着他旨意所预定的"[21],使一切均处于他的掌管之中的上帝,必然也会将圣经的创作置于自己的神佑之下,从而确保了圣经的可靠性。五、确信圣经的无误性是同教会的历史的、正统的立场相一致的。在现代圣经高批判方法兴起之前,无论是出于预设、暗示或是明确表达,相信圣经的绝对真实性一贯都是基督教教会的标准立场。

关于圣经的真实可靠性,传统基督教神学大都接受了圣经的"完全默示"教义和"词语默示"教义,前者是指宏观上圣灵对圣经创作的监理行为涵盖了整个圣经,后者是指微观上圣灵对圣经写作的神佑延伸到圣经的每个词语之中。籍此可以顺理成章地讲,圣经的每个方面都是出自神的灵的默示,都是真实的和有权威性的。

仔细斟酌权衡这些理由,使得福音派神学确信圣经的无误性构成了它的默示论教义的一个正当推论,甚或是其必然蕴涵的一个部分。须知,一种可能有误的圣经是既无力量亦无权威的,因为它的每一个陈述都有可能受到有限的、不完善的人的理性的修正与抵消,结果必然是人的观念或个人的偏好将会篡夺权威的终极地位。所以说，圣经默示性质保证了它的真实可靠性。福音派主张"上帝的神佑在不否定圣经作者的个体性的同时引导着他们选择他们的词语、利用他们的资源来写作圣经，以至于这些人性作者的话语实际上也就是神的话语。而且神的引导不是局限于圣经中的那些较为'高尚的'或更具'宗教性'的部分而是遍布它的每一个部分"[22]。其结果就是圣经必然是不会犯错的即"一贯正确的"（infallible），或者说它是不会偏离真理即"绝对无误的（inerrant)"。

圣经的"绝对无误性"（inerrancy）和"一贯正确性"（infallibilty）是福音派神学用来表述圣经权威性质的两个最常用、最核心，同时也是最富争议性的神学专业术语。这两个术语从词源学的意义上讲几乎是完全同义的，但它们的具体用法却相去甚远。在罗马天主教神学中，"绝对无误性"一般被用之于描述圣经的性质，而"一贯正确性"则多用之于描述教会，特别是描述教皇和教阶组织的教导功能。不过，随着16世纪兴起的基督新教对教皇与教会一贯正确性教义的摈弃，"一贯正确性"这一术语也被越来越多地运用于对圣经权威性的表述之中[23]。

细究起来，"一贯正确性"意味着决不会欺骗或误导的属性，因而也就意味着完全的可信性和可靠性；而"绝对无误性"则表示的是完全的真实性，二者表达的都是圣经至高至上的权威性。从技术上讲，一贯正确性同圣经的功能有关，而绝对无误性则同圣经的性质有关；前者是指圣经不能或不会犯错，后者是指圣经免于过错，两者几乎是同义词。在它们两者都是指圣经是上帝之道，是指导信徒精神与生活的权威这一意义上，它们二者之间几乎没有什么明显的区别。但由于后来人们对它们的用法与理解上的不同，更由于人们主观地为这两个术语附加上了太多的意义，以至于它们构成了两种完全不同的圣经观和神学流派的标志和代名词。

实际上，就它们作为一种比较系统的神学学说和教义而言，"一贯正确论"或许具有较为悠长的历史传统，比如它很早就出现在著名的"威斯敏斯特信纲"当中，而现代意义上的"绝对无误论"则一直到19世纪80年代末期才逐渐成为正统新教神学有意识地坚持的一种圣经立场。它的完善系统化主要是同当时的普林斯顿神学家阿奇博尔德·亚历山大（Archibald Alexander）、查尔斯·霍奇（Charles Hodge）、A. A. 霍奇、B. B. 沃菲尔德的努力密切相关的。在此之前，新教传统只是简单地预设了圣经的终极权威和可靠性，并未有意识地将它作为一个值得认真对待的问题而加以特别地关注。但面对"离经叛道"的现代派或自由派神学的挑战以及圣经历史批判原则的压力，保守的新教正统神学在圣经观上逐步明确而凝结成了所谓"圣经无误论"这一形式教义。

它具体是指这样一种观点，即当获悉一切事实的真相之后，它们将证明圣经在它的初始底稿中以及在获得正当解释的情形下，它所断定的一切内容——不论是宗教的还是伦理与道德的抑或是历史与科学的——都是完全真实或绝对不会虚妄的。这种观点认为，圣经既未包含任何事实性的错误亦未包含任何内在的矛盾，因此圣经作者实际所说所指的永远都是真实的；而且现有的圣经文本在实际的意义上，可以认为它们同原稿是高度一致的，因而也可以认定它们是那些文本的完美翻译，是正确无误的。

这就是说，尽管圣经作者明显地没有使用现代科学术语以及现代史学的准确性范畴，尽管圣经的主要目的在于神学与道德而不在于历史与科学，但圣经无误论坚持圣经在所有涉及这些方面的论述上都是绝对真实无误的。这种涵盖一切的无误论是出于这样一些理由：首先是因为圣经本身未在涉及信仰与实践的问题同涉及历史与科学的问题之间做出区分。其次是圣经作为"上帝之道"的不变性与永恒性就意味着它的完全可靠性与真实性。最后是因为使徒保罗所说的,"这圣经能使你因信基督耶稣有得救的智慧"[24],而不具真实性的圣经陈述是不利于这种神圣目的。

尽管如前文所指出的,在福音派内外学术界中就圣经本身是否明确主张无误论尚有一些争议,但现在比较一致的看法是圣经至少是以间接含蓄的方式肯定了无误论。无论如何,福音派深信坚持圣经无误论对信徒在信仰与神学实践上都是大有裨益和不可或缺的。无误论为信仰者提供了一种确切的评判标准,为他们的认识论提供了一个由以出发的可靠起点。同时它也使得信仰者日常的读经、查经成为现实的必要,因为这可以使他们能够经常聆听到活生生的神的"话语"。而且更重要的是,在无误论中也同时包含并肯定了圣经的清晰明白性,它使得圣经的学习与研究不仅仅局限于高深莫测的学术界而为一切平信徒所敞开。

需要指出的是,圣经无误论并不像某些自由派神学或世俗学界所讥讽的那样,在圣经观上坚持完全机械僵化的立场。无误论在很大程度上是同对圣经文献的解释相关的,它的方法本质上是写实主义性的,即应尽可能地按照它们的表面意义去理解,但这并不是说要机械地对每一个句子都仅仅拘泥于它的字面意义加以解释,例如当耶稣基督宣称"我是门"时,无误论绝不会将它理解成字面意义上的"门"。无误论不仅要考虑作者的意图,而且在释经时还会考虑这些作者所处的文化时代以及文学风格的影响,他们的限定条件、现象学立场、组织方法、引述程序、语法文法结构以及整个意图都应统统考虑在内。此外,在无误论看来,一项业经证实的错误与一项无法解决的困难之间是有天壤之别的。无误论只是坚信,当一切必需的材料都在掌握之中时,才不会有任何困难或矛盾之处的存在。既然承认有困难,持圣经无误论者往往会积极致力于协调和消除那些显而易见的矛盾与困难之处。实践表明,如果能够在对待圣经时心存友善和虔敬之意并且能够对那些可疑之处给予善意的解释,许多原本看似矛盾与困难之处往往能够迎刃而解甚或自然冰释。不过在遇到某些协调显得有牵强与附会之处时，持无误论者往往会承认因资料不足而暂时将其悬而搁置，相信只有到必要的资料齐备之时，才能找到合适的解决办法。

而且，还应看到，圣经中对真伪正误的理解及意图同我们现今所持的一般看法是有所出入的。首先圣经作者关注的不是对事件与细节的精确报道，而是对神学与道德真理的宣扬。《新约·提摩太后书》中那段常常被引用以佐证无误论的经文本身在指出圣经是神所默示的之后，紧接着就表明了它的意图即"于教训、督责、使人归正、教导人学义都是有益的"[25]。类似的说法在圣经中存在着大量的例证，比如《罗马书》第十五章第四节、《哥林多前书》第十章第六节和第十一节中都有明确的论述。另一方面，圣经中对真伪的看法同现代世俗经验主义的看法其侧重点是不一样的。神学家唐纳德·布洛施指出，真理在圣经中意味着同上帝的意志与目的一致性，而在现代经验的、实证的环境中，它意味着观念或认识同自然和历史现象之间完全的一致性。错误在圣经中意味着对上帝意志与目的的背离，意味着不当的神学见解和道德行为，而对于现代实证精神而言它只是认识与现实之间的不精确、不一致。因而，"技术上的精确性是经验主义的真理标准，信仰上帝之道是圣经中的真理标准。经验主义限制并缩小了对客观意识素材的探究领域，它将启示说成是超历史的或隐藏于历史之中的，并因而将它逐出了正当的认识范围之外"[26]。

不过，无误论尽管十分重要，但在现实的层面上，一个人要承认圣经的权威性不一定非得断定它在一切领域都是无误的不可。事实上，许多人都发觉现有的圣经译本并非没有值得商榷之处，但这并不会妨碍或削弱它的权威性。基于这样一种考虑，一些较为开明或较为激进的福音派神学家在承认圣经绝对权威的同时，开始倾向于淡化无误论一度在神学流派与界线上所形成的压倒一切的重要性，认为无误论只是提供了一种表达人们尊重圣经作为圣灵工具性的载体，其作用在于提醒人们必须严肃对待整个圣经而已[27]。

更有甚者，自20世纪60年代起，在福音派神学内部开始分化出一种新的神学倾向，它试图重新限定传统的圣经无误论以便更好地应付现代性文化精神尤其是历史批判原则的挑战。由此，传统的圣经无误论立场开始逐步分化演变为"完全的"或"严格的"无误论与"温和的"或"有限的"无误论两大意趣迥异的阵营。前者仍然坚持传统的无误论观点，认为圣经在它所涉及的一切领域，无论是信仰与实践问题上还是历史与科学问题上，都是真实无误的；后者断定圣经在所有涉及信仰与实践的问题上都是毫无错误的。但这种观点为圣经在其核心主旨即救赎领域之外或在经文中心意图之外，可能存在着某些旁枝末节、无关宏旨的纰漏过失之处留下了余地。因此，它拒绝了严格无误论立场将重心置于历史和科学问题上的毫厘不爽的正确性观点，也不像严格无误论者那样时刻准备以协调、消除圣经中的困难与矛盾为己任。

这种有限无误论者在同严格的无误论者争执的过程中，为表明自己同后者在圣经观上的区别而逐渐放弃使用"绝对无误性"（inerrancy），转而更多地使用"一贯正确性"（infallibility）这一术语。他们强调是圣经的"教诲"而不是其"经文"是一贯正确的。圣经可靠性问题是同诸如"在哪一个领域"（他们的答案是在宗教和伦理领域）、"为何种目的"（他们的答案是为了救赎）一类的问题相关的。圣经在所有论述到信仰与实践的问题上都是一贯正确、绝对可信的。它作为书面的上帝之道不可能在这类事情上犯错或误导。在持圣经"一贯正确论"的人看来，完全的无误论不过是同普林斯顿神学家密切相关的晚近杜撰与发明，它不是历史的教会的立场。

相应地，这种温和的圣经无误论对圣经批判运动也表现出较多的认可态度，他们当中许多学者甚至还从福音派立场出发积极卷入了这一运动。近几十年间，福音派学者在圣经研究领域做出的贡献已广泛赢得了学术界的认可和推崇。在他们看来，圣经批判侧重的主要是圣经双性作者中的人性的一面。这种方法在神学上也是同道成肉身的原则相一致的，因为上帝的自我启示不是在非历史的"真空"中完成的，而是在特殊的历史背景下并通过具体的历史中的人而加以实现的。不过，福音派中即使是较为激进的学者也大都注意到了批判方法的局限性，以及这种方法自身所采取的文化、哲学或神学预设的相对性和不稳定性。而且，在坚持圣经"一贯正确论"者中，还存在着一种日益增长的将解释学问题同权威问题区别对待的认识，认为圣经的权威性不必生硬机械地同圣经解释学问题捆绑在一起。比如《彼得后书》的权威性不一定终极性地依赖于它的作者是否是使徒彼得这一事实。总之，圣经"绝对无误论"同"一贯正确论"之间的分歧与争执在20世纪60年代以后构成了福音派内部最突出、最重要的问题。它在很大程度上影响着现代福音派思想的发展方向与特征。

第二节 神学分水岭：圣经绝对无误论

一、福音派内部的"圣经之战"

从60年代开始，现代福音派运动在其神学特别是在其圣经观上逐渐出现了变革与创新的迹象，并且有不断发展扩大的趋势。这一时期，第一代"新福音派"活跃分子开始逐渐地并且是不情愿地丧失他们对福音派运动发展方向的控制和主导权，而对福音派在现代世界中的有效性表现出极大热情的新一代福音派分子开始纷纷涌现出来。在这些被唐纳德·布洛施称之为"新福音派"[28]或被理查德·奎比道克斯称之为"青年福音派"[29]的新一代福音派看来，卡尔·亨利及其同事大有重蹈几十年前他们曾予以大张挞伐的同基要派密切相关的神学守旧主义、教条主义以及宗派分裂主义之覆辙的嫌疑。许多新一代福音派学者并未亲身经历过基要派同现代派的残酷斗争，他们较少地带有对现代精神的神学和文化上的敌意和偏见。这使得他们更易于以一种崭新的开放精神面对一切追随耶稣基督的流派和观念，也使得他们在更大程度上抱有将基督福音运用于生活一切方面的渴望和热忱。

另外还有一层背景就是，这新一代福音派学者大都曾经在自由主义把持的大学里接受过不同程度、不同层次的教育。当时比较常见的一种个人教育模式就是，他们大都来自比较保守的家庭背景，从小接受的是比较保守传统的宗教熏陶，并且在初次进入大学学习时大都选择了像威斯特蒙或惠顿一类的保守派神学院。但他们在完成大学学业之后如果还希望接受更高层次的教育的话，他们往往就会选择那些有声望的自由派大学和神学院，比如哈佛、耶鲁或波士顿的神学院，当然，他们也有可能选择远赴欧洲，在英国、德国或瑞士的一些自由派大学里接受更高层次的教育。其结果势必会影响到这新一代福音派学者的神学思考和建构上来，其表现最为明显的就是反映在他们对待圣经权威以及圣经批判的态度上。

保守福音派与开明福音派的这种冲突当时最为集中地体现在作为新福音派神学重要基地的富勒神学院内部的斗争中。60年代的富勒神学院围绕聘任新一任院长而在圣经完全无误论者同有限无误论者之间爆发过严重的斗争，前者以富勒初期创始者哈洛德·林赛尔和哈洛德·奥肯加为代表，主张圣经在它所涉及的一切领域都是真实无误的；后者以富勒新一代神学家大卫·哈伯德和丹尼尔·富勒为代表，力图将圣经的无误性限定在它主要宣扬的神学与伦理学领域。在此期间，曾有过一些努力以试图平息和弥合这场围绕圣经权威而来的福音派内部的争论和分歧，比如奥肯加于1966年在马萨诸塞州的戈登学院曾为此召集过福音派学者的国际会议,然而,开明派同保守派的分歧与冲突已成难免之势。就富勒神学院内部的争斗而言,最终是持圣经"一贯正确论"的开明派占了上风,而持严格无误论的保守派则纷纷离开了富勒而转投到像芝加哥三一福音神学院一类的保守派院校任教。

其间,哈洛德·林赛尔于1968年接替卡尔·亨利出任了影响甚大的福音派杂志《今日基督教》的编辑一职。经过多年的冷眼旁观和深思熟虑,在1976年福音派运动达到其发展高峰之时,哈洛德·林赛尔出版了他对开明福音派立场言辞犀利的抨击之作《为圣经而战》。正如其书名所表示的,它迫使整个福音派要就圣经无误性问题进行最后的摊牌和阵营重组。这部后来被称为震惊整个福音派世界的著作,以其坦率鲜明的立场对许多福音派代表人物与团体进行了直言不讳、指名道姓的评判与抨击,它立刻就在整个福音派世界引发了轩然大波和广泛关注。

林赛尔认为圣经无误论问题已成为那个时代最重要的神学问题,是否坚持圣经的绝对无误性成为检验一个信徒是否真正属于福音派的试金石。在他看来,圣经绝对无误论在福音派内部正逐渐为一贯正确论所悄然取代。他指出,"而今福音派中,一场围绕圣经一贯正确性的大战正激斗尤酣。对其视而不见是危险的,挺身加入才是必需的。缄默不语不仅是怯懦,更是犯罪。现在该是基督徒们打破沉默、直抒胸臆的时候了,哪怕是遭受误解、不被认同。我们基督徒倘若不能以史为鉴,就注定会重蹈它的覆辙"[30]。他认为,福音派保持教义的纯正性要高于它所追求的稳定性目标。林赛尔这种对福音派发展趋势的评估得到了时任戈登—康韦尔神学院院长的哈洛德·奥肯加的响应和认同。奥肯加在其为林赛尔的这部备受争议的著作所作的"序言"中,进一步明确将这场斗争归结为新旧福音派代表之间的对立:"由于没人能够成为新福音派的旗手,也没人能够提出一套广为接受的神学或旗帜鲜明的立场,许多年轻的福音派都加入了这场运动并利用了这一名号，但他们并未接受正统的教义立场。这使得新福音派常常陷于批评之中，并且常常是不明智也不公平地将这些批评转嫁到这场运动的初始领导者身上。"[31] 在他们看来，新一代福音派中的某些代表人物因放弃圣经完全无误论而背离了正统基督教信仰。

面对林赛尔等人的这些批评和指责，以富勒神学院教授为首的开明福音派学者迅速做出了回应和反击。富勒神学院院长大卫·哈伯德在全院召开的特别集会上发表了题为"对富勒的神学地位和在教会中的作用的反思"的演讲，指出富勒的神学发展是同其前任院长爱德华·卡内尔领导下的神学立场一脉相承的。接着由富勒神学院主办的期刊《神学·新闻与注解》针对林赛尔的批评发行了专刊[32]。不过，开明福音派对林赛尔批评的最有声势、最有影响的反击则体现在由杰克·罗杰斯（Jack Rogers）于1977年编辑出版的题为《圣经权威》[33]一书中。这本论文集的撰稿者包括大卫·哈伯德、杰克·罗杰斯、保罗·里斯（Paul Rees）、克拉克·平诺克、伯纳德·拉姆、伯克利·米切尔森（Berkeley Mickelsen）和厄尔·帕尔默（Earl Palmer）。

开明福音派对林赛尔的批判主要集中在两个方面。首先，他们认为林赛尔等人的绝对无误论依据的是一种神学"多米诺理论"，即圣经中一处微不足道的错误就会导致整个圣经权威的崩溃。这种理论给人的印象似乎是除非能证明圣经各个方面都是无误的，它才值得人们的信任和信仰。这种策略的后果就是使得福音派"偏离了宗教改革者强调圣经教义的权威和以圣灵的内在见证为圣经默示与权威的主要证据"[34]的传统。它使得福音派的圣经研究始终处于被动防守的地位。对此，哈伯德嘲笑林赛尔的观点实际上是一种"气球式神学理论"：一个漏洞就会使整个圣经权威陷入瘫痪，其结果只能是终日忙碌于缝缝补补的琐碎工作[35]。另一方面开明福音派试图从教会发展史角度证明，林赛尔将无误论归结为两千年来基督教所一贯采纳的立场是不准确的，同时他将亚历山大、霍奇和沃菲尔德的旧普林斯顿神学等同于福音派传统的惟一合法形式亦是不符合实际的。开明福音派指出，"奥古斯丁、加尔文、拉瑟福德（Samuel Rutherford）和巴文克（Herman Bavinck）全都明确否定应将圣经看作是科学问题上的权威。倘若声称他们也支持现代绝对无误论，就是要模糊他们将圣经作为基督教救赎与生活的惟一权威的关注焦点"[36]。

在开明派反击林赛尔的同时，保守福音派力量也在进一步集结。他们于1977年在芝加哥成立了"国际圣经无误协会"（简称"ICBI"），协会成员包括詹姆斯·博伊斯（James M. Boice）、弗兰西斯·谢弗、詹姆斯·帕克、肯尼思·坎泽尔、约翰·格斯特纳（John Gerstner）、罗伯特·普罗伊斯（Robert D. Preus）、格里森·阿彻、埃德蒙·克洛尼（Edmund P. Clowney）以及罗伯特·斯普劳尔等学者，其顾问委员会成员则包括哈洛德·奥肯加、罗杰·尼科尔（Roger Nicole）以及哈洛德·林赛尔等人。这个协会在其首届大会上还通过了"芝加哥圣经无误性宣言"。此外，为了对抗杰克·罗杰斯编辑的宣扬开明福音派立场的《圣经权威》一书的影响，詹姆斯·博伊斯于1978年编辑出版了一本旨在阐明圣经绝对无误论立场的论文集，并针锋相对地将该书命名为《圣经权威的基础》[37]。参与撰稿者包括弗兰西斯·谢弗、约翰·格斯特纳、詹姆斯·帕克、格利森·阿彻、罗伯特·斯普劳尔、詹姆斯·博伊斯和肯尼思·坎泽尔。这些作者同样试图从历史和神学角度证明圣经的无误性教义是基督教信仰的实质所在，并为圣经和整个教会发展史所支持。

面对由自己所触发的这场围绕圣经权威性而起的大纷争，林赛尔于三年后出版了他的答复和总结性著作《天平上的圣经》[38]。在重新肯定和进一步强化了他在上一本论著中的观点之后，林赛尔对福音派是否能一直信奉圣经无误论表示了某种不太乐观的看法。他甚至建议，由于"福音派"这一术语已遭到滥用，因而有必要放弃"福音派"这一名称而重归"基要派"这一传统称号[39]。纵观这场以圣经权威性为主题的几乎席卷整个福音派世界的大辩论，可以看到，林赛尔的努力充其量也不过是对他所谓的罹患疾病的福音派肌体的某种诊断，而不是什么能够令其恢复健康的医救良方。主观上，他或许是希望通过揭露已经存在的危险而使福音派重新回归基督教的"正统"。然而正如人们所预料的，开明福音派以冷峻的态度回绝了这一提议。

在神学特别是圣经观上，保守福音派仍旧在很大程度上同以前的基要主义保持着较强的联系，而开明派则逐步削弱甚至割断了这种联系。在保守派看来，开明福音派有重陷自由派神学泥沼的危险，而在开明派看来，保守福音派现在正在扮演着几十年前基要派所曾扮演过的角色。然而，无论如何，福音派的前景似乎已越来越为开明派所掌握。进入80年代以后，保守派尽管曾经发起过各种旨在重树圣经无误论的努力，但取得的成功都是极其有限的。比如1989年制定并发表的"福音派声明"[40]，虽然有一些妥协的意向，但仍然处于激烈的争论之中并始终局限于学术讨论的范围之内。而且那些在某种程度上理解或支持林赛尔的福音派领袖如卡尔·亨利、葛培理和奥肯加都仍旧以不同形式继续同富勒神学院保持着密切的联系。现今，坚持保守福音派圣经"绝对无误论"立场的代表性组织和机构为"福音派神学协会"（"ETS"）、"国际圣经无误协会"（"ICBI"）和芝加哥三一福音神学院。而以富勒神学院为代表的福音派左翼则在这场纷争烟消云散之后，以摆脱羁绊和束缚的心情在坚持圣经"一贯正确论"的立场上踏上了一条不归之路。

二、林赛尔的神学"多米诺"理论

哈洛德·林赛尔认为圣经无误性问题构成了那个时代最为重要的神学问题，因为没有什么其他问题的重要性能够超出人的宗教知识的根基问题。对于任何一个认信基督信仰的人而言其最根本的问题就是,他的信仰奠基于其上的知识究竟从何而来?答案是,对于基督教"惟一真实而值得信赖依靠的来源就在于人们称之为圣经的这部书"[41]。

圣经的可靠性意味着它的一切部分都是真实无误的,它传达的是宗教真理而不是宗教谬误。而且,圣经传达的任何内容都是真实的、值得信赖的。这就是常说的圣经正确或无误性的含义之所在。当然,林赛尔也承认,"圣经不是有关化学、天文学、哲学或医学的教科书。但当它论及到同它们或其他任何主题相关的事情时,圣经不会对人们撒谎。它不会包括进任何这一类的错误"[42]。林赛尔认为,尽管有关圣经权威的争论只是从19世纪晚期才开始成为一个尖锐的问题,但这种圣经无误论实际上在教会发展史上却是人们一贯坚持的立场。在林赛尔看来,在道成肉身的上帝之道——耶稣基督同书写的上帝之道——圣经之间是完全一致的,因为正是后者揭示了前者。圣经的神感默示性确保了它的真实可靠性。为此,他反对将默示性仅仅局限于圣经作者的思想而不包括这些作者的遣词造句的观点,因为这种看法为圣经有限无误论打开了方便之门。林赛尔断言,"只有在圣经是真实的情况下,它对人的权威性才是切实可行的。摧毁了它的真实性,它的权威性也就会一同消散。……接受圣经权威性观念的同时却又赞成有误论只能是将根基奠定在流沙之上。正确性和权威性是一损俱损、一荣俱荣的关系"[43]。

对于圣经究竟是完全真实可信还是部分真实可信的问题,林赛尔认为应被看作是神学立场上的分水岭。这两种完全不同的神学观念在它们分手的起点,其差别也许看上去不过是微不足道的"琐细小事",但当它们各自发展到一定的阶段后就会呈现出天壤之别,真可谓是失之毫厘,谬以千里。为此,林赛尔特别以绵延美国和加拿大的由落基山脉所形成的大陆分水岭为例来说明无误性的重要意义：分水岭一侧的河水流向了太平洋，而另一侧的水系则注入了大西洋，这两大水系在它们的起点曾经是那么接近，但其归宿却是那么遥远，并且，这河水一旦开始奔腾流淌就不可能中途止歇，它会一直奔流到它最终的目的地[44]。类似的比喻和警告也一再在另一位福音派思想大师弗兰西斯·谢弗的著述中出现。只不过谢弗是就地取材以他所居住的欧洲阿尔卑斯山脉分水岭为例，指出在分水岭两侧的积雪就近在咫尺，然而由它们消融而成的河水一侧向北流入了波罗的海，另一侧则向南流入了地中海[45]。不论是林赛尔还是谢弗，他们都认为神学上的分水岭就是圣经完全无误性问题。而且在林赛尔看来，一旦放弃圣经完全无误性原则，就会导致极其可怕的后果：它必将会以背教而终。这就是说，坚持无误性原则不一定能保证信仰上的纯正性，但放弃完全无误性原则则一定会走向背教的结局。在做出这种判定数年之后，林赛尔在他的《天平上的圣经》一书中又进一步明确了这种判断，"我认为，任何人一旦背离了对圣经无误性的承诺，它就为在原则上或实践上否定基督教信仰的其他重要教义打开了方便之门。换言之，任何人如果一开始就将圣经无误性或正确性限定在信仰和实践问题上，那么他绝对不可能长期连续一贯地坚持这一观点"。背教只是或早或晚的事情。

根据这种判定，林赛尔对他曾长期工作过的富勒神学院做出了强烈的批评。他认为，富勒神学院在50年代初期所采纳的"信仰告白"强调的是圣经"在整体和部分上都毫无错误"，而在70年代初期重新修正的信仰告白中强调的是圣经"在信仰与实践上的一贯正确性"。它反映了富勒神学院在圣经观上由"绝对无误论"向"一贯正确论"的转变。而伴随这种转变而来的必定会是对圣经权威的进一步挑战和否定。这种"多米诺效应"所造成的灾难就突出地体现在富勒神学院教授保罗·朱伊特（Paul Jewett）于1975年出版的捍卫男女平等的《人之作为男性与女性》这一著作之中。在这部著作中,为多数保守派乃至开明派都难以接受的是,它不是像通常那样承认圣经在科学或史学上的错误,而是进一步断言圣经在信仰和实践领域的论述上也存在着不当或失误之处。朱伊特指出,使徒保罗有关妇女附属地位的论述仅仅具有一时一地的适用性,受时代限制的保罗在这些问题出现了错误:"保罗的论述不仅单单依靠二次创造的叙述,而且他还接受了犹太教拉比们对这段叙述的传统解释,即创造的先后次序决定了男性对女性的优先权。这种对圣经《创世记》第二章第十八节以下经文的拉比式解释正确吗?我们认为它不正确,因为它明显同一次创造的叙述不一致,同耶稣的生活方式不一致,也同使徒本人在《新约·加拉太书》第二章第二十八节中有关在基督里不分男女的断言不一致。"[46]这里,朱伊特的观点甚至已超出了开明福音派所持的圣经"一贯正确论"的立场。然而,令林赛尔感到不解和无法容忍的是,富勒神学院竟然容忍了朱伊特的做法而未对他做出任何纪律性的处罚。由此,林赛尔断言这是富勒神学院放弃完全无误性这条神学分水岭的必然结果,任何组织和机构一旦背离了圣经无误性原则,都或迟或早也会背离其他的信仰核心。富勒神学院迈出了第一步,朱伊特博士就迈出了第二步,"这就是历史的判决"[47]。

三、圣经中的困难与不一致问题

坚持圣经的权威性不可能不面临现代历史批判方法的挑战。对此,以林赛尔为代表的绝对无误论所采取的对策是完全拒斥了现代历史批判原则和方法。在他看来,现代历史批判方法是圣经权威的大敌[48],它错误地将圣经同"上帝之道"分割开来。林赛尔指出,历史批判方法的核心实质上是认为圣经应该而且可以受制于某种外在于它并且是高过于它的东西。这种方法采纳这样的预设就不可能不损害圣经的权威。而且,倘若接受这一原则,它还会造成普通人无法像以往那样来学习和研读圣经，导致只有极少数通晓历史批判方法的专家学者才能"正确"研读圣经的不当后果[49]。因此，惟一的解决办法就是彻底抛弃这一原则和方法。

事实上，林赛尔认为对圣经的可靠理解只有借助于超自然的圣灵的帮助才有可能达到，而单凭世俗之人的理性则往往会偏离上帝之道而误入歧途[50]。林赛尔认为人们常说的圣经中的问题不能就等同于圣经中的错误，它们只是人们释经过程中所遇到的一些困难或不一致之处而已，并且这些困难都是表面的、相对的，都不是不可能解决的；即使存在着滞留一时的困难也不等同于永远就没有解决的方法。问题是每当一处似是而非的困难解决之后，另一种反驳的意见就会如影随形般地悄然而至。可见，真正的困难不在于缺乏证据而在于缺乏对圣经权威的信仰。林赛尔认为如果能够以一双信仰的眼睛去看待圣经中所谓的困难和不一致，许多问题都会迎刃而解。例如，保罗在《哥林多前书》中说道"一天倒毙了二万三千人"[51]，而在圣经"民数记"中则有"二万四千人"[52]之说。对于持历史批判原则的圣经怀疑论者，这似乎构成了一个实实在在的失误。而对信仰圣经权威的人来说，对这个"不一致"问题至少存在着四种可能的解释。第一，这里可能存在着圣经文稿抄写或传递上的问题，因为希伯来数字书写的方式极易出现混淆和误读。第二，也许保罗所说的死亡人数是指白天而言，而"民数记"中多出的一千人是在夜间死亡的。第三，也许保罗报告的数目中去掉了那些被"以色列的审判官们"所杀掉的人数[53]。第四，也许"民数记"和保罗两者报告的都是一个约数，假如实际死亡的人数是二万三千五百人，那么无论是说二万三千人还是说二万四千人都是正确的，因为这只是一个大概的约数。总之，对于信仰者而言，这种所谓的"不一致"根本就不会对圣经的默示和无误性构成什么威胁和动摇。

对于圣经有限无误论者所认可的所谓科学或事实性的错误，也可以用类似的方法加以解决。开明福音派学者丹尼尔·富勒就试图将圣经区分为启示性内容和非启示性内容；前者是无误的，而后者则是可能包含有错误的。对此，富勒经常援引的一个实例就是所谓的"芥菜种错误"。"马太福音"里记载耶稣曾说过，"天国好像一粒芥菜种，有人拿去种在田里。这原是百种里最小的"[54]。富勒认为耶稣以芥菜籽为喻其主旨是要说明天国的性质，这一点属于启示性真理。但这个实例本身则不是启示性的，它只是一种事实性的知识。耶稣说芥菜籽是最小的，但现代植物学告诉我们自然界有比芥菜籽更小的种子，因而耶稣的这种陈述就构成了一个错误。对此，林赛尔驳斥道这完全是在断章取义，因为耶稣所说的芥菜籽是他的听众们在他们田园里耕种的种子中最小的，这才是他说话的真实语境，就此而言毫无谬误可言。所以，林赛尔指出，如果像富勒那样认为圣经中包含着启示的与非启示的部分，那么就势必要在圣经之中寻找圣经，而这又重新回到了历史批判方法将圣经同上帝之道分离开来的老路上来了[55]。

当然，林赛尔也承认圣经中有些困难和不一致之处要协调和消除起来也颇为棘手。比如在四福音书中都曾提到过的"彼得不认主"的记述中，尽管其主旨都是要说明耶稣对彼得不认主的预言以及这预言的应验，还有彼得的自负与懊悔。但在细节的叙述上似乎在对观福音书中存在着不一致之处。因为《马可福音》中明确提到彼得会在"鸡叫两遍"以前三次不认主[56]，但在《马太福音》和《路加福音》中似乎只是说彼得会在"鸡叫一遍"以前三次不认主[57]。所以对观福音似乎在这个微不足道的细节上存在着不一致之处。林赛尔承认要完全消除这种不一致的确存在着一定的难度。为此他在别人研究成果上曾设想实际情形是彼得接受了两个不同的警告并在每一次警告里有三次不认主，也就是说彼得在第一次鸡叫之前有三次不认主，在第二次鸡叫之前又有三次不认主,彼得实际上总共有六次不认主。这样就可以协调对观福音之间的不一致问题。这种解释当然留有明显的斧凿之痕或牵强之处。不过,林赛尔并没有狂妄到声称他能一劳永逸地解决圣经中一切不一致的地方。他只是坚信即使有一时难以解决的困难并不等于这一困难就永远无法获得解决,更不等于就证明圣经中包含有错误。他相信只要有福音派学者对这些所谓的不一致问题予以足够的关注和研究,它们终将能获得圆满的解决[58]。

第三节 嬗变与创新:圣经一贯正确论

一、松动的迹象:有"道",有"言"

圣经绝对无误论在基要主义神学中以及在从基要派阵营中脱胎换骨叛逆而来的新福音派神学中一直占有极其重要的地位,它对任何其他可能的替代性立场都予以斩钉截铁的拒斥和否定。保守福音派一直坚持,对无误论的承诺和信守是同以往正统基督教保持连续性的惟一立场。无误论是惟一的正统,它是正统基督教所持守的惟一圣经权威观,因为只有这种观点才能确保真正的圣经权威性。

然而,福音派基督徒不是什么生活在与世隔绝的封闭环境里的人群,他们也不可能采取"鸵鸟政策":将头脑埋在历史的尘沙中而将身子曝露于现代社会文化的洪流之中却又能同时断言这洪流压根儿就不存在。要在这个科学的时代里合情合理地坚持这本完成于前科学时代里的圣经的权威性,福音派就必须要直面和应付现代精神特别是科学实证精神和圣经历史批判精神的存在与挑战。在福音派神学内部出现的圣经一贯正确论,在某种意义上应被看作是积极回应这一挑战的某种努力和尝试。对于圣经的性质和权威,许多福音派思想家开始逐步转向"圣经教导一贯正确论"这一模式上来。这种被绝对无误论者批评为"有限无误论"

的观点,主张圣经仅在它所宣讲的信息上是一贯正确的。而这种一贯正确的讯息或者被解释为一切有关信仰与实践的问题,或者被解释为一切有关救赎的问题,或者被理解成圣经的总体讯息,或者被理解成圣经的本质讯息,诸如此类,不一而足。但它们都无一例外地为圣经在有关科学和史学问题上的失误留下了可能和空间。这种对圣经权威理解的新模式在最近这半个世纪中,在福音派神学家中获得了深远的影响和稳步的上升。"他们强烈感到这种有限无误论教义,既能为教会保留圣经的权威,又能使得将文学历史批判方法运用于圣经内容的研究变得切实可行起来。"[59]

这种传统信仰和现代精神之间的紧张关系,在作为现代福音派运动发起人之一的卡尔·亨利的思想中表现得尤为明显。卡尔·亨利曾被誉为福音派神学的主要解说者,它是具有领导地位的理论家之一,以及整个福音派运动的非官方发言人。在亨利的思想中,他明确意识到自己的神学建构既不能像基要派神学那样对启蒙运动以来的现代精神采取完全置之不理的态度,亦不能像自由派神学一样完全拜倒臣服于现代文化的兴盛起伏之中。"他的使命在于同现代知识发生全面的互动关系,在赞同启蒙运动的积极成果的同时,又要保持福音派圣经观的完整性"[60]。

亨利认为圣经无误论教义是圣经神感默示性的逻辑必然推论,因而他坚定地反对那种认为圣经某些内容有误却又不影响其真实可靠性的看法,认为这种无误论教义的修正形式会使福音派在判定圣经哪些内容为真时失去可靠的根基。他认为,新近出现的圣经一贯正确论试图将无误性限定在救赎问题上的做法,是缩小了圣经无误性所包容的范围而"放弃了圣经在认识论上的无误性"[61],因而他明确宣称拒绝接受这种狭义的无误论观点。不仅如此,他还反复警告道,如果神学和教会领袖放弃了真正的无误论,那么福音派很快就会变质为宗教自由主义。这种担忧当然不是毫无历史根据的。美国那些最有声望的大学起初大多都是由保守的、信仰圣经权威的新教徒所创立的。在18、19世纪里它们大都是从当时看似微不足道的教义让步与妥协开始而一步一步放弃了基督教正统信仰,并最终完全转向了自由主义和世俗主义。哈佛、耶鲁、普林斯顿和芝加哥先后走的都是这同一条轨迹。其中,对现今的富勒神学院最有警示意义的当属安多佛神学院的历史命运。创立于19世纪早期的安多佛神学院当时就是为对抗已转向一位论的哈佛神学院而建立的,它曾竭力以维护所谓的正统神学而自居,但由于在圣经问题上的妥协而终究未能抵挡住现代科学、文化以及历史批判的压力而转向了自由派立场,并于1922年以合并入哈佛神学院而告终。

所以,亨利一直对作为福音派旗帜之一的富勒神学院中有关圣经立场的新动向保持着高度的戒备心理。对他来说,保持圣经的绝对权威同维护基督教正统信仰之间具有特殊的关联。福音派一旦放弃无误论,紧接着就有可能会在不远的将来进一步放弃一贯正确论,因为批评者总会找到他们攻击的靶子和批评的藉口,一贯正确论所可能引发的争论绝不可能比绝对无误论少多少[62]。撇开这一层顾虑不论,坚持圣经的无误性也是亨利自己在神学建构上一贯坚持启示的客观性和命题性这一理路的必然结果。亨利认为,神学的基础只能是保存和积淀在圣经之中的上帝的神启。作为上帝在历史之中行动的启示和作为上帝对世人言说的启示是密不可分的。上帝的言说对于上帝的行动具有至关重要的意义。因为只有通过上帝的解释,上帝在历史中的行动对人才具有救赎的意义。对于亨利来说,作为真理的启示需要限定在认识的层面才能确保它绝对的客观性,"上帝的启示是通过可理解的观念和有意义的话语传递的理性的交流,亦即它采取了概念和语言的形式"[63]。人的思维(logos)与神性的思维(Logos)在启示上是同一的关系而非类比的关系,因而使得人对上帝之道的认识与理解成为了可能，这上帝之道就蕴涵在由上帝默示而来的圣经当中。

对于亨利而言，圣经权威构成了一切神学信仰的根基，有关圣经的教义决定着其他基督教信仰教义的走向。因而他担忧的是在福音派神学建构中任何对这一核心教义的削弱和淡化都有可能消解圣经在神学中的权威性，并进而最终危及到其他诸如人类学、基督论和救赎论方面的核心教义[64]。这种有关宗教实在的绝对真理对于亨利来讲不是什么令人不堪的教条主义，而是对绝对悲观与失望的逃避。他写道，"现代人最后的选择就在于基督教与虚无论之间，就在于上帝之道与生活及世界的终极无意义性之间"[65]。因而，亨利不但不可能接受圣经包含有错误的看法，而且他还鼓励福音派学者去积极探求消除这些困难的方法。当然，他自己在这一方面也做出了一些努力，比如在《创世记》里记述的有关以色列族长的故事中，曾三次提到这些族长为了活命而让自己貌美的妻子谎称是自己的妹子的事情：两次同亚伯拉罕有关，一次同以撒有关[66]。有人对此提出质疑说这种内容相同的离奇情节在历史上真的发生过三次吗？亨利对此回答说，如果人们真的相信圣经的可靠性，他就会这样推想，即当地的领导者是否可能会更易于对外来者的美貌妻子发生兴趣，而且一个儿子是否更可能从父亲那里学得应付这种情形的办法。倘如此，他就不会对圣经的真实性发生这种疑惑了[67]。当然，亨利也承认对于圣经中的某些困难或不一致之处一时要找到合理的解决方式是有一定困难的，但无论如何，人们不应当怀疑圣经的真实和权威性。

不过，卡尔·亨利对待无误论的态度同以林赛尔为代表的激进无误论立场还是有一些不同之处的。亨利尽管也坚持完全的无误论是默示性的必然推论并且是正统信仰的核心，但他终归还是避开了保守派阵营中某些过于极端的观点[68]。他当然不会主张圣经的一性作者论,也不会赞同圣经的机械复制说,而且他还指出,无误性并不意味着它在报告统计和测量结果时具有现代的技术准确性[69],亦不意味着新约在援引旧约段落时具有字面的绝对正确性[70]。

更重要的是,亨利虽然也拥护圣经无误论,但他并不同意那些激进保守派将无误论作为检验福音派或正统信仰真实性的试金石的做法,拒绝以它来划定福音派联盟的边界线。在他看来,圣经无误论教义当然对福音派神学具有至关重要的意义,但福音派作为一场基督教运动则不应用无误论来作为自己的界线而将某些基督徒拒之门外。以无误论作为真假福音派分水岭的斗争对于福音派运动来说是一种糟糕的策略和一种糟糕的教会学立场。它会使正在蓬勃发展的福音派看上去像是一个围绕无误性争执不休的狂热膜拜教团而不是一种动态的、展示出无限活力的信仰力量。因而,亨利疏远了哈洛德·林赛尔这样的极端保守福音派领袖,并使自己的批评更加具有针对性与选择性。可以说,卡尔·亨利的圣经权威立场,体现了在圣经绝对无误论这块坚冰深处的一丝松动的迹象。

二、艰难的过渡:有"道",有"灵"

福音派神学在卡尔·亨利那里还仍然带有几分基要主义的分裂与好斗倾向和对现代主义的厌恶与抵抗情绪。这一点可以从他在近半个世纪的福音派生涯中不停地忙于对各种神学思潮的评论和批判以及对恪守所谓正统信仰的呼吁与强调中得到很好的说明。他希望通过固守一系列以圣经无误论为核心的客观神学信仰来抵御现代性以及由此而来的世俗性的侵袭,他对来自福音派阵营内外的所谓异端观念始终保持着高度的警觉和戒备心理。就圣经观而言,他仍然隶属于传统的绝对无误论范畴之内。在福音派思想的流变过程中,真正对福音派神学特别是有关圣经的教义做出了积极影响和推动作用的当属现代福音派早期神学重要代表爱德华·卡内尔和伯纳德·拉姆，在他们的思想中预示着福音派正统信仰中出现了一种崭新的神学风格。当然，作为过渡人物，在他们的思想与生活中交织着太多的矛盾、痛苦和踌躇的因素。就爱德华·卡内尔而言，这种矛盾与痛苦的压抑因素对他的精神与心理还造成了毁灭性的打击，甚至在他四十多岁就不明因由地过早死亡中也发挥着不可推诿的责任[71]。

爱德华·卡内尔（1919—1967年）早年在接受了传统的福音派神学院教育后，分别在哈佛大学和波士顿大学取得了两个博士学位。卡内尔所标明的福音派神学的新方向首先就表现在他对神学创新的开放态度，以及提倡以爱心对待不同于己的基督教信仰者这一开明的立场上。1955年，他在接任富勒神学院院长的就职演说中就指出在忠于传统信仰的同时，有必要放弃对神学探究不求甚解的消极态度，而以积极的态度将永恒的信仰真理解释和运用于新时代之中。他提倡以开放精神和爱的态度去面对包括自由主义神学在内的一切流派的观念，在当时的以保守主义为主的福音派中甚至还引发了极大的争议。正如大卫·哈伯德事后所评论的，当卡内尔以爱来作为基督教护教学的基石时，他们感到神学院正在发生根本性的变化。这篇演讲稿因其不合时宜的观点而一直被扣压到他去世后才予以发表[72]。

对于圣经中的困难，卡内尔认为所有这些困难都可以归结为一个更大的困难，即圣经权威与可靠性的性质与范围问题。卡内尔在承认这些困难存在的同时又极力淡化这些困难的重要性。这种骑墙式的中间态度使他既有别于开明派又不同于保守派的立场。因为开明派听到了他在宣称承认圣经中的历史错误是极其危险的，而保守派又听到了他在谈论那些早已被绝对无误论弃而不论的扰人问题。卡内尔就这样在信仰上始终陷于进退维谷的窘境之中。为了维护对圣经的默示性与权威性的信仰，他提出了所谓渐进性启示这一解释学概念。根据这一观点，整个圣经都是由神感默示而来的，但这并不是说它的所有部分都具有相等的规范性。由于神启在不同阶段需要考虑言说对象的精神和文化水平，所以圣经的某些段落需要由其他段落予以阐明[73]。这种渐进启示的解释方法虽然能够合理地处理某些费解之处，但对另外一些更为严重的困难之处则常常显得于事无补。在信念上他坚信圣经的无误性，但在理智上他又不得不诚实地面对那些难以消解的困难。他就这样永远处于无法摆脱的良心与理性之间的紧张与煎熬之中。

针对福音派神学秉承基要主义神学而来的神学与科学之间的对立与冲突，卡尔内试图将它们对事物的解说划归两个不同的层面形式来调和它们之间由来已久的紧张关系。他在其代表性著作《正统神学的案例》一书中曾将事物的成因区分为终极因与直接因两大类。在卡内尔看来，圣经说"耶和华将硫磺与火，从天上耶和华那里，降与所多玛和蛾摩拉"[74]时，叙述的是这两座罪恶之城毁灭的终极原因；而且这种叙述采用的是直观的形象语言，就像说日升日落一样。它们不是科学的陈述，而且圣经也不打算对自然提供科学的解释。它采用的是未曾受过科学训练的观察者所使用的形象化的直观性的语言。就上帝毁灭了所多玛和蛾摩拉这两座罪恶之城而言，圣经的判断是真实的，但它并不属于科学意义上的那种真实。那种认为科学已然"否决"了奇迹存在的可能性的看法是荒谬的，因为卡内尔认为奇迹永远都是一种历史的事情而不是科学的问题。据此，卡内尔还提出，如果能坚持圣经所宣扬的神圣创造教义，圣经真理并不是不能同科学进化论相协调。圣经中所记述的创造不是一种科学的解释，将圣经描述的创造过程同科学的描述相对立的看法是错误的，因为它们所描述的分属两个不同的层次，所解说的原因也分属两类不同的范畴[75]。

此外，卡内尔对圣经高批判原则和圣经无误论也未采取那么极端化的看法。他尽管也承认圣经批判比科学在更大程度上动摇着福音派思想的可信性，但他对圣经批判并未采取完全否定的极端态度。而且，更重要的是，卡内尔还认为即使圣经包含有错误，也不一定必然会导致拒绝传统无误论教义的后果。卡内尔认为只要调整一下无误论概念的内涵即能消除这两者之间的张力。由此看来，卡内尔所理解的无误论同保守福音派所坚持的无误论在内容上已产生了实质性的分歧，一种新型的圣经无误论学说似乎已有呼之欲出之势。不过，作为过渡性人物的卡内尔其矛盾之处在于，他一方面调整了无误性概念以适应圣经错误的存在，另一方面他同时又先验地坚信圣经不会包含有任何历史性的过错。这种理性与良心的激烈争战为其短暂的一生涂上了一层浓重的悲剧色彩。

卡内尔的这种矛盾与悲剧特征，在他于1962年一年内所经历的两场对谈与辩论中得到了很好的体现。一场是当年四月份在芝加哥大学神学院同瑞士著名神学家卡尔·巴特的对谈。毫不奇怪，在这场引人注目的神学对话中卡内尔向巴特提出的是有关圣经无误论的问题。他想请教巴特的是，他是如何将既接受圣经为客观的上帝之道又承认圣经事实上包含着各种历史或事实性错误这一看似冲突的双方协调在一起的，并且卡内尔在他的这一书面提问之后还用括号注明"我乐意承认，这对我也是个问题"。对此，巴特的回答是，圣经是将人引向上帝的真实而恰当的工具，只有上帝是一贯正确的。因此圣经包含着受时间限制的人的陈述的"错误"。末了，巴特还风趣地对这位年轻神学家说，"这足以鼓励你继续乐意承认这对你也是一个问题吗？"主持这场对话的美国著名神学家雅罗斯拉夫·帕利坎（Jaroslav Pelikan）此时有些不合时宜地并且是有违卡内尔心愿地打趣道，"这只是以另一种方式所说的'欢迎加入这个俱乐部'"。显然，卡内尔对于巴特的回答并不完全满意[76]，但它拒绝就这个主题做出进一步的讨论[77]。当时，负责为《今日基督教》杂志报道这一对谈的著名神学家戈登·克拉克（Gordon Haddon Clark）作为卡内尔大学时的导师对卡内尔在这场对话中的表现极为不满，他认为卡内尔似乎对巴特做出了某种让步，并且不愿为圣经无误论做出辩护[78]，也没有对巴特把圣经解释为对启示的由默示而来的见证做出反驳。卡内尔的这种表现甚至使人担心富勒神学院有走向新正统派之虞[79]。

然而，卡内尔声称他仍然坚信圣经的完全默示性和无误论。这一点，似乎在他同年十二月份参加的被称之为富勒神学院的"黑色星期六"的辩论中获得了佐证。这是由富勒神学院全体教员和校董会成员参加的一次旨在确定学院未来十年发展规划的会议。当奥肯加征询大家是否真的有必要修订学院有关无误性的声明时，刚从瑞士巴塞尔完成学业归来不久的丹尼尔·富勒即当众直言，"奥肯加博士，圣经中存在着仅凭原稿说所解释不了的错误。假如我们能拥有圣经原稿这些错误就会销声匿迹的说法在历史上就是行不通的"[80]。富勒博士主张，"无误性"只有在它涉及到圣经的启示性教义时才是有意义的，它指的只是那些能使人在基督里获救的真理。至于那些无关紧要的历史、地理一类问题，很显然上帝在对世界言说他的"道"时使自己适应了古代不完善的标准。圣经包含着许多这类旁枝末节性的错误，但问题的关键是它们并不会妨碍上帝在由他默示而来的圣经中揭示自己的启示旨意。在此可以看出，虽然富勒在卡尔·巴特的指导下完成了三年的博士学业，但他在圣经观上并未接受新正统派的观点，他拒斥了巴特的启示信仰论，坚持神学必须在历史证据的基础上来捍卫的历史事件的主张。与巴特不同，富勒显然在更大程度上将圣经文本看成了书面的"上帝之道"。尽管如此，丹尼尔·富勒的圣经观仍然大大超出了传统无误论对圣经权威的理解，以致于哈洛德·奥肯加当时只是冷漠而气愤地回答说,"好吧,那我们该怎么办？丹·富勒认为圣经中满是错误"[81]。

就在这时,爱德华·卡内尔愤怒地加入了这场争执。他鄙夷地叱责富勒说他们用不着他来告知圣经中存在着不一致问题,事实上,"我的需要处理的有关圣经基督教在经验事实上的困难的清单,比这屋里包括你丹·富勒在内的一百二十人中任何一个人的清单都要长"[82]。显然,卡内尔比富勒更清楚圣经中的这些问题,他为此已苦恼了许多年。但他指出圣经的真理问题不能建立在归纳的基础上,倾听上帝之道这一救赎真理的惟一方法就是先要相信全部圣经都是上帝之道,都是毫无谬误的,这样才会发现圣经这一体系所存在的任何意义上的错误都比其他任何一种体系要少得多[83]。

卡内尔就这样矛盾地使自己不属于对立双方中的任何一方。在许多问题上,他是赞成开明派观点的。在他的学院院长任期内,他积极支持学院教授中的开明派群体,并且大多数开明派也把他看成是自己阵营中的一员。同对以威尔伯·史密斯（Wilbur Moorehead Smith）和哈洛德·林赛尔为代表的保守派相比,他的态度明显倾向于以保罗·朱伊特和乔治·拉德为代表的开明派。然而,在关键的问题上卡内尔仍然同保守派站在一起。在他看来,尽管存在着这样或那样的问题,但在圣经无误性上仍然没有什么商讨的余地。在他去世九年之后,哈洛德·林赛尔在他那部掀起轩然大波的《为圣经而战》一书的扉页上,标明将此书献给他的四位恪守圣经无误性的同事,爱德华·卡内尔的名字就赫然列于其中。考虑到卡内尔生前对福音派右翼思潮的猛烈抨击以及他在圣经的默示性上常被保守派指责为松动和温和这一事实,林赛尔的做法多少显得有些不伦不类,但绝非是纯属无稽之举。卡内尔至少是在他的著述中从未严肃考虑过放弃对无误性的承诺。卡内尔就是这样充满矛盾地在有意与无意之间为福音派神学在圣经教义上的转变充当了过渡者的角色。

福音派内部围绕传统圣经无误性教义发生变化的过程，在某种意义上也可以看做是福音派思想对积习已久的反现代主义立场予以重新评估的过程。面对以科学思想和历史批判原则为代表的现代精神的强势影响和冲击，福音派思想在卡尔·亨利那里在很大程度上表现为一种消极的态度，它通过对现代精神的不断批判和否定而试图保护传统的圣经权威教义免于遭受理性主义和世俗主义的怀疑和冲击；在爱德华·卡内尔那里则受到了模棱两可并且是充满矛盾的对待，它试图在保持原有圣经无误性信仰不变的前提下积极汲取和利用现代精神的形式和价值，然而这几乎是一项无法完成的工作。在这个难于抉择、难于割舍的转折与过渡时期，伯纳德·拉姆以其勇于直面现代科学思维的神学建构似乎为福音派神学的发展指出了一个新的方向。

拉姆（Bernard Ramm，1912—1992 年）出生和成长于一个基督教保守派背景当中，早年接受过科学和神学两个方面的系统训练，具有较高的科学和神学素养，是当代福音派早期的具有代表性的神学家之一。拉姆的神学探索主要集中于在以圣经为核心的神学同现代思维特别是现代科学思维之间寻找可能的交汇点的努力上。他认为基督教神学能够在理智的层面上正面应对自启蒙运动以来兴起的现代科学精神的挑战。在拉姆看来，反现代主义的负担给福音派神学造成了太久的扭曲，它使得福音派在一些次要的问题上倾注了太多的注意力和能量，从而严重妨碍了他们以积极的创造性姿态去应对、消融和超越现代性所引发的挑战。因而，拉姆反对林赛尔等人对基督教信仰过于狭隘的理解，认为它会使丰富而富有活力的福音派神学集中并收缩于似乎能产生信仰、控制一切的圣经教义上。这种严格的无误论是"仅有圣经"这一极端心理的产物，它使得圣经这一有关启示的记录而不是启示本身成为了原生性的东西[84]。它将由默示而来的启示记录置于圣经为之见证的启示本身之上。因而,这是将不可信的圣经教义当作了基督教的本质。果若此,那么世界上只有为数极少的基督徒才配得上真正的基督徒这一称号,而其他大多数信徒则只能沦为教派膜拜主义者了,因而这种圣经教义完全是不可取的。

拉姆认为,当今神学最迫切的问题就是要断定文化因素究竟在多大程度上决定着圣经的特征。在拉姆看来,一切上帝的启示都具有一定的文化与历史形式,处于真空中的启示是毫无意义的[85]。然而,传统保守福音派并未真正严肃对待圣经中的文化性因素。他们在圣经观上沿用的一直是由查尔斯·霍奇为代表的旧普林斯顿神学的立场,认为尽管圣经的人性作者是他们所处时代的产物,他们对于现代天文学、物理学、生物学等科学知识一无所知;但当他们论及到这些事实或科学问题时,他们因有超自然因素的保护而能够免于失误,并能就这些问题作出真实无误的论断。拉姆认为这种见解的前半部分当然是符合事实的,但在后半部分上则是经不起推敲的[86]。而且坚持这种圣经教义必然就会进而认为由至能至尊的上帝默示而来的圣经必定是真实无误的,如果可以确证一个错误的存在就会导致整个圣经权威性受到质疑的后果。这就是当前无误论者在现代精神面前处境维艰的缘由。所以福音派神学应当放弃这种前启蒙运动式的圣经观模式,转而探索一种能够真正同现代思维发生有效互动关系的新范式[87]。

在拉姆看来,启蒙运动对正统神学几乎构成了粉碎性的打击,并且神学一直未能完全从这种打击中恢复过来。基要主义神学对启蒙精神采取了视而不见的回避态度,自由主义神学则对启蒙精神采取了亦步亦趋的追随立场。因此,福音派必须要在这两种态度之外探索一条既能坚持传统信仰又能面对启蒙精神的神学发展模式。如何能够很好地协调古代的亦即"圣经的"同现代的亦即"科学的"对真理的理解,构成了拉姆一生为之殚精竭虑予以解决的核心问题。用他自己的话来说,就是"现代人既是科学家又是罪人。因为是科学家,神学家必须尊重他们的意见;因为是罪人,他们也必须要同样尊重神学家的意见"[88]。

在他的早期代表作《基督教的科学与圣经观》中,拉姆在坚持高度的圣经默示性和特殊启示观的同时,试图尽可能地降低科学与圣经启示之间的冲突:既然上帝同时是造物主又是救赎主,那么在真正的科学与圣经之间就应该存在着某种一致性。然而,保守的基要主义神学由于对圣经的误读而导致了许多不必要的问题,因为它错误地将圣经有关自然的论述当作了另一种"科学的解说"。然而,圣经有关自然的语言是通俗的、现象性的而不是科学的描述,它不是要对自然现象提出系统的理论化解说。圣经关于自然的论述,是站在那些未受科学训练的观察者立场上的非假定性言说,这些受文化限制的人性作者作为媒介传递的是上帝的启示[89]。例如《圣经·创世记》有关创世的叙述就不能被理解为它意味着或包含着什么科学的世界观,因为《创世记》叙述的目的不是要对科学现象与问题加以理论化,它的主旨在于摈弃对宇宙的偶像崇拜式的观念,而使人认信创造世界万物的造物主上帝。因此,如果能正确理解各自的性质、目的与范围,圣经真理和科学真理是可以并行不悖的。

拉姆在形式上肯定了"无误性"范畴,但这一范畴对他来讲是广义的和不具限制性的概念。这一点在很大程度上是同他对"上帝之道"与"圣灵"关系的理解相关联的。在他看来,最终的权威既不在圣经这本书中亦不在圣灵中,而在以圣经为见证并由圣灵予以启明的神启即耶稣基督之中[90],但传统的福音派神学由于过于强调启示的客观性而忽视或模糊了上帝之道与圣灵的结合性。保守福音派神学在下意识地追求科学所具有的客观可靠性的时候,忽略了圣灵在个体精神内部对神启的见证与启明,而致力于证明基督教奠基于那些可加以理性证实的真理特别是圣经的神感默示性之上。

这里，拉姆对上帝之道与圣灵相结合的强调显然是受到了卡尔·巴特思想的影响。不过，在这个问题上，拉姆并未完全倒向巴特的立场。他试图将巴特的"上帝之道"的自由观念同传统福音派对圣经启示的客观性和可靠性结合在一起。在巴特对圣灵的自由与神治的理解中需要加入传统福音派的特殊启示教义，因为只有福音派的圣经默示性与无误性教义可以弥补巴特新正统神学中所欠缺的客观性因素[91]。不过，另一方面，拉姆也承认巴特神学不将"上帝之道"与"圣经之道"合二为一的做法，可以使他在不放弃福音派以圣经为上帝默示之"道"的同时，为圣经批判留下相应的灵活空间，也可以使他充分承认和接纳圣经的人性作者成分。而福音派神学由于固守"上帝之道"与"圣经之道"的一致性而使自己终日疲于应付层出不穷的所谓圣经中的"困难"与"不一致"。事实上，当福音派断言圣经具有人性的因素或者承认那些有问题的段落反映了它的人性维度之时，它已经在最低的意义上承认了在"上帝之道"与"圣经之道"之间存在着某种分离或偏差。所以，拉姆建议福音派若能采纳巴特的方法而严肃对待圣经的人性特征，就可以使它摆脱那种认为圣经如果包含有错误或传说因素就会否定它的默示性的超正统立场所带来的焦虑。作为新福音派第一代神学家中的一位重要代表人物，伯纳德·拉姆在神学立场上向新正统派的靠拢自然引起了极大的争执和非议，而且他本人也未能完全解决福音派所面临的窘境与困难。不过，作为一位过渡性人物，正如斯坦利·格伦茨和罗杰·奥尔森所指出的，"他为年轻一代福音派思想家奠定了这样一种基础，以使他们能够自由地对现代文化展开批判性思考和积极的对话。福音派神学开始进入了成熟期"[92]。

三、更新的局面：有"道"，有"意"

福音派神学在圣经观上的变化，从以卡尔·亨利为代表的坚持"上帝之道"与"圣经之道"完全统一的严格无误论出发，经过以爱德华·卡内尔与伯纳德·拉姆为代表的试图在圣经无误性问题上引用圣灵的见证与神治作用的中间过渡，从70年代开始在圣经教义问题上形成了明确的圣经"一贯正确论"以同保守福音派主张的"绝对无误论"相区别。其具体表现为，实践上，在富勒神学院内部围绕圣经无误性的斗争已暂告一个段落。开明派修订了原先在圣经权威问题上的信仰告白，并开始在圣经研究和解释学领域摆脱传统圣经观的束缚而以一种对圣经权威的新理解模式来从事自己的工作。理论上，开明福音派神学家已开始明确将圣经的无误性限定在圣经的教义而不是具体的经文上，并形成了比较系统化的一贯正确论圣经观。圣经的无误性被完全限定在它的宗教和伦理学领域而不是知识和科学领域。在某种意义上，这也是一种将"恺撒的物当归给恺撒；神的物当归给神"[93]的分而治之的过程。它使福音派在维持传统与现代的平衡上找到了一个可能的支点，使得他们在恪守基督教传统信仰的同时能够神情自若地拥抱现代精神，为福音派摆脱由来已久的过时、守旧、蒙昧和固执的消极社会形象提供了一条切实可行的路径。在这种新型圣经无误观的理论化过程中，这一时期在这一问题上的两位最具代表性的新一代福音派神学家克拉克·平诺克和唐纳德·布洛施为此做出了许多富有建设性的贡献。

神学家克拉克·平诺克于1937年出生在加拿大多伦多并成长在一个自由的浸信会环境里。他除了在多伦多大学受过教育外，还曾在英国曼彻斯特大学师从F. F. 布鲁斯研习新约，并在精神上深受福音派大师弗兰西斯·谢弗的影响。平诺克曾先后在芝加哥三一福音神学院、温哥华维真学院及安大略麦马斯特神学院任教。在克拉克·平诺克立场多变的神学生涯中，其早期神学观念其实属于最为激进的保守基要主义，并曾以比弗兰西斯·谢弗和哈洛德·林赛尔更为老练精致的神学观为圣经绝对无误论摇旗呐喊。他曾抨击拉姆的圣经解释对福音派神学是毁灭性的，它颠覆了圣经真理的绝对性。像拉姆那样断定上帝之道在圣经中可以通过传说或传奇一类的体裁形式予以表达的做法将会使福音派真理陷于解释学的泥沼而无力自拔，它割断了圣经主张与现实之间的联系[94]。然而，自70年代中期以后，平诺克的神学立场却发生了一百八十度的大转向，他开始怀疑在福音派阵营中引发了巨大混乱与敌意的圣经无误论之争的意义和必要性，他认为坚持绝对无误性的代价对于日渐高涨的福音派运动太过高昂。绝对无误论不是把重心放在圣经对基督见证的救赎真理上而是纠缠于词语与事实之间的毫厘不爽的枝节问题上。这完全是一种舍本求末的荒唐做法，"细小的失误对于一部电话簿来说可能是一个重要的问题，但对于诗篇、箴言、启示和寓言来说则绝对不是。无误性未能将关注的焦点集中于圣经所关注的事情上"[95]。它制造的那种谨小慎微的精神倒是同耶稣所谴责的法利塞人的律法形式主义有几分相像。他呼吁保守派停止这种同类自残的攻讦，"以仁爱宽厚之心对待那些仅是出于自己诚实的判断而非出于任何福音派信仰的缺憾而在无误性面前踌躇不前的人"[96]。

平诺克一针见血地指出严格无误论者尽管声称不赞成圣经的机械口授论，但他们在谈及圣经时仍然在实质上把它看作是由神的灵直接口授而来的，也就是说，自沃菲尔德以来的绝对无误论只是在形式上反对机械口授说，圣经中的人性因素对他们只是微乎其微、不足挂齿的影响成分，事实上，人性作者的影响在他们的严格无误论学说中一直形同虚设，不仅如此，平诺克还从历史上指出，在正统神学传统中，从希腊教父到拉丁经院哲学家，从宗教改革者到旧普林斯顿神学家几乎全都夸大了圣经的默示完善性而低估了它的人性作用。因而对于新福音派神学来说，就是要坦率地承认自己"所看重的旧有圣经观是没有圣经依据的，也是同今日的实际需要毫不相干的"[97]，就是要克服传统正统神学对圣经的人性特征的忽视与回避。

在平诺克眼里,圣经的默示性不是指涉什么抽象的完善性,而是指圣经通过圣灵教诲和指导信徒的信仰与实践的充足性。因而在谈论无误性时需要区分"包含有错误"与"教导的错误"这两种不同的情形。无误性指的是圣经的主题而不是它的措辞或表达形式。事实上,"无误性仅仅意味着圣经在它教导与主张的内容上是可信的"[98]。这就是说,圣经在它的教导上是绝对无误的,但在表达这些教导所使用的材料与形式上则可能是有误的,不过这种错误在默示的前提下并不会妨碍到对它的教导与主旨的正确可靠的传递或表达。这种看法正是对卡内尔和拉姆的圣经无误观的深化与发展,它们在理路上是如出一辙的。

不仅如此,在平诺克看来,福音派神学断定圣经在其教义和教导上是神所默示的和一贯正确的,但这并不意味着所有的圣经教导对人们都是有权威规范性的。他不仅将圣经区别为圣经的教义和这教义的表现形式,而且他还进一步将圣经的教义区分为具有权威性的教义和不具有权威性的教义,因为他认为有些经文由于过于依赖它的处境而不再对现代人具有圣经的规范性。平诺克认为,圣经启示是一个从前弥赛亚启示向弥赛亚启示过渡的渐进过程,因而解释者必须留意某段经文在整个圣经有机体中所处的地位和作用。"一段旧约经文可能对于古以色列来说是上帝之道,但不一定对我们现代人来说也是上帝之道。倘若忘记这一点,我们就有将教会犹太化的危险。"[99]

而且,平诺克还进一步全盘推翻了他自己前期对拉姆所做的批判,转而完全接受了拉姆关于启示真理可以通过不同体裁、不同类型的圣经经文予以传递和表达的主张。寓言的无误真理就在于它是寓言性的,诗歌的无误真理就在于它是诗意的,所有这些表达方式和类型都表明无误性是就经文的主旨和教诲而言的。同拉姆一样,平诺克亦注意到传统福音派神学对神话的嘲笑与贬抑态度。传统上它认为神话寓言是一种不具教义真理价值的原始言述模式,所谓"基督教神话"这一观念一直是福音派神学躲避和排斥的对象。然而,平诺克却勇于在其后期重要著作《圣经原则》一书中坦言[100],新约中包含有零星的神话片断,而旧约中则包含着为数众多的神话素材。新约尽管极为强调它的反神话倾向,但它在某些叙述上仍然采纳了神话的形式,比如在"使徒行传"中提到的从保罗身上拿下的衣物能够医病驱鬼的叙述[101],以及在《马太福音》中提到的耶稣受难时许多已"睡"圣徒的身体活动的叙述[102],采用的就完全是神话的表达方式。至于在旧约中,像大洪水、巴别塔以及太阳为约书亚停在天空中一类的神话记述形式更是不胜枚举。对此,平诺克断言,任何人在其他任何地方读到这类记述时都会理所当然地把它们划归神话与传说的范畴,然而传统福音派神学却仅仅是因为它们出现在圣经中而长期伴作它们一定属于别的什么东西,因为他们已预先设定了上帝不会利用神话传说一类的"原始"表述方式来对人言说。这完全是对上帝之道表达方式的误解和歪曲,它是在接触到上帝之道以前就武断地预设了上帝之道的表述样式,这种认定神话传说体裁同上帝之道不相称的看法其实是没有任何根据的。所以,人们既不应指责圣经包含有错误,亦不应徒劳无益地试图消除那些我们本可以心平气和地予以接受的东西。"如果我们不再是从我们自己的护教因由出发去反对圣经的这些形式,如果我们能听任这些现象保留它们本来的面目,那么我们就能更加轻松自在地对待圣经,就能更少地去扭曲和冒犯这些经文和我们自己。因为,许多所谓的困难根本就不在圣经里,而就在我们的头脑中。"[103]

总之,克拉克·平诺克首先将圣经的无误性限定在圣经的教义而非经文上,其次再将圣经的教义限定为具有权威性的教义与不具有权威性的教义,最后再将圣经教义的表达形式扩充到包括神话传说在内的多种文学体裁上。就这样,平诺克在圣经观上走出了自己风格迥异的三步棋。尽管他仍在声称自己坚持圣经的无误性[104],但此时的福音派圣经观完全进入了后基要主义神学的新时期。圣经"一贯正确论"作为一种能够更好地适应现代精神的传统"绝对无误论"的更新形式,开始在福音派中间获得越来越多的认同和支持,并继续由像唐纳德·布洛施这样的系统神学家对其在神学理论上加以不断地深化和升华。

唐纳德·布洛施认为,保守福音派所主张的绝对无误论其实属于圣经观上的理性主义立场,它将福音信仰降低到了和现代哲学方法所在的同一个逻辑层面。而且,这种理性主义的圣经观由于采纳的是一种静态的启示概念,因而极易将上帝之道同圣经之道完全对等起来。布洛施在其神学建构中极力希望避免这种极端的做法,亦即避免像基要主义那样将启示完全凝固在圣经之中,同时他还要时刻警惕自己重蹈自由主义神学经验论那种取消启示具体内容的覆辙。"人们流行将圣经启示称为命题性的,这在某种意义上是正确的,因为神性启示是通过语言概念及模式来传达的。……但同时我们不能推断说圣经中的命题式陈述自身就是彰显自明的。"[105]否则,就会造成对启示的神秘、超越与动态性因素的忽略和否定。

布洛施希望在启示与圣经之间寻找一种现实的并且是动态性的关系,从而将圣经看作是由神性预备拣选的神启的媒介或通道而不再就是神启本身[106]。同伯纳德·拉姆一样,布洛施也强调要抛弃旧有的对圣经的刻板看法,因为它没有在"那些本质与边缘的、台前与幕后的"[107]内容之间做出甄别。传统福音派圣经观通常都将"默示"在逻辑上看作是跟随或伴随"启示"而来的,但布洛施提出"默示"在逻辑上也可以是先于"启示"而存在的,因为启示绝不仅仅是过去的行为。圣经的真理不是一堆由历史探究或理性推导所决定的资料或事实,它是一种由揭示而来的真理,惟有通过它的来源即上帝的灵的行为才能为人所认知。

而"在福音派和保守派圈子里,'道'常常被看作是等待接受分析和解剖的某种静态的、凝固的东西"[108]。因此,有必要强调"道"有赖于"道"的在先行为;只有通过圣灵之"道"的启示行为,记载在圣经中的"道"才能成为上帝活生生的"道"。

所以,布洛施采取的是一种类似圣礼式的圣经权威观,圣经成为神性行为的工具或通道。他指出,在强调圣经经文与神性启示的不可分割性时,不能将两者等同在一起。"圣经本身不能自动成为神性启示,只有在它被圣灵照亮时,它对信仰者才能成为启示。同时,也只有在它已经体现有启示,只有当它被包含在启示行为之内时,它才能成为启示。"[109]这里,实际上已经完全否定了保守福音派所坚持的严格无误论。按照布洛施的理解,可以将圣经比作一块棱镜,上帝之光是通过圣经这块棱镜而抵达人们那里并为人们所理解的,它本身不是光,但它将光折射给了人们。圣经不仅仅是有关启示的线索或标示,凭藉圣灵的作为,它本身就是启示的承载者、媒介或通道。

这就为重新界定圣经的无误性留下了空间。无误性是就圣经作为上帝之道的意义和目的而言的,它不关乎它所具体使用或涉及的历史和科学性事实。永恒的神性启示是通过具体的文化和历史形式而予以表达的。这就是说,在讨论圣经的无误性时应将圣经的形式与内容、外壳与内核、意义与言语区分开来[110]。布洛施对此指出,圣经的无误真理不是什么自明的事情,它隐藏在圣经作者的具有历史和文化特殊性的见证之中。"就它们所要宣讲的内容而言它是不会犯错的,但这并不意味着在它的历史资料或世界观上也是毫无纰漏的"[111],而且,如果离开圣灵的作用,圣经的这种内在的、超验的真理就不会对人彰显出来。这就是说圣经经文只有当圣灵在它之中并通过它言说时才是正确无误的。偶尔地,圣经在它所使用的表达形式或模式上可能是有疑问的,但它通过与圣灵的联合所传达的信息已然超越了文化和历史的局限与束缚。在这种意义上，它是一贯正确的，因为它的性质决定了它不可能做出欺骗。即或存在有一时难以解释的疑问，也不宜就武断地将其归于谬误的行列。事实上，在布洛施看来，错误绝不可能玷污和侵袭圣经中所传达的神的旨意，因而最好将那些问题看作是"困难"而不是"谬误"，是"谷壳"而不是"稗子"[112]。基于这种理解，布洛施建议人们用"一贯正确性"或者用"真实性"这样的术语来取代含有消极意味的"绝对无误性"，因为这些术语是就整个圣经、就圣经的整个信息、就它的启示意义而非就任何特定的经文或叙述形式而言的。

唐纳德·布洛施对启示与圣经之间动态的、辩证的关系的强调明显带有其精神导师卡尔·巴特的影响，但就圣经观而言，布洛施并未完全投入新正统神学的怀抱。他仍然断定圣经包含有稳定的教义内核，仍然主张神学的目的就是要正确解释这种规范性的教义素材。在这个意义上，他仍然属于传统风格的福音派范畴。况且，他虽然主张圣经只有在同圣灵的结合中才是无误的，但这一点在不意味着正确性完全内在于圣经经文的同时，也不像新正统神学主张的那样，其正确性完全属于通过圣经对信徒言说的圣灵之中。所以，福音派另一位著名系统神学家米勒德·埃里克森评价说，布洛施的圣经观并未背离更为传统的福音派神学可能的变化范围之外，它代表了福音派神学系统中的左翼创新方向[113]。

注 释：

[1] 转引自 David L. Edwards & John Stott, *Evangelical Essentials: A Liberal-Evangelical Dialogue*, InterVanrsity Press, 1988, pp. 104—105。

[2] 参见 James I. Packer, *Truth and Power: the Place of Scripture in the Christian Life*, Harold Shaw Publishers, 1966, pp. 11—13。

[3] J. I. Packer, *"Fundamentalism" and the Word of God*, Wm. B.

Eerdmans Publishing Co., 1958, p. 46.

[4] Kenneth S. Kantzer & Carl F. H. Henry ed., *Evangelical Affirmations*, Zondervan Publishing House, 1990, p. 32.

[5] Kenneth S. Kantzer & Carl F. H. Henry ed., *Evangelical Affirmations*, Zondervan Publishing House, 1990, p. 38.

[6] Mark A. Noll, *Between Faith and Criticism: Evangelical Scholarship and the Bible in America*, Harper & Row, 1986, p. 6.

[7] Alister McGrath, *A Passion for Truth: The Intellectual Coherence of Evangelicalism*, InterVarsity Press, 1996, p. 62.

[8] Donald G. Bloesch, *Essentials of Evangelical Theology*, vol. I, Prince Press, 1978, p. 52.

[9] J. I. Packer, *"Fundamentalism" and the Word of God*, Wm. B. Eerdmans, 1958, pp. 81—83.

[10]《圣经·新约·彼得后书》第一章第二十至二十一节。

[11] B. B. Warfield, *The Inspiration and Authority of the Bible*, N. J.: Presbyterian and Reformed, 1951, chap. 3.

[12] Walter A. Elwell ed., *Evangelical Dictionary of Theology*, Baker Books, 1984, p. 145.

[13] James Barr, *Escaping from Fundamentalism*, SCM Press, 1984, p. 1.

[14] 参见 *The NIV Study Bible*, Zondervan Publishing House, 1995, p. 2389, "note"。

[15] J. I. Packer, *"Fundamentalism" and the Word of God*, Wm. B. Eerdmans, 1958, p. 78.

[16]《圣经·新约·哥林多前书》，第二章第九至十节。

[17] John Stott, *Evangelical Truth: A Personal Plea for Unity, Integrity & Faithfulness*, InterVarsity Press, 1999, p. 39.

[18] B. B. Warfield, *The Inspiration and Authority of the Bible*, Presbyterian and Reformed Publishing Co., 1951, p. 299.

[19] David F. Wells, "Word and World: Biblical Authority and the Quandary of Modernity", in *Evangelical Affirmations*, ed. by Kenneth S.

Kantzer & Carl F. H. Henry, Zondervan, 1990, p. 161.

[20] Stanley J. Grenz, *Theology for the Community of God*, Wm. B. Eerdmans & Regent College Publishing , 2000, p. 403.

[21]《圣经·新约·以弗所书》第一章第十一节。

[22] Kenneth S. Kantzer, "Unity and Diversity in Evangelical Faith", *The Evangelicals: What They Believe, Who They Are, Where They Are Changing*, David L. Wells & John D. Woodbridge ed., Abingdon Press, 1975, p. 40.

[23] Walter A. Elwell, ed., *Evangelical Dictionary of Theology*, Baker Books, 1984, p. 142.

[24]《圣经·新约·提摩太后书》第三章第十五节。

[25]《圣经·新约·提摩太后书》第三章第十六节。

[26] Donald Bloesch, *The Future of Evangelical Christianity*, Helmers & Howard Publishers Inc., 1988, p. 120.

[27] Stanley J. Grenz, *Theology for the Community of God*, Wm. B. Eerdmans & Regent College Publishing, 2000, p. 402.

[28] 参见 Donald G. Bloesch, *The Evangelical Renaissance*, Wm. B. Eerdmans Publishing Co., 1973。

[29] 参见 Richard Quebedeaux, *The Young Evangelicals*, Harper & Row Publishers, 1974。

[30] Harold Lindsell, *The Battle for the Bible*, The Zondervan Publishing House, 1976, p. 26.

[31] Harold Lindsell, *The Battle for the Bible*, The Zondervan Publishing House , 1976, p. 12.

[32] 参见 George Marsden, *Reforming Fundamentalism*, Wm. B. Eerdmans Publishing Co., 1987, pp. 282—284。

[33] Jack Rogers, ed., *Biblical Authority*, Word Books, 1977.

[34] David Hubbard, "The Current Tensions: Is There a Way Out?" in *Biblical Authority*, ed. by Jack Rogers, Word Books, 1977, p. 156.

[35] 参见 George Marsden, *Reforming Fundamentalism*, Wm. B. Eerdmans, 1987, p. 277; p. 282。

[36] Jack Rogers, "The Church Doctrine of Biblical Authority", in *Biblical Authority*, ed. by Jack Rogers, Word Books, 1977, pp. 44—45.

[37] James Montgomery Boice, ed., *The Foundation of Biblical Authority*, Zondervan Publishing House, 1978.

[38] Harold Lindsell, *The Bible in the Balance*, Zondervan Publishing House, 1979.

[39] Harold Lindsell, *The Bible in the Balance*, Zondervan Publishing House, 1979, pp. 319—320.

[40] *Evangelical Affirmations*, ed. by Kenneth S. Kantzer & Carl F. H. Henry, Zondervan, 1990.

[41] Harold Lindsell, *The Battle for the Bible*, Zondervan Publishing House, 1976, p. 18.

[42] Harold Lindsell, *The Battle for the Bible*, Zondervan Publishing House, 1976, p. 18.

[43] Harold Lindsell, *The Battle for the Bible*, Zondervan Publishing House, 1976, p. 39.

[44] Harold Lindsell, *The Battle for the Bible*, Zondervan Publishing House, 1976, p. 142.

[45] Francis A. Schaeffer, *The Great Evangelical Disaster*, Crossway Books, 1984, chap. 1.

[46] Paul King Jewett, *Man As Male and Female: A Study in Sexual Relationships from a Theological Point of View*, Wm. B. Eerdmans, 1975, p. 119.

[47] Harold Lindsell, *The Battle for the Bible*, Zondervan Publishing House, p. 121.

[48] Harold Lindsell, *The Battle for the Bible*, Zondervan Publishing House, p. 275.

[49] Harold Lindsell, *The Battle for the Bible*, Zondervan Publishing House, p. 301.

[50] Harold Lindsell, "Another Battle about the Bible", in *Evangelical Roots*, ed. by Kenneth S. Kantzer, Thomas Nelson Inc., 1978, p. 81.

[51]《圣经·新约·哥林多前书》第十章第八节。

[52]《圣经·旧约·民数记》第二十五章第九节。

[53] 参见《圣经·旧约·民数记》第二十五章第五节。

[54]《圣经·新约·马太福音》第十三章第三十一节,三十二节。

[55] Harold Lindsell, *The Bible in the Balance*, Zondervan Publishing House, p. 291.

[56]《圣经·新约·马可福音》第十四章第三十节,七十二节。

[57]《圣经·新约·马太福音》第二十六章第三十四节,七十四节,七十五节。

《圣经·新约·路加福音》第二十二章第三十四节,六十节,六十一节。

[58] Harold Lindsell, *The Battle for the Bible*, Zondervan Publishing House, 1976, pp. 181—182.

[59] Richard Quebedeaux, *The Worldly Evangelicals*, Harper & Row, Publishers, 1978, p. 88.

[60] Bob E. Patterson, *Karl F. H. Henry*, Word Inc., 1983, p. 104.

[61] Karl F. H. Henry, *God, Revelation and Authority*, vol. Ⅳ, Word Books, 1979, p. 244.

[62] Carl F. H. Henry, *God, Revelation and Authority*, vol. Ⅳ, Word Books, p. 178.

[63] Carl F. H. Henry, *God, Revelation and Authority*, vol. Ⅲ, Word Books, p. 248.

[64] Carl F. H. Henry, *Protestant Dilemma*, Wm. B. Eerdmans, 1949, pp. 221—224.

[65] Carl F. H. Henry, *God, Revelation and Authority*, vol. Ⅰ, Word Books, 1976, p. 41.

[66]《圣经·旧约·创世记》第十二章第十至二十一节,第二十章第一至十八节,第二十六章第一至十六节。

[67] Carl F. H. Henry, *God, Revelation and Authority*, vol. Ⅴ, Word Books, p. 362.

[68] 参见 Stanley J. Grenz & Roger E. Olson, *Twentieth-Century Theology: God and the World in a Transitional Age*, InterVarsity, 1992, p. 294.

[69] Carl F. H. Henry, *God, Revelation and Authority*, vol. Ⅳ, Word Books, p. 201.

[70] Carl F. H. Henry, *God, Revelation and Authority*, vol. Ⅳ, Word Books, p. 202.

[71] 参见 Rudolph Nelson, *The Making and Unmaking of an Evangelical Mind*, Cambridge University Press, 1987。

[72] 参见 George Marsden, *Reforming Fundamentalism*, Wm. B. Eerdmans, 1987, pp. 148—149。

[73] Edward John Carnell, *The Case for Orthodox Theology*, Wm. B. Eerdmans, 1969, pp. 51—53.

[74]《圣经·旧约·创世记》第十九章第二十四节。

[75] Edward John Carnell, *The Case for Orthodox Theology*, Wm. B. Eerdmans, 1969, pp. 93—95.

[76] Rudolph Nelson, *The Making and Unmaking of an Evangelical Mind*, Cambridge University Press, 1987, p. 187.

[77] George Marsden, *Reforming Fundamentalism*, Wm. B. Eerdmans, 1987, p. 194.

[78] George Marsden, *Reforming Fundamentalism*, Wm. B. Eerdmans, 1987, p. 195.

[79] Gary Dorrien, *The Remaking of Evangelical Theology*, Westminster John Knox, 1998, p. 95.

[80] 引自 George Marsden, *Reforming Fundamentalism*, Wm. B. Eerdmans, 1987, p. 211。

[81] George Marsden, *Reforming Fundamentalism*, Wm. B. Eerdmans, 1987, p. 212.

[82] George Marsden, *Reforming Fundamentalism*, Wm. B. Eerdmans, 1987, p. 212.

[83] Rudolph Nelson, *The Making and Unmaking of an Evangelical Mind*, Cambridge University Press, 1987, p. 190.

[84] Bernard Ramm, "Is 'Scripture Alone' the Essence of Christianity", in *Biblical Authority*, ed. by Jack Rogers, Word Books, 1977, p. 116.

[85] Bernard Ramm, *Protestant Biblical Interpretation*: A Textbook of Hermeneutics, Baker Books, 3rd edition, 1973, p. 160.

[86] Bernard Ramm, *After Fundamentalism*: The Future of Evangelical Theology, Harper & Row Publishers, 1983, pp. 44—45.

[87] Bernard Ramm, *After Fundamentalism*: The Future of Evangelical Theology, Harper & Row Publishers, 1983, p. 27.

[88] Bernard Ramm, *After Fundamentalism*: The Future of Evangelical Theology, Harper & Row, 1983, p. 15.

[89] Bernard Ramm, *The Christian View of Science and Scripture*, Wm. B. Eerdmans, 1954, pp. 46—48.

[90] Bernard Ramm, *The Pattern of Religious Authority*, Wm. B. Eerdmans, 1959, p. 36.

[91] Bernard Ramm, *Protestant Biblical Interpretation*: A Textbook of Hermeneutics, 3rd edition, Baker Books, 1970, pp. 201—214.

[92] Stanley J. Grenz & Roger E. Olson, *Twentieth-Century Theology: God and the World in a Transitional Age*, InterVarsity Press, 1992, p. 309.

[93]《圣经·新约·马太福音》第二十二章第二十一节。

[94] Clark H. Pinnock, *Biblical Revelation*: The Foundation of Christian Theology, Moody Press, 1971, p. 192.

[95] Clark H. Pinnock, "Three Views of the Bible in Contemporary Theology", in *Biblical Authority*, ed. by Jack Rogers, Word Books, 1977.

[96] Clark H. Pinnock, "Three Views of the Bible in Contemporary Theology", in *Biblical Authority*, p. 68.

[97] Clark H. Pinnock, *The Scripture Principle*, Harper & Row, 1984, p. xii.

[98] Clark H. Pinnock, *The Scripture Principle*, Harper & Row, 1984, p. 62.

[99] Clark H. Pinnock, *The Scripture Principle*, Harper & Row, 1984, p. 67.

[100] 参见 Clark H. Pinnock, *The Scripture Principle*, Harper & Row, 1984, pp. 121—123。

[101]《圣经·新约·使徒行传》第十九章第十一至十二节。

[102]《圣经·新约·马太福音》第二十七章第五十二节。

[103] Clark H. Pinnock, *The Scripture Principle*, Harper & Row, 1984, p. 121.

[104] Clark H. Pinnock, *The Scripture Principle*, Harper & Row, 1984, pp. 24—225.

[105] Donald G. Bloesch, *Essentials of Evangelical Theology*, vol. 1, Prince Press, 1978, pp. 74—75.

[106] Donald G. Bloesch, *Holy Scripture: Revelation, Inspiration and Interpretation*, InterVarsity Press, 1994, p. 18.

[107] Donald G. Bloesch, *Holy Scripture: Revelation, Inspiration and Interpretation*, InterVarsity Press, 1994, p. 21.

[108] Donald G. Bloesch, *Holy Scripture: Revelation, Inspiration and Interpretation*, InterVarsity Press, 1994, p. 25.

[109] Donald G. Bloesch, *Essentials of Evangelical Theology*, vol. 1, Prince Press, 1978. p. 52.

[110] Donald G. Bloesch, *The Future of Evangelical Christianity*, 1988, p. 118.

[111] Donald G. Bloesch, *Essentials of Evangelical Theology*, vol. 1, Prince Press, 1978. p. 65.

[112] Donald G. Bloesch, *Holy Scripture: Revelation, Inspiration and Interpretation*, InterVarsity Press, 1994, pp. 116—117.

[113] Millard J. Erickson, "Donald Bloesch's Doctrine of Scripture", in *Evangelical Theology in Transition*, ed. by Elmer M. Colyer, InterVarsity Press, 1994, p. 93.

第四章

救赎福音的基督中心论

第一节 传统的基督论：救赎的基督与
神在十字架上的成就

福音派所信仰和宣扬的上帝救赎的"好消息"，是以耶稣基督的生、死以及复活为其基本内涵的，耶稣基督对于他们的基督教信仰与实践具有极为特殊的意义。在福音派神学看来，圣经断定基督是上帝最高和最终的启示实际上已经为基督教神学信仰坚持以基督为中心的教义确定了最具根本性的基调和框架。福音派的基督中心论就是相信基督是圣经的中心，是神学的中心，也是福音的中心[1]。正像人们按照常识和直觉所理解的，基督教当然是关于基督的宗教。拿撒勒的耶稣这一历史形象是一切基督教信仰与主张真伪正误的评判标尺，亦是基督教在一切信仰传统中保持其独一无二的不可替代性的根本所在。同时作为真正的神又作为真正的人的耶稣基督构成了人神之间的惟一中介，正是凭藉着耶稣基督的赎罪性死亡与复活才为人神重归和好提供了真正的契机与可能。耶稣基督的救赎性威严与谦卑是所有基督徒崇拜与信靠的焦点，同时也是福音宣告与布道的核心。基督对于基督徒的生活即具有构成性的意义又具有阐释性的意义，因为基督徒的存在惟有依靠耶稣基督的生、死以及复活方才得以成为可能，而这种存在的性质与形态本身又同时体现在他们对基督的这种信仰生活当中。彻底的基督中心论构成了福音派信仰与实践的最为突出的特征[2]。

一、"以基督的十字架为夸口"

福音派对基督的十字架的关注与强调在基督教各流派中构成了一种引人注目的特征。他们追随使徒保罗，相信基督的十字架是基督的信仰、生活与使命的中心，因而也是基督的信徒们的精神与生命的中心。保罗曾经说过："但我断不以别的夸口。只夸我们主耶稣基督的十字架。因这十字架，就我而论，世界已经钉在十字架上；就世界而论，我已经钉在十字架上。"[3]基督教信仰就是对被钉十字架的基督的信仰，十字架在某种意义上已成为基督教的一种象征和代名词。福音派神学家约翰·斯托特曾经指出，就两千年的基督教传统来说，它在理论上有多种选择对象可以作为基督教的象征和标志[4]。譬如，它可以选择耶稣降生的马槽作为上帝道成肉身的象征，可以选择耶稣在拿撒勒劳动时用过的木匠长凳作为他体力劳动之尊荣的象征，可以选择耶稣在加利利湖畔用作讲坛的渔船作为其教诲使命开始的象征，可以选择耶稣为门徒们洗脚时用来束腰的毛巾作为他谦卑事奉的象征，可以选择耶稣安葬与复活的坟墓作为他从死里复活的象征，可以选择耶稣升天后坐在天父右手边的宝座作为他最高神治的象征，亦可以选择鸽子、风或火光之类的信物作用他的圣灵的象征，诸如此类，不一而足。但教会却舍弃它们而独独选中耶稣受难的十字架作为基督信仰的象征和标志，这不是没有其深刻缘由的。

这首先是因为上帝通过在十字架上的神秘作为而标明了神对世人重新悦纳的可能。原本同神处于和谐关系中的人因为人的罪而疏远了其造物主，这种罪不仅仅是表现为善与存在的匮乏，它更表现为人对上帝的蓄意反叛，它导致了整个人性的彻底的堕落[5]。这种遍及人的整个生命与心灵的罪的朽坏与堕落，使得人完全丧失了取悦和亲近上帝的能力，从而陷入了罪的泥沼而无力自拔。然而由于上帝圣爱的恩典，由于耶稣基督在十字架上为世人所做的牺牲与赎罪，使得世人获得了某种额外的覆盖或遮掩以避开正义的上帝对罪的愤怒而得以能够重新站在上帝的面前，在信仰与爱的事奉中同上帝重归和好。十字架为上帝子民荣耀的自由开启了一条在福音派看来也是惟一的通道。所以说，基督在十字架上的死亡可以被看作是获得救赎的惟一的、必需的同时又是充足的根基。它既彰明了神爱世人的完满内涵又确立了基督在信徒崇拜与崇敬生活中的中心性。基督在十字架上的宝血与救赎成为久久萦绕在福音派神学与灵性生活中的核心意像与观念，它遍及了包括皈依的呼召、事奉与牺牲的奉献以及福音化世界的使命在内的信徒之宗教信仰与实践的一切方面和领域[6]。当然，福音派信仰绝不会将耶稣基督的十字架受难同他的道成肉身与死后复活等历史事件分割开来，如果没有他那不同寻常的出生与不同寻常的复活，他在十字架上的死亡就会失去应有的救赎效力，因为只有是神才能为世人的罪而死，只有复活才能使他的死具有不同寻常的意义。尽管这些事件是彼此关联在一起的，但耶稣基督的十字架仍然具有核心的地位，它象征着罪人获救的惟一的基础与指望。因此，基督的十字架具有多重的成就和意义。它是上帝的爱与正义的终极启示，是对恶的决定性的胜利，是人们得救的根基，同时也是牺牲的最高榜样和基督徒虔敬与奉献的最有力的感召。这就是为何使徒保罗能够以在公元一世纪罗马帝国内被普遍视为反感与嫌恶对象的十字架为夸口的因由。

耶稣在十字架上所带来的不同寻常的成就当然来自于他独有的神性，它彰显了在历史中行动着的上帝的救赎的恩典。福音派追随基督教传统信仰承认耶稣基督是人同时又是神，坚信耶稣基督独一无二的神人二性共在论，但他们信仰的实际重心仍然集中在基督的神性的一面。正因为他是与上帝同在的圣子,他在十字架上所承受的苦难与死亡才能带来赎罪的果效:神爱世人就体现在"甚至将他的独生子赐给他们,叫一切信他的,不至灭亡,反得永生"[7]。倘若他只是一个人,那么他无论在世俗的标准看来多么高尚和纯洁都不可能发挥在神眼里为世人赎罪的功能。自由主义和现代主义神学往往关注的是耶稣的人性特征,他们甚至试图以自然主义和理性主义的眼光将历史上的耶稣看作是一位道德高尚和完善的"理想的人",或者只是具有某种异赋异能的人类宗教天才。与此相对,福音派则在承认耶稣基督完全的人性的同时也接受了他完全的神性,他不仅像人一样是从上帝而来而且他自身就是道成肉身的神。只有肯定了耶稣全面的神性,他的生命与生活中的高贵特征才能具有它们应有的重要性:如果耶稣是神圣的,那么他就确实是完全无罪的,因而也是能够赎罪和值得效法的;如果耶稣是上帝的使者,那么他的教诲就确实是上帝权威的话语;如果耶稣是同人在一起的神,那么他的十字架的苦难就确实是上帝为人的救赎而承受的苦难。

那么,历史的、拿撒勒的耶稣的神性是如何显露出来或者说是如何获得核实的呢?在此,福音派神学断定正是由于耶稣本人的宣告以及他的死后复活对这些宣告所做的确证,使得人们可以确信他就是先知们预言的弥赛亚,他就是上帝在历史中的道成肉身。对于耶稣在其尘世使命中所有有关自我的宣称或宣告的具体内容,英国神学家约翰·斯托特在他那本最负盛名的经典著作《基本的基督教》一书中将其归结为这样四大类[8]。首先,耶稣的神性宣告来自他的"以自我为中心的教导"。耶稣教导的一个引人注目的特征就在于对他自己的持续不断的谈论,他当然提到了天父和上帝之国,但他同时还指出他就是圣父的圣子,他就是前来开创上帝之国的使者。世人能否进入天国依赖于对他的回应与信仰,因为他直接就将上帝之国称做自己的国。在《四福音书》中可以看到耶稣不断地对世人宣布他就是生命的粮,世上的光;他就是复活和生命;是旧约预言的圆满和实现。所以他说,"我若从地上被举起来,就要吸引万人来归我"[9]。其次,是耶稣就自己的神性偶尔发出的"直接的宣告"。耶稣本人明显地相信自己就是旧约众先知预告的弥赛亚,他的使命在于开创和建立上帝之国[10]。所以他曾直接断定自己同天父处于一种独一无二的关系之中:"我与父原为一";[11]"一切所有的都是我父交付我的。除了父,没有人知道子;除了子和子所愿意指示的,没有人知道父"[12]。再次,耶稣的神性身份也在于由他所发出的为数众多的"间接宣告"。在许多场合耶稣实际上是在行使和发挥着原本属于上帝的神能和特权。他宽恕罪过、赋予生命、教导真理和审判世界的所作所为以间接的方式表明了他的神性。最后,耶稣神性的根据还来自他的那些"具有戏剧性的宣告"即他施行的那些奇迹与异能。正如福音书所见证的通过变水为酒,使盲者复明,使死者复生,以五饼二鱼使五千人吃饱等神迹,耶稣宣告了他正在开创着上帝的新秩序。

当然,福音派也承认,仅靠来自耶稣一方的个人宣告并不足以构成其神性的确凿无疑的历史基础[13]。其困难之处在于在个人的宣告同这宣告所代表的真理本身之间仅具有或然性的关联,而且在历史上也并非只有耶稣一人宣称自己同上帝处于特殊的关系当中。这就意味着耶稣的这些宣告还必须要寻求和需要有未来的证实。换言之,来自耶稣一方的神性身份宣告在某种意义上也包含着对他称之为"天父"的上帝一方的某种"挑战",即耶稣的这种神性地位宣告尚需要有来自他声称"与之同为一"的神的一方的积极回应和证实。惟如此,人们才会完全地相信这个被钉死在十字架上的来自拿撒勒的人就是道成肉身的在人的历史中行动着的神。福音派相信,这种来自上帝一方的肯定和证实就是由圣经见证的在历史中发生的被钉死的耶稣基督的肉体复活。

自启蒙运动以来,在自由主义神学传统中一直存在着一种试图否定和抹杀耶稣基督肉体复活之历史性的趋势。从赫尔曼·莱玛卢斯到哥特霍尔德·莱辛,从弗里德里希·施莱尔马赫到阿尔布莱希特·利奇尔,从阿道夫·冯·哈那克到鲁道夫·布尔特曼,都存在着一种不愿将基督复活看作是一种过去发生的历史事件的倾向。譬如对于布尔特曼来说,复活既不是指受难后的耶稣在这个世上从死到生的回归亦不是指耶稣的肉身升天,而是指被钉十字架者向救主地位的提升,因而,信仰复活就同信仰十字架的拯救功效是一回事儿[14]。不过,逆此时代与文化潮流而行的福音派却追随近两千年的基督教传统而斩钉截铁地将耶稣的复活视为一个历史事件,他们无法忽视"四福音书作者"特别是使徒保罗的明白无误的见证。保罗在写给哥林多教会的书信中曾明确说道"我当日所领受又传给你们的,第一,就是基督照圣经所说,为我们的罪死了,而且埋葬了,又照圣经所说,第三天复活了,并且显给矶法看,然后显给十二使徒看,后来一时显给五百多弟兄看,……以后显给雅各看,再显给众使徒看,末了,也显给我看"[15]。在此,恪守圣经神启权威性和写实主义释经学的福音派不可能不看重和认信基督复活的历史性,因为它不但确证了耶稣的神性而且也构成了基督福音的中心内涵,它是世人因认信基督而获救的重要凭证和指望。

细究之下,可以看到在相信基督复活这一历史事件的核心存在着先于福音书之写作的两种见证传统,一是对空坟墓的见证,二是对基督复活后显现的见证[16]。四福音书一致报告说安葬耶稣基督的坟墓在复活节那天是空的并断定这空坟是耶稣战胜死亡的标志。对此的争议自然是层出不穷,但福音派坚信这些争议并不足以动摇这一历史事件的真实性。例如,有人认为是那些从外地来的妇女由于对耶路撒冷城地形的不熟悉而找错了坟墓,但既然还有其他许多人包括使徒在内都去察看了这同一座空坟,所以不太可能是所有这些人都犯了同一地理或方位性错误；有人认为是耶稣的门徒偷走了尸体，果若此，这些蓄意干下恶作剧的人此后量必也不会心甘情愿地为了宣告基督的复活而以其生命来殉道，美国"水门事件"的主要当事人之一即后来成为福音派领袖人物的查尔斯·科尔森更是以自己的亲身经历证明了这一假说的荒谬性[17]；也有人认为是耶路撒冷当局转移了尸体，如果这是真实的话，那么当耶稣复活的故事在全城流传开来之时，当局只要重新拿出尸体就能轻而易举地扑灭整个基督教运动；还有人认为实际上耶稣并没有死在十字架上而只是陷入了晕厥，然而，各种证据表明耶稣完全不可能经受得住受难周那最后时刻的折磨，也根本不可能给人造成他已征服了死亡的印象，这种晕厥说完全是一种没有任何根据的臆测。有关基督肉体复活的另一见证传统则是耶稣复活后的显现。这一见证传统的重要性在于它表明复活是一个历史事件，因为有许多人在复活节后实际看见了他。对此当然亦存在着诸多质疑和反驳，但福音派信仰坚信这些复活后的显现绝不是虚构、幻觉或主观意象，因为正像保罗所说的有那么多的人在不同的时间和不同的场合都实实在在地感知和见证了他的显现。此外，有关复活历史性的佐证还可以从另外两个来源略见一斑，即"复活节事件"在耶稣门徒中间导致了崇拜日从安息日向主日的转变，同时"复活节事件"还引发了初始教会惊人的增长，并使得有关耶稣复活的讯息在数年间成为整个罗马世界中的一种强有力的势力[18]。

对于复活的重要意义，使徒保罗曾告诫哥林多的教会说，"基督若没有复活，你们的信便是徒然，你们仍在罪里"[19]。复活不仅确证了耶稣基督的神性，同时也彰明了上帝救赎的神能，它使基督的信徒对天国而不是对此世的指望有了确凿的凭据，所以他们也承认，"我们若靠基督只在今生有指望，就算比众人更可怜"[20]。坚持复活的历史性同福音派一贯之的超自然主义立场是一脉相承的,查尔斯·科尔森对此坦言,"如果你不相信超自然,那么你肯定也不相信耶稣的复活。但倘若你相信上帝在世上的作为,那么耶稣肉身复活的证据就是无可抗拒的,我们的信仰就奠基于这一事实"[21]。这就意味着基督教要么是一种历史的、超自然的宗教,要么就一无所是。离开复活,耶稣的十字架就不再是启示性的;救主的受难日惟有置于复活日的背景中才具有真正的意义。可以说,耶稣的肉体复活驱散了十字架上的黑暗,带来了新生命的曙光。因此,福音派信仰在肯定耶稣完全的人性的同时,始终将重心放在他的完全的神性的一方,相信耶稣基督是道成肉身的救主,是侵入历史、干预历史的行动着的神。这同自由派神学试图将耶稣归结为一种人的原型、楷模或导师的神学旨趣是大相径庭的。

二、耶稣基督在福音派信仰中的神学意义

福音派对耶稣基督之神圣性的完全信奉与看重在很大程度上决定着它的整个神学体系与灵性生活的性质与特征,坚持彻底的基督中心论也就成为福音派信仰与实践的鲜明特色和定向。他们一切有关上帝的知识,一切有关拯救的希望,全都有赖于耶稣基督之作为救主、作为圣子以及作为道成肉身的上帝的神性身份与地位。这就是说,福音派强调信靠上帝独子变成了人并将自己献给世人以赐他们永生的"好消息"。在他们看来,耶稣基督具有完全的神性亦具有完全的人性并将这两种完全不同的属性神秘地统一在一个人的身上。耶稣基督的道成肉身、替代性死亡以及肉体复活构成了基督教福音的实质与核心;通过这些事件,在时间与历史中行动的仁慈的上帝就可以达及人性并拯救所有那些信仰他的人[22]。如若缺少作为上帝之道的耶稣基督的救赎事工,堕落的、有罪的人性就不可能有获救的基础,并只能自己去缔造或更准确地说是杜撰那些不但不能使自己获救反而会使自己同真神

更为疏远的"伪福音"或"真偶像"了。可见,耶稣基督在福音派信仰中占据着极为核心的地位。具体地讲,它通过以下五个方面的作用和意义决定和影响着福音派神学与实践的建构与走向。

第一,耶稣基督在福音派信仰中的启示意义。很明显,圣经主张正是上帝自己提供了一切有关自己的知识,上帝的这种自我揭示、显现、表明或透露正是集中在耶稣基督的人格与事工上。任何忠实于新约有关耶稣基督之见证的人都不可能不发现在拿撒勒的耶稣身上所表明的那种超越于人性的一切常规范畴的向度,因为在此正是上帝本人在耶稣基督之中并通过耶稣基督在向世人言说。"正是由于耶稣基督使得上帝能够以一种具体而明确的并且是为基督教所特有的方式为世人所认知。"[23]对于基督的信徒,耶稣就是超验的上帝在世界上的体现、化身和自我启示。"他是神荣耀所发的光辉,是神本体的真像"[24];是"那不能看见之神的像"[25]。人有关上帝的完全而真实的认识能且只能从耶稣基督那里获得,它杜绝了一切试图依靠人自身的努力来认识上帝的可能,因为"恩典和真理都是由耶稣基督来的。从来没有人看见神,只有在父怀里的独生子将他表明出来"[26]。

因而,福音派信仰认为肯定耶稣是上帝的启示者包含有主观与客观两个方面的意义。从客观的方面而言,相信耶稣是神的启示者就意味着人在耶稣基督当中能够认识由他所彰显的上帝的本质,能够看到神在历史中的行动,因为耶稣不仅是神性本质的体现而且在本体论的意义上他同上帝也是完全同一的。耶稣通过他在世上的生活与事奉为人们提供了有关上帝本质的客观而形象的叙述与描述。这就像耶稣本人在责备一时迷惑的门徒腓力时所宣称的,"人看见了我,就是看见了父,你怎么说'将父显给我们看'呢?我在父里面,父在我里面,你不信吗?我对你们所说的话,不是凭着自己说的,乃是住在我里面的父做他自己的事"[27]。这就意味着"耶稣旅居世上的每一个方面都是启示性的，他的说教就是上帝对人的教诲；他的性格就是上帝的品性；他的死表明了上帝的受难；而他的复活则表明了上帝创造的权能"[28]。当然，福音的焦点则集中在耶稣基督对慈爱的上帝的怜悯之心与救赎之爱的启明与彰显。另一方面，从主观的角度讲，承认耶稣基督是上帝的启示者也就意味着承认耶稣基督就是那寻找人们并把人们引向上帝的人。他希望神性或圣洁能够成为人们维持生命所必需的新实在，这就在圣子与他的圣灵之间建立起了不可或缺的动态联结，为圣灵在人的重生、皈依与成圣过程中将耶稣基督在十字架上的救赎事工带给并应用于个人的生命确定了基础和保障。

所以说，由于耶稣的到来，那遮挡人们视线的面纱被一劳永逸地揭起，原本对人隐匿的上帝对一切人都得以显现，耶稣基督带来了神启的新纪元。由于作为上帝的启示者与神是同一的，由于耶稣也是神圣知识的惟一可靠的中介者，所以人们的一切神学教义都应将焦点集中在耶稣的生活与教诲的神性实质与特征上来，并完全按照上帝所启示的方式与内容去建构自己有关神的言说与教义。"在这种意义上，福音派神学是回应性的，它既是对神圣启示而不是人的发明的回应，又是对上帝的表达与概念的应答。"[29]总之，在耶稣基督当中人们可以发现上帝赐予人的特殊神启，"造物主"在耶稣基督之中并通过耶稣基督同时也成为了人们可以认识与理解的"救赎主"。

第二，耶稣基督在福音派信仰中的救赎意义。耶稣在世上的使命就是拯救世人脱离罪累的使命，这种救赎在某种意义上就是对由人的罪所导致的人神之间的障碍与隔阂的克服与排除，从而恢复由人的罪所毁坏的人与神之间的和谐关系。在世人如何能够获得救赎的这一宗教核心问题上，福音派坚持，这关键的一步完全是由仁慈的上帝在耶稣基督之中并通过耶稣基督而做出的，换言之，救赎不是什么人的努力所能企及或接近的目标。人的完全堕落性使得人自己在摆脱这一困境或取悦上帝的能力上陷入了彻底无能为力的绝望境地，只是由于耶稣基督作为人的赎罪者的到来，方才为人完成了单靠人自己所无力完成的工作。基督通过在十字架上一劳永逸的赎罪而决定性地战胜了罪的权能，并使上帝自己在他的圣爱中承担了对人的罪的神圣愤怒与审判。耶稣基督在十字架上的赎罪性死亡与随后的复活构成了一切有罪的世人在神圣而正义的上帝眼里看称为义的基础和途径，它使罪人的救赎成为了现实的可能[30]。

所以，福音派信仰对耶稣基督的救赎格外强调它的替代性赎罪这一特性，认为圣洁无罪的基督在十字架上代替了有罪的世人并承担了本应归于罪人身上的神的愤怒与审判。当人因罪注定要走向灭亡与沉沦之时，是完全无罪、完全圣洁的基督顶替了世人并为世人的罪而承担了死亡，使得世人因不信而犯下的罪得以被"清除"或者更准确地说是被"遮盖"，使得世人能够有机会在神的眼里因信称义。这就意味着福音派也必定格外强调耶稣基督救赎事工的牺牲特性，就像《圣经·旧约》中的牺牲性赎罪那样，耶稣的死被看作是为了摆脱人的罪而做的牺牲。这样一来，福音派亦必定同样强调耶稣基督救赎事工的第三重意义即它的处罚特性，因为在基督的死亡事件中可以认为包含着上帝对罪的愤怒的实施与释放。正是基于这样一些神学考虑，福音派坚决反对任何自由主义神学试图削弱或冲淡赎罪在耶稣基督救赎事工中的核心性的努力与尝试，他们会不遗余力地去抵制和反对那种将神学重心置于耶稣的智慧教导与道德伦理意义而不是他在十字架上的赎罪性死亡的做法，因为他们坚信那种企图通过追随耶稣的教诲与榜样而战胜罪恶的努力在神学上是根本错误的，是贝拉基主义（Pelagianism）神学异端在近现代的翻版。

仁慈的上帝在耶稣基督之中并通过耶稣基督为世人的救赎做出了丰盛而充足的预备，但福音派认为，这并不意味着所有人不论其对耶稣基督信仰与否都能自动获救。救赎当然是由上帝的恩典而来，但人至少还有接纳和利用它的义务，如果没有对已给人带来同神重归和好机会的仁慈上帝的信仰回应，基督在十字架上的受难与死亡就不会给人带来实际的拯救。在这一点上，福音派信仰同部分自由主义神学所采纳的普遍救赎论表明了毫不妥协的决裂。神学家斯坦利·格伦茨曾用形象化的语言阐明了福音派在救赎论上的看法，他指出，这就像一个国家的元首对一切囚徒宣布的大赦一样，这一赦令尽管理论上对一切囚徒都适用，但在实际的个体层面上，只有当每一个囚徒自己实际接受了这一恩赐并离开了监狱之后才算发生了实际的效用。类似地，耶稣的赎罪也已经改变了人神之间的关系，但只有在人接受和利用了这一恩赐的新身份之时，救主基督在十字架上的受难才会产生真正的救赎效果[31]。福音派深信，从上帝的一面讲，耶稣的赎罪性牺牲是普遍性的，但从人的一面讲，它的效应还需要有人的信仰的回应，"神使那无罪的，替我们成为罪，好叫我们在他里面成为神的义"[32]，但这并不意味着一切人都必然会自动获救。对人的悔改与认信在个体获救过程中的意义的强调，在某种程度上反映了同加尔文主义的预定论相对立的阿米尼安主义（Arminianism）在福音派神学信仰中的影响或印痕[33]。

第三，耶稣基督在福音派信仰中的效法意义。福音派强调耶稣基督既有完全的神性又有完全的人性，就是说道成肉身的基督又同时具有人的一切特征，但这并不意味着人们可以把"福音"对他尘世生活的描述视作纯粹的人的理念与典范，而只能说耶稣基督历史地参与了人性的生存。事实上，耶稣独有的人性并非来自他的尘世生活，而只能是来自对他复活意义的反思，只有来自上帝对他实施的复活才能证实基督教有关耶稣是所有人生存的范式的断言。耶稣的人性当然是独一无二的人性；作为真正的人，耶稣同时也是新造的人或者换用圣经的说法就是新造的亚当。在耶稣基督身上蕴涵着上帝希望一切人都应是其所是的本真式样。而且，基督也要求他的听众追随他，做他的门徒。在耶稣那个时代，做导师的门徒就意味着对导师生活方式与式样的学习与效仿，就意味着追随以导师为榜样的生活范式。所以耶稣也教导他的门徒，"你们当负我的轭，学我的样式"[34]。

耶稣基督固然体现着人的获救生命的样式，但福音派认为这并不意味着人们可以将他仅仅看作是信徒需要模仿的外在榜样或典范。自由主义神学那种将耶稣等同于道德楷模的纯粹模仿论，实质上是对人的完全堕落本质的忽视或否定，因为它在逻辑上包含着人同神之间没有不可逾越的距离以及人可以凭借自身的努力就能达致或接近完善的理论预设，它同贝拉基主义的人性观是不谋而合的。而且，这种外在的模仿论还存在这样一种危险的趋势，即有可能将基督置于一个更根本、更普遍的道德原则或理念背景之中，将基督视为是对更高原则的体现者与实践者，而不是坚持像圣经所主张的那样耶稣基督就是"道、真理和生命"；耶稣基督不是对什么更高原则与价值理念的体现者，他本身就是最高原则、理念以及生命真理的创立者和制订者。

所以，福音派强调的不是人对基督的主动模仿，而是人在皈依与信仰中被导向、引向或归向基督，它是人在信仰中通过让基督活在自己生命里同时也使自己活在基督里而导致的同基督身量与式样的效法与企合，它是"属灵的"而不是"属血气的"人藉着灵性认信与皈依而来的新生命，在称义、成圣和荣耀过程中所体现出的基督的样式。正是在这种意义上，使徒保罗鼓励信徒去效法基督[35]，"这种效法是信仰的结果而不是信仰的前提。成为一个基督徒所开启的与其说是合于基督不如说是被合于基督的过程。在这一过程中，与其说人们是主动的不如说上帝是主动的"[36]。追随基督、效法基督就是要在对基督的完全信靠中以耶稣基督的模式与教诲而不是以人们自己的价值来作为生活的标准,就是要像耶稣基督一样在信仰中有意识地活在父神的面前,在实际的生活与精神的争战中时刻依靠圣父的恩典、圣子的救赎以及圣灵的大能。与此同时,人也必然会愈发认识到自己那根深蒂固的罪性在随时随地阻碍着自己完全达到由基督的教诲与生活而彰明的标准与规范,人只能在谦卑的忏悔与对由基督所彰明的信实、宽恕的上帝的忠实信仰中,去做基督的门徒和走天国的"窄路"。

第四,耶稣基督在福音派信仰中的三一崇拜意义。福音派认为,对上帝的崇拜不仅在于承认神是万物全能的造物主,更要承认他也是堕落之人的仁慈恩典的救赎主。由于上帝对人恩典的救赎是在耶稣基督里并通过耶稣基督而完成的,所以福音派认为对上帝的崇拜也就意味着是对作为三位一体的神的崇拜,其中,作为神的独生子的耶稣基督以其在十字架上的死亡及随后的肉体复活而彰显了神的救赎的恩典,成为了信徒赞颂上帝的荣耀的焦点。事实上,耶稣基督在十字架上的死亡与复活成为基督徒对天国与永生的希望所在,在救赎学的意义上,复活使得基督在十字架上的死亡成为上帝对罪、对死亡以及对撒旦取得胜利的明证和象征,在末世学的意义上,复活则成为基督徒盼望永生的根基和实在[37]。耶稣是上帝救赎的中心所在,正是由于基督在救赎中所具有的决定性作用,使得他成为了信徒信靠与崇拜的对象。在某种意义上,对基督的崇拜是同信徒对道成肉身的神在对人的救赎上所付出的工价,以及他对人的神圣作为的旨意的反思与感恩是密不可分的。正是对耶稣基督的福音性理解与信仰使得人们将对基督的崇拜与敬仰成为了对超验之神的恩典依靠与敬拜的重心和依托。而且,作为完全的神同时又作为完全的人的基督,不仅能够给人启明上帝的救赎之恩,同时也能完全理解并体验人的真正需求以及人对救赎与永生的渴求,他成为基督徒在个人与群体的信仰生活中感知与经历又真又活的神的根基和途径。所以在福音派的信仰与实践中,在信徒的崇拜与见证中,在所做的祈祷与赞美中,耶稣基督都具有核心性的意义。

第五,耶稣基督在福音派信仰中的宣道意义。对于福音派来说,在基督论同福音布道论之间存在着一种显而易见的有机关联。承认并接纳耶稣基督为自己的救主也就是要去宣告耶稣基督同样也是他人亦即一切世人的救主。上帝的子民负有为上帝在耶稣基督里提供给人的救赎恩典向世界做见证的责任和使命。他们相信基督的福音有足够的能力转变和解救那陷入罪中的人的生命,有足够的能力为信徒在这世上提供生活的一切意义,有足够的能力使信徒与教会完成基督在这个世界的救赎事工,亦有足够的能力使信徒对将要到来的生活怀有和保持足够的信心和希望[38]。福音派认为,基督教的福音布道包括有两个方面的内容,一是对仁慈的上帝在历史中亦即在基督里并通过基督所做的神启的宣告,同时它也包含有要求并鼓励福音见证的聆听者对神所做的救赎恩典做出积极地回应的宣告。事实上,真实的基督就是被宣告的基督,而基督宣告的内容又集中在耶稣基督的身上。对耶稣基督的死亡、复活以及荣耀的宣告必定会导向对耶稣之为救主的人格评判,使人认识到对自己所犯的罪的宽恕的必要。由于耶稣基督的人格与事工构成了基督教向世人宣告的"好消息"的主体,所以在某种意义上福音派认为宣告基督同宣告福音是同一的。耶稣基督与他的"道"、与他讯息中的真理是密不可分地交织在一起的。"对我们人类来说,人格、言语与行为是分开的,但对道成肉身、满有恩典与真理的耶稣来说则不是这样,在他之中人格、道与行为是同一的。"[39]因而,福音派将对耶稣基督的宣告以及世人对这一宣告的预期回应赋予了十分重要的地位,将它看作是坚持基督中心论的自然而然的结果,是信徒与教会的崇拜生活与见证中不可或缺的组成部分。

总之,福音派通过对耶稣基督在自己的信仰与实践上这五个方面的重要性的强调,使得福音派信仰具有了十分明显而突出的基督中心论色彩。耶稣基督的人格与事工成为福音派神学与灵性生活的基础、主体和评判的标准。同时,这种强烈的基督中心论立场,也必定会促使福音派将重心集中到上帝在基督里并通过基督而在历史中所实施的拯救这一信仰的核心问题上来。因而,个体灵性的认信与皈依,个体精神与生命的救赎与更新,以及个体对永生、对基督开创的上帝之国、对基督的复临与末世审判的期盼,就构成了福音派神学思想关注的焦点。

第二节 变异的基督论:复临的基督与神定时代论的前千禧年主义

一、千禧年主义的久远玄想

福音派不仅相信基督已经来过这个世界,而且还相信升天的基督必将重归这个世界。他们相信基督的二次复临与末世的审判,相信基督将在权能与荣耀中复返人间给他的子民带来完满与永恒的拯救并审判这个世界。事实上,正是对救主基督复临以证实他的神性并征服那邪恶的期望,敦促和激励着基督的信徒们去不遗余力地在这个世界中为上帝救赎的行动与讯息做见证、传福音,因为他们认为任何人只有通过基督的事工才能获得救赎与复活并得以与神同享永恒,而不信仰者则只能同上帝处于永恒的分离与疏远状态当中。福音派深信上帝在基督里并通过基督所宣告的终极希望。"在这个充满焦虑与失望的时代,对上帝最终胜利的祝福盼望不仅是对神圣审判的一种警告,而且也是能够赐予人心以光明和意义的一种奇妙的期盼。"[40]当然,福音派信仰的末世关注并不仅仅局限于上帝对个人救赎计划的圆满,它必然还包括有对一般的人或人类的终极命运的反思。这种由个体末世学上升为群体末世学的信仰关注同对人的历史的终极命运的关注是紧

第四章 救赎福音的基督中心论

密相关的。坚持神性创造与佑护论的福音派相信人的历史自有其神意的目标或目的，上帝引导并佑护着人的历史将在上帝之国、将在末世性的团契中达致它的完满[41]。那么，上帝将在何时建立他的权柄与荣耀的国呢？福音派的答案在于上帝之国已然开创并存在于人们当中，但它将在未来达到它的完满，亦即上帝之国事实上已存在于"已然"与"未然"之间。那么，此世的终结将以何种方式到来呢？福音派相信人的历史将在基督的复临中达到它的顶峰与高潮。

在基督的道成肉身中福音只是说"日期满了，神的国近了"[42]，但历史的圆满则仍是一个在将来发生的事件。而且，这种圆满是由耶稣基督在这个世界的亲身的、可见的复临所导入或开启的。所以，"救赎之日"已由耶稣基督在十字架上的受难及复活所完成，但完全的"得胜之时"尚需假以时日即在将来由耶稣基督的复临所实现。基督已然来过人间，基督仍会再次降临。"基督既然一次被献，担当了多人的罪，将来要向那等候他的人第二次显现，并与罪无关，乃是为拯救他们。"[43]如果说基督在第一次显现时是以受难的仆人的身份出现的话，那么他的二次降临将是以获胜的万王之王与世界的审判者的身份出现的。基督二次复临的意图就在于通过开创并完成对死者的复活与最后的审判这两大事件而将世界或历史导入基督教所谓的新天新地新纪元当中[44]。而且，基督的二次复临在具体时间上被认为是无法预料的，因为"主的日子来到，好像夜间的贼一样"[45]。"所以，你们要警醒，因为不知道你们的主是哪一天来到。家主若知道几更天有贼来，就必警醒，不容人挖透房屋，这是你们所知道的。所以，你们也要预备，因为你们想不到的时候，人子就来了。"[46]因而，始终保持警醒等候，随时预备迎见基督的复临就成为福音派信众信仰与灵性生活的重要内容与标志。基督复临的终极盼望无疑会将人的视野从纯历史的未来提升到永恒的上帝之国的信仰高度。它提醒人们上帝之国是不能混同于任何尘世王国的超验实在。信仰者的终极期望目标不在于此世上的所谓"黄金时代",相反,人们应当热切期待荣耀的永恒实在,期待新天新地新创造的到来[47]。

可以说,在福音派传统中一直都将对耶稣基督二次降临的信仰置于极为重要的地位。在许多保守派基督徒中,这种对未来的兴趣甚至走得更远,变得更为极端,"它演变成了一种试图推算出末世的日程表,探明终极程序中各种事件的先后次序,确定像'但以理书'、'以西结书'以及'启示录'之类记载的细节解释,以及确认像'敌基督'一类的形象、千禧年一类的具体期限这样涵盖一切的方案的热情与努力"[48]。他们对一些有关末世实际情形和样式的问题表现出了极大的关注和浓厚的兴趣,比如基督的二次降临与所有人的复活,以及末世审判与永恒之国的创立这些真的会是以一次或二次大事件的形式发生吗?它们同持续千年的此世弥赛亚统治期是分开进行的呢抑或是一同发生的呢?或者说上帝的永恒之国究竟是以非中介性的形式在大灾难结局中来结束人类历史的呢?还是在末世来临之前存在着一个千年黄金时代的空白期呢?

可以看到,所有这些围绕基督二次降临而来的对末世问题的兴趣与关注,最终都以这样或那样的形式关涉到在基督教传统中由来已久的千禧年理论。千禧年论在基督教信仰传统中的存在最早可以追溯到它的初创时期,不过,一直到19世纪以前这种学说或教义似乎从未获得过什么特别重要的意义[49]。的确,在两千年的教会发展史中,神学家们曾就"约翰启示录"中的千禧年预言的解释产生过诸多分歧。比如,一些早期教父就属于千禧年论者,然而持不存在这一千年黄金期的奥古斯丁传统在教会神学中占据了主导地位,因而,有关千禧年的问题一直到近代清教神学出现时才重新回归到人们思考与争执的范围之内。福音派的千禧年关注就是秉承清教传统而来的。而且，自19世纪伊始，千禧年论特别是前千禧年主义即关于基督将在某一天（如果不是很快的话）重回世界并在此世建立起千年王国的信仰，在英美特别是北美基督教保守阵营中开始上升并成为一种具有主导性的神学信仰，它几乎席卷了整个保守派信仰世界，成为保守派基督教中仅次于圣经无误论的争执焦点和是非之源。从历史上看，当初定居在新英格兰的清教徒大都属于前千禧年论者，但他们在很大程度上并不是拘泥执著于那些千禧年预言的机械教条主义者[50]。正是在这一点上，19世纪兴起于北美的新千禧年运动迥乎有别于初期殖民者的前千禧年立场。位于这场新兴千禧年运动核心的是更为精致、更为详细的历史注定毁灭观。它认为，个体的人在历史中可以获救，但历史本身则不具有什么值得拯救的未来。这种历史悲观主义的千禧年主义在保守派基督教中的流行范围与普及程度自19世纪以来一直是极其巨大的，可以说，几乎所有的基要主义者都同时也是前千禧年主义者，绝大多数五旬节派信徒也都同时隶属于前千禧年主义范畴之内[51]，在英美有为数众多的福音派宗派、传教组织、圣经学校、神学院与宗教出版与传媒机构都在其信仰告白条款与章程中正式确认了前千禧年主义立场。尽管前千禧年主义运动与福音派运动并不是什么完全的同义语，但二者在许多方面的交叉与重叠在很大程度上仍影响着福音派信仰的发展与走向。

  英语中常用的千禧年（Millennium）一词来自拉丁语意即"一千年"的意思，有时在英语中亦使用它从希腊语而来的称谓（Chiliasm），这在中文中被音译为"锡利亚"，同样也意即"一千年"的意思[52]。基督教有关千禧年的教义其圣经依据主要来自《新约·启示录》第二十章第一至十节的一段经文，有时千禧年论者亦将《新约·哥林多前书》第十五章第二十三节以下的一段经文引为佐证。圣经《启示录》的作者描述了将来魔鬼或撒旦被捆绑并被扔在无底坑里达一千年的预言景象。随着撒旦邪恶势力之影响的去除,基督教的圣徒与殉道者将复活并同基督一道做王治理这世界一千年,这一千年将是人类憧憬或渴慕良久的实现了和平、自由、正义与繁荣的理想世界或黄金时代。应当承认,千禧年论所涉及的主旨常常是其他末世论所忽视或避而不谈的问题。在大多数基督教神学中他们往往关注的是死亡、不朽、世界末日以及最后的审判,他们的目光大都局限于个人对此世和彼岸的期望之中。"与此不同,千禧年主义关注的则是人类社团在此世的未来,正像历史学关注的是对以往发生之事的研究一样,千禧年主义关注的是对未来事件的先后次序的编年史研究。"[53]

一般地,根据人们对基督复临的时间与千禧年出现的先后次序的不同看法,可以将千禧年主义划分为三类即前千禧年主义,后千禧年主义与非千禧年主义。这三种不同的千禧年论都直接关系到人们对耶稣基督的教会与信徒在世上履行其使命的态度与看法,并进而在很大程度上影响着人们对历史和世界的未来的看法与评估。

就后千禧年主义而言,它认为基督的末世复临发生于此世的黄金千年时期之后,亦即基督的二次降临是发生在千禧年之后的。这种观点侧重的是将在未来实现的上帝之国的现实或现存方面,它强调的是在现有时代同未来的黄金时代之间的连续性。这就是说,千禧年是一个同现时代有几分相像的时期,只是到那时由于基督教精神与伦理道德的广泛推行与运用已使得社会的善和正义达到了更高的层次而已。新千年期同现今的时代纪元并没有什么本质上的差别,其不同之处仅在于到那时有更多的人皈依了基督而已。在千禧年里恶并没有被完全根除而只是被压抑到了最低限度,而基督的教会则在一切世俗领域里都发挥着决定性的影响。在某种意义上,后千禧年主义所谓的"千禧年"或许并不是字面写实意义上的一千年的期限而只不过是一种象征性的数目罢了。

因而，后千禧年主义看重的是人对千年王国降临的参与与贡献。尽管他们也承认这千年黄金时代的到来是上帝在五旬节上降下的圣灵的事工，但他们也同样强调人作为圣灵运作的器皿或工具在推进千禧年到来过程中所发挥的积极作用与影响，尤其是强调福音的宣扬在涤除罪恶、弘扬正义方面的神奇做工。在千禧年到来之际，撒旦将被捆绑和束缚。在千禧年结束之后，撒旦将被暂时释放出来并短时间地迷惑四方、为害世界，直到基督复临并对撒旦取得最后的胜利。所以，后千禧年主义基本上为人的历史以及人在上帝计划中的作用确定了一种乐观主义的立场[54]。它坚持上帝的子民能够成功地完成上帝赋予的使命，基督将通过他的顺从的教会来统治世界，而自由与公正的原则也能够贯彻到世界的每个角落，它对上帝的神治与神佑持有绝对的信心，亦对社会的参与、世界的变革保持着高度的责任感与积极性。这种对人的能力的乐观态度使得后千禧年主义有时甚至能够同人的乌托邦热情联系在一起，这一点已为大量的历史事实所证实。当然，从正面的角度看，它亦可能促使或激励人们去积极以基督精神变革社会文化，卷入到社会文化的基督教化的努力中去。例如美国大觉醒运动时期的福音派领袖乔纳森·爱德华兹就主张基督的复归发生于千禧年之后，而此世的千禧年则有可能始于美国的大觉醒运动与宗教奋兴运动。因而爱德华兹在神学上亦坚信历史能够得到救赎，上帝将在基督复临之前实现世界的"基督教化"。在19世纪早期这种乐观主义的后千禧年主义在福音派阵营中曾一度甚为流行。

与后千禧年主义立场针锋相对的自然就是前千禧年主义。前千禧年主义设想基督的复归将会先于此世千年太平时期的到来。千禧年作为弥赛亚的暂时王国则是由基督的二次复临所开创的，其间基督将会在世界上统治一千年直至最后的大审判与永生之国的来临。这种千禧年时代就是既非纯精神性的亦非纯世俗性的王国，作为一个过渡期它不属于此世与彼世这两个国度中的任何一方[55]。前千禧年论者相信基督之国将会以一种大灾难的方式加以开启，而且神性的控制与作用亦会以一种比后千禧年主义所设想的更为超验、更具超自然主义的方式运作其中。更重要的是，在基督复临之前将会出现一系列战争、饥馑、地震、大背叛、敌基督、大审判之类的异象与征候。这些异常灾难事件将会随着基督的降临而告终结，并由此开创一个由基督与圣徒所统治的千年太平时期。在这个千禧年终结之后，撒旦将被暂时释放，并纠集那些不信仰的邪恶势力试图反叛并对抗于基督的统治。不过，这种背叛只能是短命的，因为它们很快就会被"从天而降的大火"所毁灭[56]。随后则是万事万物的大复活、大审判以及永恒状态的实现。

可见，同后千禧年主义恰好相反，前千禧年主义侧重的是现时代与千禧年之间的非连续性。"这种非连续性意味着人的能力与动因在黄金时代来临的问题上几乎不起什么作用。相反，千禧年的来临只是出自神圣恩典的赠礼，并且只有在经过上帝的灾难行动之后才能招致现时代的终结。"[57]在前千禧年主义看来，那种不加约束的后千禧年主义式的乐观主义极有可能会偏离自己的初始源泉而坠入盲目的乌托邦主义的盲区。而且，人对自己能够同上帝的旨意合作的意识有可能会造成人的自我意识的过度膨胀，而极易导向人自己就是历史的决定者这一狂妄自大的歧途。因而，对作为历史行为之目标的上帝之国的宣告也就有可能被不幸地转变为在历史当中建立上帝之国的不当努力，进而使超越的基督教信仰与精神转而附和认同于现世的标准与努力，使具有批判与超越向度的基督精神丧失它应有的批判与否定性因素，蜕变成人与世界的自我救赎的美化与奉承者。在批判和拒斥后千禧年主义这种对历史与人的能力的乐观主义看法的同时，前千禧年主义则对历史与人在末世过程中的作用持一种悲观主义的立场。

前千禧年主义依据对一些圣经经文比如《启示录》第二十章（这也是圣经中惟一一处明确提及未来千禧时期的经文）以及《但以理书》第七至十一章、《以西结书》第三十七至三十九章、《马太福音》第二十四章、《帖撒罗尼迦前书》第四章以及《帖撒罗尼迦后书》第二章等内容严格按照字面意义上的直解，在神学教义上完全拒绝了日渐盛行的由启蒙精神所倡导的人类进步观，认定历史是正义无法取胜的一场游戏。在这种观点看来，历史过程就是善与恶之间的无休止的争斗过程，上帝已将它的运行轨迹交在了魔鬼的手中。个人在历史中可以获救，但历史本身则注定要走向沉沦；历史惟一的希望就在于自身的毁灭与终结。不论人们如何努力去皈依或变革这世界，但在它的末日到来之前"敌基督"总是会获得对人的控制。当现时代就要走向它的终结的时候，邪恶势力将由撒旦的使者"敌基督"召集在一起并试图摧毁上帝的子民、阻挠上帝的旨意。经过一段剧烈的灾难与动乱时期之后，基督将复归世界，复活已死者，在"世界末日大决战"（Armageddon）中彻底消灭敌基督及其羽翼，捆绑撒旦，开创自己的千年太平盛世。因此，黄金时代的来临根本就不属于历史发展过程的一部分：千禧年同它先前的时代不存在任何连续性，它的来临是超自然的神能通过对现时代的中止或暂停而得以实现的。只有回归的基督的灾难性行为才能带来上帝的统治与充满祝福与和平的荣耀时代，这种千年王国是上帝全新的造物，它出自全能的上帝的荣耀而不是坠落的人的意愿与努力。

当然，在前千禧年主义与后千禧年主义的二元对立之外，还存在着第三种观点即非千禧年主义的立场。这种千禧年观认为圣经并没有预言在最后审判之前会有基督在世上的统治期并对《约翰启示录》中的记叙做出了其他的解释。这就是说非千禧年主义认为在未来并不会出现属于此世的黄金时代，无论是在基督复临之前还是在基督复临之后都不会出现什么属于此世的千禧年时期。基督的二次降临直接就标志着永恒的开始而不存在什么插入其间的所谓千年空位期。在这三类有关末世的时间次序表上，非千禧年主义是最为简洁明了的一种，它认为上帝之国现在就存在于这世界之中，这就是得胜的基督通过他的"道"与"灵"对他的子民的统治，而未来的、荣耀的与完满的上帝之国则指的是在天堂彼岸的新天地与新创造。所以《启示录》第二十章的记叙描述的是已死信徒的灵魂在天国同基督的统治[58]。这就意味着非千禧年主义只承认新约描述或启示的伟大救赎事件，如果从时间的先后次序看，基督的二次降临、复活、最后审判、世界末日等等大体上都是在同一个时间段上发生的。

就这样，非千禧年主义弱化了后千禧年主义过度的乐观主义立场，亦中和了前千禧年主义对历史与对人的作用的带有极端色彩的悲观主义立场，它将二者平衡在一个没有千禧年黄金期的末世观中，其结果就是对世界对历史的一种较为接近现实主义的立场。非千禧年论认为善良与邪恶、成功与失败的共斗共存局面将会一直持续到这世界的终端，未来既不是现在的更高级、更完善的连续或延续形式，也不是像某些前千禧年论者所主张的那样是对现在的断然对抗形式。上帝之国并非人同神圣力量合作的产物，亦非人可以消极无为坐享其成的现成果实。非千禧年主义从现实主义立场出发主张基督的门徒应在这世上"做盐做光"，既发挥福音的个人救赎作用亦应发挥福音的社会精神变革作用。"在圣灵的引导与赋能下，教会能够成功地完成它的使命，尽管最终的成功只能来自上帝的恩典。虽然上帝之国的到来是神圣行为对这世界的打破与入侵，然而人的合作仍具有重要的、当然是次终极性的后果。因而，上帝的子民应当在今生今世期待那伟大事件的降临，然而他们也知道上帝之国决不会在历史中完全实现，他们在对未来的期盼上必须保持某种现实的立场。"[59]

这几种千禧年论由于其特定的神学内涵及旨趣迥异的社会历史指归,而得以与不同的神学流派相结合。一般地,后千禧年论因其乐观主义历史观而同那些追求与时代文化精神相适应且具有较大程度的自然主义、理性主义色彩与认同进步论的自由派神学密切相连。而具有明显悲观主义因素的前千禧年论则成为影响基督教保守派信仰的重要成分之一。特别是在19世纪后期至20世纪前期这一基要主义神学同自由主义神学激烈争斗与冲突的时期,前千禧年主义更是成为保守派抵制现代派与世俗主义侵袭与滋长的有力武器。同时,这一时期社会历史的动荡不安与剧变似乎在某种程度上又印证和支持着前千禧年论的悲观主义世界观,这一切都使得前千禧年主义成为席卷保守派阵营的主导性神学思潮。不过也应当看到,并不是前千禧主义制造了那个时代的种种灾难与危机,它只是在观念上臣服并认同了它们。在一个失去控制与秩序的世界里,前千禧年主义的未来观既能给人们提供某种祝福的希望又能给人们提供一种理解这些灾难与巨变的理论模式。自由派神学的兴起、世俗主义的流行、传统宗教价值的丧失以及信仰的私人化趋势,所有这一切如果按照前千禧年论的看法就都是神对这世界整个计划当中的一部分,都是出自全能的上帝的神意安排。战争频仍、经济萧条、道德沦丧与精神荒芜,所有这一切都只能加速基督的复临与审判的开始,都不会阻止上帝的子民将来同基督共享神的永恒荣耀。前千禧年主义的这种对社会历史、对人的能力与作为的悲观论在很大程度上促使保守派、基要派将兴趣从社会向度转向个人的精神领域中来。他们虽然也赞成宗教奋兴运动,也支持福音见证与传教工作,但他们的出发点却完全是悲观主义的,正如19世纪著名福音布道家德怀特·穆迪在谈到自己的福音使命时所说的,"我将这世界看作是一艘失事的大船,上帝给了我一只救生艇,对我说,'穆迪,尽你所能去救些人上来吧'"[60]。

受这种前千禧年主义的影响，20世纪早期的基要派将兴趣完全转移到个人灵魂的救赎上来而彻底放弃了福音的社会变革意义。此外，使这种悲观主义的前千禧年论在广大基督教信徒与教会中流传更广、影响更大、在理论上更具系统性和说服力、在教义上更具可信性的，是自19世纪中期兴起并不断获得丰富和完善的一种新型的前千禧年主义学说，这就是所谓的神定时代论的前千禧年主义，简称神定时代论。

二、神定时代论的晚近发明

"神定时代论"这一基督教教义术语是从英文"dispensationalism"一词翻译过来的。我国学术界对这一术语的译法因人而异、莫衷一是，有译为时代论的、有译为天命史观的、有译为天命时代论的，更有译为神旨论的。其中"神旨论"这一译法无法准确反映其侧重于不同时期或不同时代的更替这一特定的内涵；"时代论"其含义则显得过于宽泛，无法准确反映出超自然的神意在时代之转换与安排上的宗教特征；至于"天命史观"、"天命时代论"，在"历史"与"时代"之前冠以"天命"一词，总给人一种不期然而然、莫之致而至的自然而不可免的神秘意味，这同基督教传统上信仰的神治论和神佑论教义隐然有抵牾之意，亦无法让人在直解或直观的意义上明确将其划归为基督教所特有的教义理论之列，倒是容易让人联想起东方宗教信仰中的命运观。故而，本文认为就其作为基督教教义信仰中的一个特定范畴而言，以译为神定时代论更为贴切和符合原意。

进而言之，英文"神定时代论"中的"时代"（dispensation）一词其实亦是出自一种转义的用法，它来自希腊文的同根词。这一术语在希腊文新约中曾出现过二十余次，有"安排、经管、托付、赐予"之类的内涵，其描述的主体即可以是神亦可以是人。基于全能全知全在的上帝主宰、控制、规划和引导这世界的观念,神定时代论描述的是神的方案在世界历史中以各种不同的安排或监理模式而展开的过程[61]。世界被看作是由上帝管理着的一个大家庭,他通过神启的不同阶段性标明了他整个计划的不同秩序或过程。因而从渐进的启示观立场看来,神对世界的一种安排也就是世界历史的一个发展阶段,也就是在时间绵延中占有的一个时期即"时代"。神定时代论的当代著名代表人物查尔斯·赖里(Charles Ryrie)曾提出有三个基本信仰构成了神定时代论的必要条件,一是在以色列与教会之间的严格区分(由此引发了对历史中不同神定时代的关注);二是一种通常被称之为写实主义解释的圣经释经体系;三是一种将上帝的荣耀而不仅仅是其救赎的外延事工作为上帝在世界上的潜在目的的关注[62]。不过,当代其他一些神定时代论者则对赖里的这一限定标准,是否吻合一直处于变易状态的这一理论的实际情形提出了质疑。但不可否认,赖里的这些所谓必要条件为人们理解这一学说提供了一个最基本的轮廓。为了进一步准确地把握神定时代论的内涵与特征,当代福音派著名历史学家马克·诺尔从神定时代论信仰之外的立场出发,将它界定为是对圣经的一种理解,根据这种理解上帝同人类的关系被区分为几个独立的时代[63]。而且,这种理论还认为圣经为这些从亚当到现今并一直延续到末世的不同时代提供了明确而周详的神启解释。这种理论所使用的释经原则是严格的写实主义方法,它对整个圣经经文作了精心的安排以使它们能够自动彰明上帝有关世界末日的神启真理。而且,这种理论还具有鲜明的超自然主义特征,它认为上帝的未经中介的动因深蕴在一切世界活动与历史变化之后,而撒旦的经由某种中介而得以表达的动因则能够从自然与人的一切邪恶之后被加以明辨[64]。可以说这种理论在某种意义上是对基督教传统神治论与神佑论的明确与具体化。

　　在基督教中,同其他宗教传统的命运观既相对应同时又相对立的教义是神佑论（doctrine of providence）。首先需要指出的是，神佑论不同于基督教的预定论（predestination）。神佑论是上帝全能全知全在这一教义的必然推论；而预定论则是上帝的恩典来自赏赐这一教义的必然结果。"强调恩典的赏赐或赠礼性质，可以直接导致预定论教义。"[65]预定论的主要功能是要解释为何有人接受了福音，而为何有人则没有接受，它旨在对于人对恩典的不同响应作出合理的解释。其次，神佑论亦有别于绝对的必然论。神佑论不是机械的决定论，它并不完全抹杀人的自由意志。相反，福音派相信"人的拯救正是通过这种自由并在这种自由之中得以实现的；当然，这种自由是由基督所赋予的崭新的而非自然的自由意志"[66]。这就是说神佑论并不免除人的责任，亦不免除人的必要的谨慎，更不免除人的邪恶。最后，神佑论更不能等同于希腊神话与哲学中的"命运"（fate or destiny）范畴，基督教正是以神佑论代替了希腊的命运观，其区别在于，神佑是仁慈的上帝的引导和帮助，它使得生活最终成为了可承受性的；而命运则是覆盖于人的一切努力之上的偶然性的束缚。命运使得未来变得捉摸不定；而神佑论则赋予未来以确切的希望。命运是非人格和非理性的；而神佑则是人格性的和超理性的。

"神佑"一词尽管在圣经中没有直接出现，但它无疑是真正的基督教教义之一。对福音派神学而言，神佑论不是一般的泛泛之谈，而是具体围绕着耶稣基督而展开的。正是在基督中，神使自己同他的造物建立起了关系，藉此关系可在其造物中最终实现他神圣的旨意。可以从以下三个方面来看待这一教义：一、创造是展示上帝对待人的舞台，神佑最明显地表现在神对人的救赎史中。二、神佑亦表现为在不信教或异教徒中对神的见证。三、赐人以生命的神同样也保佑着人的一生。总之，神佑论主张的是世界以及人的生活不是由命运或机遇而是由上帝所掌管的。神佑论的核心问题就在于上帝是否会实现他的旨意，在基督教历史上，神佑论在神学思想中一直发挥着重要的作用。中世纪神学家托马斯·阿奎那曾系统地将神佑论表述为,"事物朝向其目的的次序的模式,这个模式就预存于神的心中"[67]。自宗教改革以来,福音派神学家围绕神佑论在三个方面进一步丰富了这一学说。

第一,维持说。它是指上帝藉以维持其造物存在及其所有的一种持续不断的动因。这一教义主要源自《圣经·尼希米记》第九章第六节,"你造了天和天上的天,并天上的万象,地和地上的万物,海和海中所有的,这一切都是你所保存的";以及《新约·希伯来书》第一章第三节:"常用他权能的命令托住万有。"维持说能够使人摆脱纯粹的虚无主义和主观主义的威胁,使人能够相信生活和实在是有其终极意义的。第二,应允说。它是指神圣力量同次级的或受造物的力量合作以使受造物能够在一定范围内自由行使其能力;没有神的应允,一切都是不可能的。这一学说有两重意义,一方面在于它承认神的终极性,人不是自主的,人依赖于上帝,上帝才是真正的终极实在。另一方面,这一学说也意味着邪恶与不义都是非终极性的,它有助于人们对生活采取一种积极的态度。第三,统治说。它是指上帝对造物的神学看顾和控制。《新约·彼得前书》第一章第五节说道,"你们这因信蒙神能力保守的人,必能得着所预备、到末世要显现的救恩"。肯定神对造物的"统治",就是肯定人与万物都将走向最终的目标。这一学说对人在世上的体验而言,着重强调在面对邪恶时神的权能的伟大。真正持此信仰的人也是永远怀有希望的人,神终将会成就他的旨意,这就是神佑论的意义所在。

在对人的遭遇的解释上,基督教的神佑论不同于希腊斯多噶学派或异教徒的命运观,譬如,加尔文就主张基督教不接受"命运"这一学说。在他看来,命运说不过是"世俗的虚谈和那敌真道、似是而非的学问"[68],它会抑制上帝的真理。"倘若每一项成功就是上帝的祝福,每一种苦难和不幸都是上帝的诅咒,那么人的一切就不会为命运或机遇留下地盘了。"[69]为此,加尔文还设想了这样一个案例。譬如一个商人同一群朋友进入了一块林地。在他不明智地离群漫游时,撞上了贼窟,落入了贼手,并惨遭杀害。这个商人的死亡,在加尔文看来,"不仅为上帝所预见,而且还为上帝的旨意所决定"[70],绝非出于盲目的机遇和命运。当然,世上发生的一切并非都是人的智力所可以理解的,对于那些在人看来匪夷所思却又实实在在地发生了的一切,加尔文指出,神的意志和计划对人来说是隐藏着的,"既然所发生之事的次序、理由、目的和必要性大都隐于上帝的旨意之中,那么它们就不会完全为人所理喻。故而那些实在是出于上帝意志的事情,在某种意义上在人看来显得有些偶然和意外"[71]。正是藉着神佑论,基督徒可以直面苦难,战胜苦难。加尔文认为,在日常生活中,神佑观可以给虔信的人带来莫大的安慰和喜乐,不会遭受到生命无常的忧虑和烦恼,而能时时刻刻领悟到神的丰盛的恩典。"他既已接受神为自己的守护者,并确信天使的看顾,那么洪水、烈火或刀枪都不能伤害他。"[72]当身处逆境或苦难之时,神佑观可以使人面对困苦,调整心态,所谓"赏赐的是耶和华,收取的也是耶和华;耶和华的名是应当称颂的"[73]。对此,加尔文援引《圣经·创世记》中约瑟被兄弟们卖到埃及为奴的故事来剖析神佑论对人战胜苦难的意义。倘若约瑟对兄弟们的背叛耿耿于怀,那么他就永远不会以兄弟之情来对待他们。但约瑟将一切遭际都归于神意,"神差我在你们以先来,为要给你们留存余种在世上,又要大施拯救,保全你们的生命。这样看来,差我到这里来的不是你们,乃是神"[74]。约瑟就这样同他的兄弟们化解了几十年的恩怨。也使自己承受的苦难具有了意义。不过,对这种神佑论的理解在某些情形下也会走向极端化的变异立场。神定时代论就是这样一个典型的案例。

人们普遍认为,神定时代论这一基督教教义学说只具有晚近的起源。尽管一些零星的有关神定时代论的论述可以在一些早期教父的著述中看到,但作为一种系统的理论,其端倪始见于一些18世纪早期清教主义或虔敬主义神学家如艾萨克·沃茨(Isaac Watts)等人的有关著述之中[75]。不过,真正将神定时代论作为一种系统化的理论学说加以宣扬和信仰的则是19世纪中叶的英国神学家约翰·纳尔逊·达比(John Nelson Darby, 1800—1882年)。并且有许多学者认定神定时代论事实上完全属于达比个人的发明或杜撰,在达比之前不存在任何神定时代论的理论渊源和教义发展线索[76]。无论如何,这一神学理论自19世纪中叶由达比引进美国之后,即引发了巨大的反响和广泛的信奉。特别是1909年宣扬神定时代论学说的"斯科菲尔德注释本圣经"的出版,更使得这一理论成为北美在第一次世界大战以前关于基督复临说的占支配地位的教义[77]。在第一次世界大战之后,这一理论更进而成为包括基要派在内的整个北美保守派基督教阵营的核心教义,成为他们应付传统基督教信仰在社会文化生活中日趋边缘化的主要应对方式和信念。根据这种学说,即或福音派丧失了他们曾一度占有过的主导地位,但因为只有他们恪守和了解圣经的真谛,所以他们能够知晓历史发展的真正方向与目的;因为他们将整个自我都置于神的祭坛之上,所以他们最终能够幸免于这时代的混乱与喧嚣。在某种意义上,神定时代论所提供的历史观与末世论,给人们应对这世界的混乱与无序提供了一种反讽式的舒适与慰藉感。至于为何这一理论在美国所取得的成功要远较在英国为大,历史学家大卫·贝冰顿提出了三点理由,一是19世纪晚期在英国已出现了一些有关历史终结与末世论的重要著述,从而在客观上使得达比的解释变成了一家之言,而在北美则不具有这一条件;二是圣经绝对无误论在美国的影响要远比在英国为大;三是神定时代论对体制化教会的抨击在美国更易于为人们所接受[78]。在所有这些原因的共同作用下,神定时代论迅速成为北美乃至英国保守派基督教有关基督复临论的主导性教义和信念，成为流行于英美的前千禧年主义的主要形式以及美国基要主义的突出信仰特征。

约翰·纳尔逊·达比是19世纪活跃于北大西洋两岸的著名神学家，同时他也是基督教新教普利茅斯兄弟会的主要奠基人与领导者。在当时，他以倡导教会随时随地都有可能被秘密"提升"的教义以及强调圣经中犹太人的真理与基督徒的真理之二元对立的教义而闻名于英美两地。尽管明显受到他那个时代盛行一时的千禧年运动的影响，但达比本人坚持声称自己的前千禧年论即神定时代论是单单依赖于圣经的个人原创性的产物，这种新型的前千禧年主义没有依赖于任何师承与传统，亦同当时流行的各种千禧年预言形式毫无干系，而且这种学说也没有受到任何已有教会宗派传统的指示和影响。但事实上，同其他前千禧年论者相似，达比综合了加尔文主义坚持的上帝对历史的完全预定论以及非加尔文主义的圣经解释观与教会论而提出了这种新型的前千禧年理论。神定时代论实质上仍旧隶属于前千禧年论的结构，亦即主张基督的二次降临发生在千禧年到来之前。作为前千禧年主义的一个变种，达比式的神定时代论仍同流行的前千禧年论一样相信这个世界将会不可救药的堕落败坏下去，直至基督重归并通过此世的"耶路撒冷"来创立他的千年王国。这一理论与众不同的独特之处在于它的随时随地的秘密提升说以及上帝在历史中有两套完全不同的计划说。达比认为根据圣经的神启，上帝对尘世的人即所谓的"以色列"有一套方案，对天国的人即"教会"又有另一套方案。正确地理解圣经就是要正确地区分这两种不同的方案并按照神定时代论的观点来解释它们。

具体地讲，达比及其后继者尤其是C. I. 斯科菲尔德认为，按照圣经可将整个人类的历史划分为大约七个不同的时代。其中，每个时代都代表了上帝与他的子民之间的一种不同的关系或约定，上帝据此按照他的意志的某一个方面来检验和试炼人们。当然上帝在对待人们的方式或方法上的不同与变化所依据的是人的罪与责任这两个方面的考虑。这就是说，每个不同的时代或不同的"神意安排"都可以被看作是上帝对世人的一种新的试探和考验，并且在所有这些时代中，人们都完全没能经受得住这来自神的试探，他们的表现在神的眼里都归于了完全的失败。这七个时代通常被认为是：一、"清白"时代，从创世记一直到失乐园；二、"良心"时代，从失乐园到挪亚大洪水时期；三、"人类政府"时代，从大洪水到修造巴别塔或耶和华对亚伯拉罕的呼召；四、"应许"时代，从亚伯拉罕被召到摩西的出埃及记；五、"律法"时代，从出埃及一直到耶稣基督的死亡；六、"教会"或"恩典"时代，从基督复活一直到现在；七、"千禧年"时代。虽然在神定时代论体系中还存在着其他一些不同的时代分期与分类标准，但以这七种时代的划分影响最大，流传最广，也最具代表性。

实质上，神定时代论对这些不同时代的划分在理论上依据的是上帝对尘世之民与天国之民或者说对以色列与教会的双重历史计划论，它将上帝对以色列的预言作为整个神定时代论诠释学的基础和底线。在这种理论看来，上帝对犹太人的神意计划是通过圣经记载的神同亚伯拉罕、摩西与大卫的一系列盟约而得以启明的。不仅如此，神定时代论还相信先知但以理在《但以理书》第七至九章中已经清楚而准确地说出了救主弥赛亚将会在何时以及以何种方式降临人间。其中最重要的是在《但以理书》第九章第二十四至二十七节中，既包含着前五个时代即法律时代何时结束的精确无误的预言，亦包含着整个教会时代何时开启的精确预告，更包含着对未来的弥赛亚时代何时降临的明确预报。这段圣经指出在千年王国开启之前，"为你本国之民和你圣城，已经定了七十个七，要止住罪过，除净罪恶，赎尽罪孽，引进永义，封住异象和预言,并膏至圣者"[79]。这就是说在"七十个七"之后弥赛亚王国就会在这世界上由基督的二次降临所开创。更为具体或精确的是,在"一七"之内圣城将被建立;在"六十二个七"之后弥赛亚将会降临并会遭到世人的"剪除"或拒绝。在第"七十个七"之中,神定时代论者将其等同于"大灾难"时期,即邪恶的统治者企图毁灭犹太人但为复归的弥赛亚所阻止和挫败,后者还将证明上帝子民的诚信并重建大卫的王位。

为了使先知但以理的这一预言具有真正的时间意义,神定时代论将先知但以理提到的"七十个七"解释为所指的是"七十个七"的年数即四百九十年。据此,神定时代论认为这个总体年数中的头四百八十三年的时期占据了第五个时代中的最后一个阶段,具体地说,这一时期就是从圣经"以斯拉记"与"尼希米记"中所描述的圣城耶路撒冷的重建一直到耶稣基督的救赎性死亡与复活之间的这一段时期。按照这一时间表,耶稣基督的被钉十字架事件发生在第"六十九个七"亦即第五个时代的结束之时。那么,紧接着人们必然会发问,为什么基督没有在七年之后回来创立起他的千禧年王国呢?对此神定时代论者提出了他们的"推迟理论"来解决这一似是而非的困难。他们认为当犹太人拒绝接受耶稣为自己的弥赛亚之时,上帝推迟或延缓了原定的基督回归日程而出人意料地将关注的对象转向了非犹太民族的外邦人。因而上帝在但以理预言的"六十九个七"之年结束之时中止或暂停了先知预告的时间表,时钟停在了"六十九个七"之年与"七十个七"之年的中间,并由此将他在时间中的神意计划转向了那些新的、更具有天国性的人们即教会,"教会"在此当然是指真正信仰者的纯精神性团契而不是指经验性的和体制化的教会实体。这个间隔期就是神定时代论所说的第六个时代亦即整个基督教教会的时代。

所以,细究之下,可以看到这第六个时代即教会时代其实是

第四章 救赎福音的基督中心论

没有自身之预言的时代,它是作为一个打乱了先知但以理之预言的某种"时间错位"、"大插曲"或"计划外的添加物"而存在的。同时,神定时代论由于相信上帝在历史中的计划一次只能作用于一类人,所以它认为上帝在但以理预言的第"七十个七"之年即重新将关注目光转向以色列之前,应先将忠诚并信靠他的教会转移到这个世界之外。从而,由这一信念引申出了神定时代论最富争议性同时也是最具特色的教义:灾难前的教会"提升论"。神定时代论者深信他们的这一教义可从使徒保罗的《帖撒罗尼迦前书》第四章第十六至十七节中得到确证。教会为了避开《但以理书》第九章第二十四至二十七节所提到的大灾难,将"一同被提到云里,在空中与主相遇"[80]。这就是说大灾难只有在教会被神秘地转移到天上之后才会发生。并且,由于教会是存在于一个非历史性的时期里,是存在于一个被暂时中止的时代之间,所以这种灾难前的"提升"(rapture)可能是随时随地的,在它发生之前没有任何预言性的事件存在,它可以发生在任何一个时刻。在北美高速公路上行驶的汽车的保险杠上,人们甚至可以经常看到这样的诙谐招贴,"以防提升,本车可能会无人驾驶"。根据这种"提升说",基督的二次降临事实上被区分为了两个阶段[81]:灾难之前,基督将前来搭救他的圣徒;灾难之后,基督将同圣徒们一道返回,击败"敌基督",建立千年太平王国。大灾难的开始也就标志着但以理所说的第"七十个七"这一时段的重新延续。随着这最后一个七年的终结,圣经的历史也就会在基督的千禧年王国的创立中达到它的高潮。

由 J. N. 达比首创的这种神定时代论其后为其他一些神学家所继承和发扬,他们当中较为具有代表性的人物包括 C. I. 斯科菲尔德、鲁本·托里(Reuben A. Torrey)、C. H. 麦金托什(C. H. Mackintosh)、W. E. 布莱克斯通(W. E. Blackstone)、詹姆斯·布鲁克斯(James H. Brookes)、詹姆斯·格雷(James M.

Gray)、L. S. 查弗（L. S. Chafer）以及阿尔诺·盖布兰（Arno C. Gaebelein）等人。其中，美国人赛勒斯·英格森·斯科菲尔德（Cyrus Ingerson Scofield，1843—1921年）历时九年编著的《斯科菲尔德注释本圣经》的出版成为神定时代论发展史上具有里程碑意义的重要事件[82]，它为神定时代论在广大信徒中的普及与流行起到了决定性的推动作用。这本由牛津大学出版社出版的《斯科菲尔德注释本圣经》初版于1909年，再版于1917年，销量愈两百万册。斯科菲尔德所依据的圣经文本是当时通用的《詹姆斯王本》或《英王钦定本》，但为它提供了一整套内容详尽的"注释"与"互见条目"[83]，使得神定时代论的诸如对圣经与基督教历史的划分，随时随地的基督复临论以及灾难前的秘密提升说等神定时代论教义，对此后的数以百万计的圣经读者来说仿佛是圣经中不证自明、不言而喻的事情。斯科菲尔德按照上帝的不同救赎方案来看待圣经中所启明的这些不同的"时代"。认为它们表明了上帝以神性方式对待人类的渐进的次序，贯穿在这些时代之间并将它们联结在一起的是不断增加的神的意旨。在他对圣经所做的神定时代论式的注释中他允许不同时代的重叠与交叉并赋予了这种圣经解释以更大的灵活性与通融性。此外，"斯科菲尔德注释本圣经"在写作形式上也有一些与众不同的优势。首先，这些教义注释都沿用了历史的新教传统信仰形式，并在写作手法上采用了一种高超的技巧与策略使得这些见解几乎能为一切宗派、流派与教派的信徒所接受。其次，阐述这些理论见解的文学风格在英语中称得上是大师级的手笔，做过律师的斯科菲尔德以简洁严谨、清晰明白的解说令人耳目一新。最后，它为广大普通信徒提供了一种能将整个圣经的庞杂内容串通为一体的有效手段与途径[84]。这一切都有力地推动了神定时代论的流传与盛行。

从历史上讲，神定时代论在19世纪中期以后被引进美国可以说是正逢其时，美国内战以后的福音派"帝国"正日益处于一种被围困的境地,在保守福音派内部出现了一种捐弃前嫌以共同维护传统的基督教福音的需要与共识。圣经高批判原则、比较宗教学研究以及科学进化论,在削弱着传统的福音派信仰;工业化、城市化以及大量的移民潮,在冲击着福音派基督教在社会文化生活中的主导地位;理性主义、自由主义以及世俗主义在内部分化瓦解着昔日统一的福音派大本营。对此,正统的、保守的基督徒迫切希望能找到一种统一的信念与学说以缔结成统一的阻挡现代主义形式与价值侵袭与蚕食的防守阵线。由此神定时代论的前千禧年主义应运而生、顺势而成。保守派基督教开始将这一学说教义看作是抵御自由主义侵袭的坚固壁垒,他们认为世界上绝无可能产生像"神定时代论的自由主义"神学这种水火不容的荒谬组合,一个信徒、一所学校或者一个宗派如果能在信仰上同神定时代论的前千禧年主义神学保持密切的关联,那么它就会拥有抵制自由主义神学进袭的最坚固的屏障[85]。况且,对于神定时代论所宣扬的那种这个世界正变得越来越糟而不是越来越好的历史观,即便是那些不认同于这种末世观的福音派也感到难以与其抗辩。事实上,许多人都坦陈自己之所以变成神定时代论者正是因为自己发现这个世界不是像他们期望的那样在转向基督而是在日益背离基督,因而神定时代论的前千禧年主义在他们的内心深处引发了强烈的共鸣,它表达了他们对这个世界的不容乐观的心态与看法。

不过,如果将神定时代论学说当作是基督教的一个规范教义,那么它无论在神学信仰上还是在社会实践上都存在着一些致命的失误和不当。首先有人批评这种学说在圣经上依据的只是对旧约有关以色列的预言的字面直解意义,这同新约将教会看作是真正的以色列的立场不相吻合[86]。不过,问题的关键尚不在于此。简单说来,神定时代论的前千禧年主义除了具备前千禧年论所具有的不足之外还存在着这样一些根本缺憾。首先,它运用的是一种不正当的释经学,它将圣经变成了一种包含有世界未来之神圣信息的密码集,它对基督教真理的理解仅仅奠基于为数寥寥的几段启示性经文之上,并将它们剥离了自己所处的语境而直接将其应用于自己所处的时代及其就近的未来。第二,它在客观上造成了基督的道成肉身,十字架上的赎罪性死亡以及第三日的复活这些历史事件的非中心化后果,因为按照时代论它们只不过是属于第五时代即律法时代的一些重要的事情而已,它用一种从圣经中牵强引申而出的怪异方案替代了圣经关于救赎的以基督的十字架为核心的神启计划。事实上,在神定时代论的千禧年视域中是以色列民族而不是新约中的教会占据了突出的地位。第三,它使得此前19个世纪的基督教传统圣经解释和理解都归于无效之列。第四,它对人们的正当世俗活动产生了消极的、不健康的影响。神定时代论对基要主义与保守主义运动的巨大影响使它成为了这个运动孤立与隔绝于现实社会的突出症状和病根[87]。历史发展表明,作为基要主义神学中最具理智形式的神定时代论在很大程度上对这一运动所形成的理智蒙昧主义负有不可推诿的责任。这种学说在保守派阵营中孕育了一种极端化的超自然主义精神气质,从而使得他们无法再对自然的东西给予正当的关注和兴趣。世界、人与自然的一切知识与真理似乎都现成地存在于圣经当中,人们不再有什么必要去积极地致力于这世界的探究了,人们一切的兴趣与关注都被从这可见的此世转移到不可见的彼岸与未来的领域中去了。受其影响,保守派基督教本来应有的对神的创造的尊重完全被对神的救赎的沉思所取代了[88]。其实,基要主义对超自然的信仰在基督教历史上并不少见,但像神定时代论的前千禧年主义以取消和抹杀自然的价值为代价的极端超自然主义信仰则是格外引人注目的。总之,神定时代论强调在末世灾难之前的信徒的秘密提升不仅在神学上是颇有疑问的,而且对信徒的现实生活与心灵理智能力的正当运用也产生了不良的实际效果。

20世纪40、50年代新福音派同基要派的决裂在很大程度上就是出于对神定时代论的前千禧年主义在基要派阵营中所造成的分裂与隔离行动策略的不满与反叛。卡尔·亨利在40年代曾抱怨保守派基督教在总体上都受到了前千禧年主义悲观论的感染与影响,他们不仅认定非福音派的手段无法带来社会精神的根本变革,而且亦断定福音派靠宣扬福音亦无法带来社会精神的转变。他们在反对后千禧年主义的准贝拉基主义异端立场的同时,对这个世界采纳了一种彻底绝望的悲观主义态度,并将关注的中心完全集中在由基督的二次复临所开创的千年王国一类的希望上面。"救赎性的福音曾被看作是改变世界的讯息,而如今被狭隘地看作是对抗世界的讯息。在20世纪的这种基要主义信仰中,决不可能出现奥古斯丁的'上帝之城'的现代版。"[89]信仰基督福音的基要派由于其所采取的撤离与孤立主义而成为同这社会的时代精神毫不相干的陌路人。为此,亨利呼吁坚信传统基督教福音真理的人应当正视救赎福音的社会意义,应对未来保持一种冷静的乐观主义态度。不过此时的福音派并未在神学上同神定时代论划清界线。相反,像卡尔·亨利这样的新福音派代表人物在总体上仍认同于一种广义的前千禧年主义[90]。一方面仍旧坚持前千禧年主义,另一方面又提倡积极的社会卷入与参与,这在现代福音派的早期发展中构成了一对无法消解的矛盾。

随着现代福音派在60、70年代的进一步分化,在新一代开明福音派中开始涌现出远离和排斥神定时代论的明显趋向[91]。这一动向最为显著地体现在富勒神学院的内部争斗过程中。起初,富勒神学院在其信仰告白中曾正式声明恪守于前千禧年主义的末世论。神学院创始人查尔斯·富勒曾自豪地表白说,富勒神学院的所有教授都是前千禧年论者。然而,自60年代开始,富勒神学院的新任院长爱德华·卡内尔同部分年轻一代的同事如保罗·朱伊特、乔治·拉德、丹尼尔·富勒等人一道开始谋求在学院"信仰声明"中放弃这一前千禧年教义。卡内尔曾明确地对前任院长哈洛德·奥肯加说过，如果学院仍然固守于这种前千禧年主义就无法在重大社会问题上发挥任何有效的先知性作用，也会使得像加尔文、沃菲尔德、霍奇与马辛这样的正统神学大师在富勒神学院中无立足之地[92]。开明福音派的这一转向努力至少在富勒神学院内取得了阶段性的成功。不过，神定时代论的前千禧年主义在整个福音派阵营中仍旧拥有着巨大的影响。这一点可在20世纪末福音派思想家马克·诺尔对神定时代论的大声抨击与谴责中略窥一斑。诺尔在时值基督降临后的第二个"千年"之末仍在提醒人们，圣经的神启重心在于揭示上帝在基督里并通过基督所做的救赎而不在于为世界的末日提供详尽无遗、精确无误的时间安排表，人们应当按照历史的、自然的、基督中心论的立场去解释和理解圣经的启示真理，而不必继续流连于神定时代论的前千禧年主义一类的冥思玄想之中[93]。

注 释：

[1] Bernard Ramm, *The Evangelical Heritage*, Word, Inc., 1973, p. 119.

[2] Alister McGrath, *Evangelicalism and the Future of Christianity*, InterVarsity Press, 1995, p. 65.

[3]《圣经·新约·加拉太书》第六章第十四节。

[4] John Scott, *Evangelical Truth: A Personal Plea for Unity, Integrity & Faithfulness*, Inter Varsity Press, 1999, p. 68.

[5] Donald G. Bloesch, *Essentials of Evangelical Theology*, vol. I, "God, Authority & Salvation", Prince Press, 1978, p. 92.

[6] James Barr, *Fundamentalism*, SCM Press Ltd., London, 1977, p. 28.

[7]《圣经·新约·约翰福音》第三章第十六节。

[8] 参见 John Stott, *Basic Christianity*, InterVarsity Press, 1958, pp. 23—33。

[9]《圣经·新约·约翰福音》第十二章第三十二节。

[10] 参见 Millard Erickson, *Christian Theology*, vol. 2, Baker Books, 1984, pp. 684—685。

[11]《圣经·新约·约翰福音》第十章第三十节。

[12]《圣经·新约·马太福音》第十一章第二十七节。

[13] John Stott, *Basic Christianity*, InterVarsity Press, pp. 33—34。

[14] 参见 Rudolf Bultmann, "New Testament and Mythology", in *Kerygma and Myth: A Theological Debate*, ed. by Hans W. Bartsch, Harper & Row, 1961, p. 41。

[15]《圣经·新约·哥林多前书》第十五章第三至八节。

[16] Stanley J. Grenz, *Theology for the Community of God*, Wm. B. Eerdmans & Regent College Publishing, 2000, p. 258。

[17] 参见 Charles Colson, "Keynote Address", in *Evangelical Affirmations*, Zondervan, 1990, pp. 45—48。

[18] Stanley J. Grenz, *Theology for the Community of God*, Wm. B. Eerdmans & Regent College Publishing, 2000, p. 259。

[19]《圣经·新约·哥林多前书》第十五章第十七节。

[20]《圣经·新约·哥林多前书》第十五章第十九节。

[21] Charles Colson, "Keynote Address", in *Evangelical Affirmations*, Zondervan Publishing House, 1990, p. 48。

[22] "The Evangelical Affirmations", in *Evangelical Affirmations*, ed. by Kenneth S. Kantzer & Carl F. H. Henry, Zondervan Publish House, 1990, p. 30。

[23] Alister E. McGrath, *Christian Theology: An Introduction*, 2nd. ed., Blackwell Publishers Inc., 1997, p. 323。

[24]《圣经·新约·希伯来书》第一章第三节。

[25]《圣经·新约·歌罗西书》第一章第十五节。

[26]《圣经·新约·约翰福音》第一章第十七至十八节。

[27]《圣经·新约·约翰福音》第十四章第九至十节。

[28] Stanley J. Grenz, *Theology for the Community of God*, Wm. B. Eerdmans & Regent College Publishing, 2000, p. 265.

[29] Alister McGrath, *A Passion for Truth: The Intellectual Coherence of Evangelicalism*, InterVarsity, 1996, p. 38.

[30] 参见 Alister E. McGrath, *Christian Theology: An Introduction*, Second edition, Blackwell Publishers Inc., 1997, pp. 391—395。

[31] Stanley J. Grenz, *Theology for the Community of God*, Wm. B. Eerdmans & Regent College Publishing, 2000, p. 349.

[32]《圣经·新约·哥林多后书》第五章第二十一节。

[33] 参见 James Barr, *Fundamentalism*, SCM Press, 1977, pp. 188—190。

[34]《圣经·新约·马太福音》第十一章第二十九节。

[35]《圣经·新约·哥林多后书》第十一章第一节。

[36] Alister McGrath, *A Passion for Truth: The Intellectual Coherence of Evangelicalism*, InterVarsity, 1996, p. 44.

[37] 参见 Alister E. McGrath, *Christian Theology: An Introduction*, Second Edition, Blackwell Publishers, Inc., 1997, pp. 395—399。

[38] 参见 *Evangelical Affirmations*, ed. by Kenneth S. Kantzer & Carl F. H. Henry, Zondervan Publishing House, 1990, p. 31。

[39] Thomas F. Torrance, *Preaching Christ Today: The Gospel and Scientific Thinking*, Wm. B. Eerdmans, 1994, p. 2.

[40] "Evangelical Affirmations", in *Evangelical Affirmations*, ed. by Kenneth S. Kantzer & Karl F. H. Henry, Zondervan Publishing House, 1990, pp. 36—37。

[41] 参见 George Marsden, "Evangelicals, History and Modernity", in *Evangelicalism and Modern American*, ed. by George Marsden, Wm. B. Eerdmans, 1984, pp. 95—97。

[42]《圣经·新约·马可福音》第一章第十五节。

[43]《圣经·新约·希伯来书》第九章第二十八节。

[44] Donald G. Bloesch, *Essentials of Evangelical Theology*, vol. 2, "Life, Ministry, & Hope", Prince Press, 1978, p. 181.

[45]《圣经·新约·帖撒罗尼迦前书》第五章第二节。

[46]《圣经·新约·马太福音》第二十四章第四二十节至四十四节。

[47] Stanley J. Grenz, *Theology for the Community of God*, Wm. B. Eerdmans & Regent College Publishing, 2000, p. 619.

[48] James Barr, *Fundamentalism*, SCM Press Ltd., London, 1977, p. 190.

[49] Alister E. McGrath, *Christian Theology: An Introduction*, Second edition, Blackwell Publishers, Inc., 1997, p. 123.

[50] 参见 Gary Dorrien, *The Remaking of Evangelical Theology*, Westminster John Knox Press, 1998, p. 28。

[51] Timothy P. Weber, "Premillennialism and the Branches of Evangelicalism", in *Variety of American Evangelicalism*, ed. by D. W. Dayton & R. K. Johnston, InterVarsity Press, 1991, p. 5.

[52] Donald G. Bloesch, *Essentials of Evangelical Theology*, vol. 2, Prince Press, 1978, p. 189.

[53] Robert G. Clouse, "Views of the Millennium", in *Evangelical Dictionary of Theology*, ed. by Walter A. Elwell, Baker Books, 1984, p. 715.

[54] 参见 Donald G. Bloesch, *Essentials of Evangelical Theology*, vol. 2, "Life, Ministry, &Hope", Prince Press, 1978, pp. 195—196。

[55] 参见 Donald G. Bloesch, *Essentials of Evangelical Theology*, vol. 2, "Life, Ministry, & Hope", Prince Press, 1978, pp. 190—191。

[56] 参见《圣经·新约·启示录》第二十章第九至十节。

[57] Stanley J. Grenz, *Theology for the Community of God*, Wm. B. Eerdmans & Regent College Publishing, 2000, p. 616.

[58] 参见 Robert G. Clouse, "Views of the Millennium", in *Evangelical Dictionary of theology*, ed. by W. A. Elwell, Baker Books, 1984, p. 715。Donald G. Bloesch, *Essentials of Evangelical Theology*, vol. 2, "Life Ministry, & Hope", Prince Press, 1978, pp. 191—192.

[59] Stanley J. Grenz, *Theology for the Community of God*, Wm. B. Eerdmans & Regent College Publishing, 2000, p. 619.

[60] 转引自 George M. Marsden, *Understanding Fundamentalism and*

Evangelicalism, Wm. B. Eerdmans, 1991, p. 21。

[61] 参见 George Marsden, "Fundamentalism", in *Encyclopedia of the American Religious Experience*, Charles Scribner's Sons, 1988, pp. 949—950。

[62] Charles Caldwell Ryrie, *Dispensationalism Today*, Chicago: Moody Press, 1965, pp. 44—46.

[63] Mark A. Noll, *The Scandal of the Evangelical Mind*, Wm. B. Eerdmans, 1994, p. 119.

[64] Mark A. Noll, *The Scandal of the Evangelical Mind*, Wm. B. Eerdmans, 1994, p. 119.

[65] Alister McGrath, *Christian Theology: An Introduction*, Blackwell Publishers Inc., 1997, Second Edition, p. 450.

[66] Donald Bloesch, *Essentials of Evangelical Theology*, vol. 1, Prince Press, 1978, p. 29.

[67] Thomas Aquinas, *Summa Theologica*, 1. 22. 1.

[68]《圣经·新约·提摩太前书》第六章第二十节。

[69] John Calvin, *Institutes of the Christian Religion*, English Edition, The Westminster Press, p. 207.

[70] John Calvin, *Institutes of the Christian Religion*, English Edition, The Westminster Press, p. 209.

[71] John Calvin, *Institutes of the Christian Religion*, English Edition, The Westminster Press, p. 208.

[72] John Calvin, *Institutes of the Christian Religion*, English Edition, The Westminster Press, p. 224.

[73]《圣经·旧约·约伯记》第一章第二十一节。

[74]《圣经·旧约·创世记》第四十五章第七、八节。

[75] 参见 Charles C. Ryrie, "Dispensation, Dispensationalism", in *Evangelical Dictionary of Theology*, ed. by W. A. Elwell, Baker Books, 1984, p. 322。

[76] 参见 Timothy P. Weber, "Premillennium and the Branches of Evangelicalism", in *Variety of American Evangelicalism*, ed. by D. W. Dayton etc., Inter varsity, 1991, p. 8。

[77] David Bebbington, *Evangelicalism in Modern Britain: A History from the 1730s to the 1980s*, Baker Books, 1989, p. 192.

[78] David Bebbington, "Evangelicalism in Modern Britain and American: A Comparison", *in Amazing Grace*, ed. by G. A. Rawlyk & M. A. Noll, Baker Books, 1994.

[79]《圣经·旧约·但以理书》第九章第二十四节。

[80]《圣经·新约·帖撒罗马迦前书》第四章第十七节。

[81] 参见 David Bebbington, *Evangelicalism in Modern Britain: A History from the 1730s to the 1980s*, Baker Books, 1989, p. 86。

[82] Alister E. McGrath, *Christian Theology: An Introduction*, Second Edition, Blackwell Publishers Inc., 1997, p. 551.

[83] 参见 David Bebbington, *Evangelicalism in Modern Britain*, Baker Books, 1989, p. 192。
James Barr, Fundamentalism, SCM Press Ltd., 1977, p. 191.

[84] Bernard Ramm, *The Evangelical Heritage*, Word Inc., Waco, Texas, 1973, pp. 89—90.

[85] Bernard Ramm, *The Evangelical Heritage*, Word Inc., Waco, Texas, 1973, p. 90.

[86] 参见 Donald G. Bloesch, *Essentials of Evangelical Theology*, vol. 2. "Life, Ministry, & Hope", Prince Press, 1978, p. 197。

[87] Gary Dorrien, *The Remaking of Evangelical Theology*, Westminster John Knox Press, 1998, p. 32.

[88] Mark A. Noll, *The Scandal of the Evangelical Mind*, Wm. B. Eerdmans, 1994, p. 133.

[89] Carl F. H. Henry, *The Uneasy Conscience of Modern Fundamentalism*, Wm. B. Eerdmans, 1947, p. 30.

[90] Carl F. H. Henry, *The Uneasy Conscience of Modern Fundamentalism*, Wm. B. Eerdmans, 1947, pp. 51—52.

[91] Richard Quebedeaux, *The Young Evangelicals*, Harper & Row, Publishers, 1974, p. 38.

[92] 参见 George Marsden, *Reforming Fundamentalism*, Wm. B. Eerd-

mans, 1987, p. 150。

[93] 参见 Mark A. Noll, *The Scandal of the Evangelical Mind*, Wm. B. Eerdmans, 1994, p. 142。

第五章

个体精神皈依是社会变革的根基

第一节　个体灵性的动态发展

一、基督徒灵性生活及其重要意义

基督教信仰不仅仅是一种观念性的东西，它更是一种被实践着的体系。基督教灵性生活表达的就是基督教信徒同所信仰的上帝之间的深刻关系及其状态。在基督教新教神学中，"灵性生活"（"spirituality"）往往是一个令人难以捉摸的术语并常常处于受人忽视的地位。造成这一状况的原因主要有两个，一方面是由于基督教神学往往集中表现在大学、神学院一类的学术背景之中，它们的兴趣主要在于对学术知识的推进而不是对生活的指导。有些神学家在学术研究中几乎从不将对灵性生活这一范畴的探究看作自己的分内之事而完全专注于那些抽象的形式真理。同时，大多数灵性生活的倡导者又几乎从不将自己视作是学院派神学家，灵性探究对它们来说似乎位于神学的基本领域之外；他们只是将自己的努力当做是由某种经验而来的评论，而不是把它看作是对福音赋予每位基督信徒的同神的沟通或互融互栖这一圣召的阐释。这就造成了基督教灵性与基督教神学在观念层次上的分野，神学研究与灵性探究成为由不同类型的学者所从事的隶属于不同领域的研究对象。这在很大程度上妨碍和窒息着对基督教信仰的全面理解，成为那些不切实际的虚玄神学的致命伤。

另一方面，鉴于灵性生活自身所具备的某些特征，一些基督徒似乎不愿意直接谈及基督教灵性这一不易把握的主题，以免将灵性一类的表述同基督徒生活的其他构成方面分割开来。传统上，人们似乎更乐意接受"圣洁"、"神性生活"一类的术语来指称基督教的灵性生活，因为它们似乎更为明确地强调了信仰者同基督的深刻联系，以及个人对上帝之道的顺从生活。而"灵性"一词则显得更具抽象性和歧义性，特别是考虑到它可以同罗马天主教传统以及同任何一种宗教的禁欲主义和神秘主义传统联系在一起的时候，人们似乎有理由更加谨慎从事[1]。然而，现代社会文化在精神生活上的贫瘠与荒芜以及世俗主义对基督徒生活的全面侵袭，使得人们完全有必要去认真考虑信仰生活中的"灵性"向度。福音派信仰认为，它就体现在人们对耶稣基督的认信与灵性生活之中。

其实，灵性生活历来在福音派信仰中就占有十分突出的地位并成为福音派信仰的标志性特征之一。撇开隶属于福音派阵营的五旬节派和同灵恩运动密切相关的那些宗派不论，单就福音派主流宗派而言，其神学信仰就有强调个人的救赎经验，或者强调个体对于作为个人救主耶稣基督的信靠与遵从的传统。这就是说，福音派看重的是个体的灵性重生和在重生或新生之后的有意义的圣洁生活。他们认为，仅有对罪的宽恕是不够的，还必须要有对罪的涤除，惟如此，信仰者才有可能拥有全新的生命。传布与聆听福音可以使人转变成为一个基督徒，而灵性生活则可以使人在基督徒生活中不断获得丰富与成长。这就是说"布道可以产生基督徒，而灵性则可以保持基督徒"[2]。可见，坚持在基督中的信仰生活同坚持正确的神学教义具有同等的重要性。不仅如此，在新一代福音派神学家中还出现了从以信条为依据转向以灵性为依据来限定自我身份的趋势。与老一代福音派神学家强调神学教义的立场不同，他们将基督徒的灵性或灵性生活看作是福音派自我意识的核心所在。"近年来,老一代福音派的明显注重教义的自我意识正在烟消云散,其替代者开始更多地强调灵性生活构成了福音派的核心。"[3]

当然,当代福音派强调灵性信仰的特征不是什么新近的发明,它毋宁说是对20世纪以前传统福音派注重基督教灵性生活传统的回归或发展。就其历史发展的渊源而言,它直接秉承了16、17世纪英国清教主义与德国虔敬主义以及18世纪英美宗教奋兴运动的影响。清教徒强调的是预备心灵以领受上帝之道,依靠上帝的神能以摆脱世俗的诱惑而追求圣洁的生活;虔敬主义强调的是基督在信徒生命中临现的动力和大能;奋兴运动注重的是个体的灵性皈依以及由此而来的圣洁生活。所有这一切都在极大程度上影响着现代福音派对基督教灵性生活的理解。

福音派认为,对基督教灵性的理解应当是以圣经为中心的。它关注的主要不是什么精确的神学表述而是对信徒与基督的个体的救赎性相遇的促进与强化。使徒保罗在《哥林多前书》中将"属灵的人"与"属血气的人"作了区分[4]。属灵的人就是指完全因神而活、让耶稣基督活在自己生命里并按照圣灵的意思去为人处事的人。在此,属灵的人当然是指"完整的人"而言的,它并不局限于人的思维这一狭小的领域。这就是说基督教的"灵性"不仅包括人的精神而且也包括人的思想、意志、想象、情感与身体。检验基督教灵性的关键之处就在于看一个信徒的心灵与生命是否同作为其救主耶稣基督的信仰与品行保持着真正的一致性[5]。

那么,究竟应当如何界定福音派所看重的灵性生活呢?"灵性"作为一个一般的宗教学术语具有十分宽泛和含混的内容,并且往往同各种宗教中的神秘主义、禁欲主义和律法主义密切相连,基本上指的是某种朝向超验神圣的宗教态度、信仰和实践。基督教信仰与之不同,它为灵性赋予了十分明确和具体的内涵,并将它置于对圣经的三位一体的上帝的理解这一具体语境当中。因而，基督教灵性强调的是努力同耶稣基督保持一致的信仰生活，"是对追求、获得并培育同上帝通融的整个基督教信仰的探求，它既包括公共崇拜与私人奉献，亦包括它们在实际的基督徒生活中的结果"[6]。为此，福音派神学家斯坦利·格伦茨将基督教灵性理解为，"在圣灵的引导下，在信徒的合作中，朝向圣洁的追求与探索。它是对荣耀上帝、融于基督并顺从圣灵的生活的不懈追求"[7]。

根据新约的启示，在基督徒灵性发展的历程上同时存在着两种不同的方向。一方面，做基督的门徒就意味着选择了一条朝向天国的"窄路"。这样，基督徒的灵性生活中就存在着某种类似于内向的、寂静的纬度，它要求按照天国的样式实施某种意义上的自我否定、同基督的神秘契合、禁欲的生活方式等等。另一方面，启示又要求"不属于此世"的信徒"居于此世"并事奉于他人。因而，基督徒的灵性生活又必然具有外向的、活动的一面，它要求信徒按照世界应是其所是的情形以怜悯、同情、仁慈和公正的标尺去为人处事并以"做盐做光"的方式影响于这世界。

所以，当代福音派中两位最负盛名的基督教灵性学者詹姆斯·休斯敦（James M. Houston）和尤金·彼德森（Eugene H. Peterson）都将默思、祷告、见证与查经一类的基督教灵性生活视作能够深刻影响信徒对神的认识、关系与经验的重要方面，并对具体的灵性生活方式做出了诸多有意义的探索[8]。正如休斯敦教授所指出的，基督教灵性是人灵魂中的上帝恩典的"外勤工作"，它存在于个体皈依后的整个生命当中，表现为信徒在基督样式里的成长和成熟。"它意味着社团与团契，意味着祷告的生活，意味着在整个生存中的永恒向度感，意味着在上帝面前生活的强烈意识"[9]。所以，完全为圣灵所充盈的生活，必定能够全面展示出"圣灵所结的果子，就是仁爱、喜乐、和平、忍耐、恩慈、良善、信实、温柔、节制"[10]。这就是真正的基督教灵性生活，它对基督的门徒而言构成了一种持续不断的召唤和要求。

属灵的人在生命中通过把"十字架"与"五旬节"结合起来，也就是说依靠基督在十字架上的胜利与降临的圣灵的大能，而得以追求一种充满灵性的规范的基督徒的信仰生活，即在生活中遵从上帝的旨意并契合于基督的样式。同时，福音派信仰还坚持，尽管圣经与十字架具有一劳永逸的性质，但圣灵则属于持续不断、日益丰盈的范畴。正是凭藉着上帝在五旬节上降下的圣灵这一"保惠师"的大能才使得基督徒能够更全面、更充分地契入上帝在基督里所做所说的神启之中。

一般地，基督教传统一贯相信上帝的三位一体性，但圣灵有时也被称为三一体中"受忽视的"成员。圣灵作为一个独立位格的作用或功能在许多情形下并未能获得全面的认识，往往不知不觉使它变成了三一体家族中的"灰姑娘"[11]。这一神学弊端在开始日益重视基督教灵性的福音派生活中正在获得有效的校正。福音派认为圣灵是基督教灵性生活中一种活生生的实在。圣灵的使命就像是在夜间照亮建筑物而又尽量使自己隐而不露的"脚灯"[12]，它见证了基督而又让自己藏而不露。正是由于圣灵在世上的降临与栖息，信仰者在圣灵中的重生以及随后在圣灵中的成长才成为了现实的可能，正如耶稣在即将离开人世的最后一晚对围在他身边的门徒们所说的，"然而我将真相告诉你们，我去是与你们有益的。我若不去，保惠师就不到你们这里来；我若去，就差他来"[13]。"保惠师"即圣灵的到来有效地克服了信徒们在耶稣居留在此世时所经验到两个"不利"之处。一是耶稣在世上同信徒们在一起时，他的临在是一时一地的，而圣灵则可以使耶稣基督的临在"普遍化"，超越一时一地的限制。另一个不利之处在于当耶稣生活在信徒们当中时，他的临在对那些门徒而言是外在的，他不能直接进入信徒的人格深处，自内至外地改变他们。圣灵的到来则改变了这一切,"因为他常与你们同在,也要在你们里面"[14]。所以圣灵"内化"了基督的临在,使他能够凭藉他的圣灵居住于信徒的心中,并以信徒的身体作为他圣灵的"殿堂"。据此,格外强调圣灵事工内在性的福音派在某种意义上也是一种心灵的宗教。个人在重生和成圣过程中的灵性经验在福音派信仰中占据着主导地位;赢得灵魂,个体灵性的重生、成长与成熟以及个人的救赎成为福音派信仰的醒目标志。

根据福音派灵性的观点,基督教信仰不纯粹是对一系列教义真理的理智认同。纯粹的信仰固然重要,但仅有信仰是远远不够的。信念不但存在于人的头脑中而且还会渗透、影响于人的整个生命,成为同人的心灵相亲相近的东西。纯粹"头脑的宗教"必须要发展成为真正"心灵的宗教",而心灵的宗教则带有对耶稣基督的以整个身心付出为特征的信靠和遵从。这种信靠不仅仅是对拿撒勒的耶稣的历史活动的认识与了解,也不仅仅是对有关基督的教义的理性接纳,它还必须包括个人对又真又活的神即耶稣基督的皈依与信靠,信仰者必须要体验到个人同神密不可分的关系与联结。正是这种内在的生活构成了基督教灵性的根基与主体。

这就是说,信徒对基督的信靠当中包含着强烈的情感与生存因素。心的虔敬是以能够令人觉察得到的对救主基督的爱与信为特征的。因此,福音派灵性培育的兴趣更多地在于信徒对耶稣的生命回应,而不在于表述或记诵有关基督的神学形式教义。在他们看来,信仰必须同时也是一种经验的问题,它必须能够改变认信者的整个生命。灵性皈依是个体信靠救主基督的开端,同时也是开启信徒灵性生活的通道。属灵的人关注的是个体在圣灵中的灵命成长。所以可以看到,在福音派信徒中人们最关心的是这样一类话题,"你获得重生了吗?""你经历到基督的变革神能了吗?""你在主里有灵命的成长吗?""你在生命里体验到神的同在了吗?""你与主的友谊有所发展吗?""你的生命获得转变了吗""你有体会到神的看顾与佑护吗?"等等。

依据圣经的教诲,福音派的灵性生活呈现出三个基本的特征。首先,它是彻底的神的中心论。基督对于福音派来说不是有些自由派神学所宣扬的那样只是由教会所保持的有关很久以前的一个好人的潜在记忆,而是他们生命中活生生的救主和朋友。藉着圣灵,他们实现了面向上帝的灵性皈依。上帝则将信徒同他们复活的救主紧紧地联系在一起,以至于在每个信徒生命的深处产生了一种朝向基督的完美人性特征看齐的内在驱力,这就是尊崇、敬拜、热爱、顺从、事奉和取悦上帝的内在冲动和要求。基督徒的生活定向由皈依之前反对上帝的原罪状态转变为顺从上帝的信仰状态,他们不再是为自己而活,而是为恩赐他们新生命的救主而活。上帝中心论成为基督教灵性生活的基本旋律和根基。

其次,它是彻底的神的三一论。真正而深刻的基督教灵性生活必定也是对完全的三一神信奉与崇拜的生活,它是对圣父、圣子与圣灵在救人脱离罪恶,恢复被毁坏的人性,引导人们通向最终的荣耀这一系列救赎行为中所发挥的不同作用的全面认信和接纳。强调基督教的灵性生活尤其是对全面领受圣灵这一经常遭受忽视的位格的大能具有深远的意义。忽视圣灵的奇妙事工,就会丧失由它创造的人与基督的团契,就会丧失由它所导致的人性的更新,就会丧失由它所激发的笃信与喜乐,也会丧失由它所赋予的事奉的大能。这样的基督徒身份与生活就会走向形式主义的歧途。

最后,它还是彻底的双重世界论。基督教灵性所坚持的双重世界论不是指对这个世界缺乏兴趣,而是指将现在的生活看作是通过神为人们所预备的世界与荣耀的预备与旅程,人们将依据此世面对上帝的态度与决定来使自己承担彼世救赎与沉沦的后果。因此,基督要求人们"不要积攒财宝在地上",而要"积攒财宝在天上"[15]。这种双重世界观也同样成为基督教灵性生活中的根基与动因之一。

这三种基本的神学立场使得福音派所坚持的灵性生活成为有别于其他一切宗教信仰体系所奉行的灵性探索与实践。同时这些神学洞见也决定了这种福音派灵性生活的基本走向和内涵,这就是作为同上帝处于盟约之下的基督徒而得以进入了一种新的关系之中,作为分享着基督生命的基督徒而进入了一种新的创造之中,并且作为上帝所立教会中的基督徒而进入了一种新的社团或团契之中。

二、"在基督里成为新造的人"

圣经记载,耶稣在同法利赛人尼可底母(Nicodemus)夜谈时曾指出,"我实实在在地告诉你:人若不是从水和圣灵生的,就不能进神的国。从肉身生的,就是肉身;从灵生的,就是灵"[16]。基督教灵性神学认为,圣灵作为三一神中的第三位格是基督徒灵性生命的创造者和新生活、新生命的促进者,正是由于圣灵的事工,才具体实现了上帝在世界上的救赎旨意。圣灵在个体中的救赎行为始于个体的灵性皈依。广义地讲,整个基督徒的生活都可以看作是灵性皈依的生活[17],皈依是个人同三位一体的上帝的具有生命转变意义的相遇,由此个人开始抛弃自己作为堕落的造物所习以为常的旧有生活方式,转而寻求按照上帝所设定的人的样式去生活[18]。这种能够开启新生命、新生活的同上帝的具有生命转变意义的相遇构成了基督教灵性经验的基础。

灵性的皈依尽管对于福音派信仰生活具有中心性的意义,但皈依本身仍然是基督教信仰中的一个"神秘"或"奥秘",上帝究竟是如何使人认信他自己的,对人来说是一个超出人的理性能力范围之外的问题。这就意味着灵性的皈依同时拥有神性和人性两个方面的向度,强调个人对福音的积极回应不应遮蔽皈依过程中的神性动因。从其神性向度看，皈依首先是圣灵的事工。"它代表着神圣恩典对人的生活的'入侵'，代表着从精神性死亡到永生的复活。"[19]人的回应只有以恩典为依据并通过恩典的能力才是有效的回应。这就是说不是人在求取个我的救赎，而是上帝将其神圣实在开启给人的信仰的双眼，人才能够被引导着踏上通向拯救的道路。因为在福音派看来，人性是完全堕落的，人仅仅依靠自己的能力从根本上是有所欠缺的，人的获救只有来自神的恩典并依靠神的恩典才有可能达致成功，因为罪是人性中无处不在、涵盖一切的令人恐怖、使人绝望的东西，只有基督的宝血才能将它彻底清除。罪对于人性来说具有普遍的和形而上学的意义：它属于堕落的人的"本性"。未获拯救之人的德性从终极的意义上讲都反映着人性的虚伪和骄傲，充其量，它们只不过是隶属于那未曾泯灭的良心的偶尔亮光所照亮的范畴。因而，"基督的福音其作用之一就在于告诉人们人性中所具有的这种根深蒂固的罪性，并且人的罪性的实现与对作为救主基督的拒纳一般是相互关联、结伴而行的"[20]。人的罪或者说人对神的背叛破坏了最初人与神的和谐关系，并且这种普遍的罪从根本上腐蚀了人性的本质，使得人再也无力仅仅依靠自己的努力来修复和回归同上帝的和好关系。因人的背叛所导致的人与上帝之间的障碍只有依靠来自上帝一方的恩典才能完全被打破。福音派所持的这种彻底而普遍的罪性观成为其强调人的灵性皈依的背景和动机。正是由于人的完全的堕落与罪性，使得个体的皈依过程首先成为了上帝的"灵"的救赎行为。

"在某种意义上，圣灵是神性三一体中的神秘的位格，它静悄悄地发挥着作用而又不使人注意到自己。它的工作往往是同人的行为同时并进的，因为它赋予了人以实现上帝旨意的能力。"[21]具体说来，圣灵在人的灵性皈依过程中发挥着四个方面的作用。首先是定罪。在皈依经验中圣灵发挥着孕育罪之判定的动因的作用,它的任务就在于使人认识到自己的罪的本性。"他既来了,就要叫世人为罪、为义、为审判,自己责备自己。"[22] 圣灵的这种定罪作用同皈依的动态发展是密不可分的,倘若缺少由它所判定和孕育的罪恶感,个人对福音的回应就丧失了它必要的逻辑前提。所以使徒约翰写道,"我们若认自己的罪,神是信实的,是公义的,必要赦免我们的罪,洗净我们一切的不义。"[23]可以说,圣灵在个人当中孕育了这种对称义与圣洁的需求意识。

其次是呼召。圣灵在皈依过程中作为上帝的呼召指引着罪人的行动。耶稣曾用"喜宴的比喻"来讲解圣灵的这种呼召。在故事中,王的仆人向许多人都发出了邀请。然而,有的人拒绝了,有的人不予理睬,还有一个人不穿礼服就前来赴宴。因而耶稣感叹道,"因为被召的人多,选上的人少"[24]。圣灵的呼召是通过福音的宣扬而实现的,当上帝的使者宣扬福音讯息时,圣灵就在其中言说:它激活了那些话语,召唤那些聆听这福音的人悔改、信仰并分享上帝的救恩。那些在悔改和信仰中回应了这一福音的人就会发现自己正是上帝的圣灵所召唤的人。

再次是显明。在皈依中,圣灵启明了那些福音聆听者的心灵,使他们看到了其中所揭示的神圣真理。考虑到人性中根深蒂固的罪性对人的心性的遮蔽,人在皈依过程中若要真正领悟灵性的真理,就必须要依靠神的圣灵的显明。圣灵开启了罪人的心智使福音的真理获得显现和领悟,因为"神为爱他的人所预备的,是眼睛未曾看见,耳朵未曾听见,人心也未曾想到的。只有神藉着圣灵向我们显明了。"[25]

最后是赋能。圣灵在皈依过程中还赋予了软弱的人以回应福音的能力,使人的悔改与信仰成为了实际的可能。圣灵支持和强化了人的意愿,使犯罪的、软弱的人愿意并且也能够有能力来领悟上帝的神启,回应上帝的呼召。

福音派承认皈依过程存在着神性作用的一面，同时也强调在灵性皈依中人性因素的积极回应。皈依毕竟是人对神的皈依，没有人的积极回应，没有人的意志的选择，也就不可能有真正意义上的皈依。正是对皈依过程中人的积极回应的强调，构成了福音派信仰实践中内容最为丰富、形式最具特色的一个领域。据圣经记载，施洗约翰下监以后，耶稣来到加利利宣扬福音时说，"日期满了，神的国近了！你们当悔改，信福音"[26]。可见，"悔改"和"信仰"这两种基本的态度和行为构成了个人对福音回应的实质所在，它们成为人同上帝相遇时的个人因素的两个核心标志与迹象。"皈依意味着背离罪与偶像崇拜，这我们称之为悔改；同时也意味着转向上帝和基督，这我们称之为信仰。结果就有这样一个等式即悔改加上信仰等于皈依。"[27]从人的角度看，皈依是人对上帝决定性地进入人的生活的主观回应，它是人藉着神性恩典的解放力量背离罪、转向十字架道路的悔过从新的经历或过程。美国宗教奋兴运动时期的著名基督教领袖乔纳森·爱德华兹曾指出，"皈依是神的大能之伟大而荣耀的做工，它改变了人的心灵，为死亡的灵魂注入了新的生命"[28]。

值得一提的是，福音派所坚持的灵性皈依同其他宗教信仰体系特别是东方神秘主义传统所说的皈依是两种完全不同的事情。在基督教以外的皈依，往往被理解成是从繁多的表象向单一的本质或者是从暂时向永恒的复归，而基督教所说的皈依则是从罪的方式或状态向正义或公义的方式或状态的转变。前者的结局常常表现为从此世的消极隐退，而后者则基本上导致的是在此世的积极参与和事奉。

具体说来，皈依对人带来的转变首先表现为人的悔改，这是在人的生命核心中的完全而彻底的改变。它包括精神上的转变，因为此时的人开始以一种新的态度来审视自己的行为与生命的状态和航向，它是对自己的精神匮乏状态的承认与接纳；它也包括情感上的转变,因为开始皈依的人会对自己往昔的所作所为以及令人不堪的精神状况产生深深的遗憾、难过甚或憎恶的心理;它还可能包括个人在意志上的转变,使其能够战胜以往那种"我所愿意的善,我反不作;我所不愿意的恶,我倒去作"[29]的软弱心理和意志。悔改就在于对罪的弃绝和对新的、更完善的生活的持守。"它不但意味着对自己的某种不满,更意味着心灵的破碎。它不但涉及对自我的懊悔,更涉及对罪的抛弃。它不但意味着对耶稣的企近或靠拢,更意味着将整个自我投靠在基督的仁慈之下。"[30]

当然,仅有悔改是不够的,皈依的转变还包括有对基督福音的信仰。悔改与信仰是皈依这一过程的不可或缺的两个方面。悔改对皈依而言是必需的,如果没有个人的灵性需求,他就不会有动机去转向和接受上帝在基督中的丰盛供应。但仅有心灵的悔改尚不足以实现灵性的皈依。因为,对罪的懊悔事实上无法弥补自己的过去;对改变的渴求亦不能实际地改变自己的未来。处于罪的诅咒与束缚之中的懊悔的人要想从这种悲惨的处境中获得真正的解脱,他还需要有耶稣的赎罪以及圣灵的赋能,悔改加上信仰才是完整的皈依。

这里,福音派继承了宗教改革之父强调因信称义、凭信得救的神学传统,看重使徒保罗的教诲:"你若口里认耶稣为主,心里信神叫他从死里复活,就必得救。因为人心里相信,就可以称义;口里承认,就可以得救。经上说:'凡信他的人,必不至于羞愧'。"[31]在作为个人对福音回应的精神皈依当中,悔改总是同信仰携手共进的。在悔恨中,个人将自己看作是背离上帝、遭受诅咒与罪的奴役的罪人,是漂泊在外丧失家园的浪子,是误入歧途的迷失者。他为自己不幸的遭遇追悔莫及、懊恼不已;他渴望能够更弦易辙、革心洗面,踏上新的生命征程。然而他也意识到单凭自己、仅靠人的力量,一切都是于事无补的徒劳之举,因为这是非人力所能达致的目标。然而，凭着信仰这一切又都发生了根本性的变化。他聆听到了来自神的恩典的福音：上帝道成肉身为耶稣基督，为了赎还世人的罪而被钉死在十字架上，又因着神的大能在第三日从死里复活。于是这罪人相信这福音正是解救自己这一困境的生命真理，他将上帝在基督中的事工看为己有，认耶稣基督为救主，信惟有耶稣基督能够给自己带来救赎。这样，他就实现了自己生命与灵性对主耶稣基督的皈依。就像圣经所言，"神爱世人，甚至将他的独生子赐给他们，叫一切信他的，不至灭亡，反得永生"[32]。由于悔改与信仰的共同作用，皈依构成了个人生命上的转折点，它使个人在新的生命中能够转向上帝及其造物，也使个体能够秉承上帝的旨意而转向本真的自我。

所以说，灵性皈依可以看作是具有生命改变意义的个人同三位一体的上帝的相遇，它开启了人生一个弃旧从新、效法基督样式的新过程。圣灵在皈依过程中的做工与成就，在某种意义上可以被理解成是上帝赐予陷入罪的泥沼而无力自拔的人的一味解毒剂。对此，福音派灵性神学根据圣经启示曾提出了多种譬喻或隐喻来说明皈依过程中圣灵对基督救赎事工的应用。大体说来，至少存在着四种这样的隐喻或解说来描述基督教的灵性皈依。

首先，可以利用法律意义上的隐喻来解说圣灵将基督的事工之应用于个体的皈依与救赎，这就是使徒保罗以及新教神学传统所说的"称义"。称义首先是一个法庭用语，在基督教神学中它被用来指明人在施予审判的上帝前面的法律身份的转变。在神学上，人的称义本质上是一种附加的正义，是指在上帝眼里被看作是正义的或者说同上帝进入正当的关系之中。这种由上帝授予世人的正义只是上帝恩典的赠礼，并不是说上帝在罪人中创造了正义的品行，上帝只是将正义赋予世人以使他们能够以新的身份站在自己的面前。并且也只是由于耶稣基督替代性的作为，由于基督在十字架上的死亡与复活，上帝才可以仁慈地将罪人看作为义，使公义的神的审判与谴责不至于临到因其罪本应接受审判与谴责的世人的身上。圣灵的任务就是将基督的赎罪带给并应用于个人的身上，而这就发生在个人的认信皈依当中，上帝藉着他的圣灵剥下了世人的"罪的肮脏衣衫"而代之以基督"正义的华服"。换言之，通过这种皈依个人能够以新的身份站在上帝面前即在神的眼里"看称为义。"

第二个试图理解圣灵在皈依中之做工的隐喻为"释放"或"解放"，它来自有关对上帝与邪恶势力之间具有宇宙戏剧意味的冲突的解说与感受，在皈依中，圣灵使人们从敌对的邪恶势力的奴役与束缚中获得了释放或自由。按照圣经的看法，"所有犯罪的，就是罪的奴仆"[33]。而圣经又说"罪的工价仍是死"[34]。所以受制于罪的奴役具有现在与将来这双重的向度。可以说，有罪的世人当下的精神已然死亡，将来也会接受肉体上的死亡，在永恒中他也会被悲惨地摒弃在同神的团契之外。然而，基督福音的好消息在于宣告说耶稣基督已然战胜了邪恶势力，他征服了罪、死亡与撒旦，释放了受其捆绑的罪人，给人们提供了拯救的道路，因而耶稣能够宣称"我就是道路、真理、生命"[35]。通过皈依，圣灵将基督的胜利应用于人们的生命使人得以获得真正的解放与自由，"因为赐生命圣灵的律在基督耶稣里释放了我，使我脱离罪和死的律了。"[36]

第三个描述圣灵在皈依中的作用的常用隐喻是所谓的"赋能"。由于人的整个存在都处于无助的堕落状态，罪已侵袭和影响到生命的各个方面，这就使得人再无力按照上帝期待的方式去事奉上帝与他人。同样地，上帝在基督里的所作所为为彻底扭转这一凄惨绝望的局面提供了可能。而皈依过程就是圣灵赋予人以新的事奉能力的过程。

在上述这三种描述和理解圣灵在个人皈依当中的作用的隐喻之外，还存在着一种从人与人的关系引申而来的隐喻，这就是为福音派灵性神学所优为偏爱的"重生"。重生这一范畴在现代福音派灵性生活中具有举足轻重的意义,它是福音派界定自己的灵性神学与实践的最具核心性的术语。这里的重生指的是人的精神的新生,通过精神的新生,人得以同上帝进入更加亲密的关系之中,人作为上帝的精神子女而能够成为神圣家庭中的一员。"凡接待他的,就是信他名的人,他就赐他们权柄,作神的儿女。这等人不是从血气生的,不是从情欲生的,也不是从人意生的,乃是从神生的。"[37]作为上帝造物的人由于陷入罪中而疏远了父神。通过皈依,圣灵将耶稣基督的丰盛预备带给了世人,使人能够同上帝重归和好。圣灵是罪人重生的动因,它为人创造了新的神圣生命,从而使人们在新生命里有了新的目标、新的追求以及新的事奉能力,它成为真正的基督徒生涯开始的醒目的标志。

皈依或重生的必要性是耶稣同尼哥底母在那场夜谈中着重强调的主题。人们可以看到,尼哥底母是犹太人——这就意味着他是个同上帝处于约定关系之中的人;是法利赛人——这就意味着他是个信守正义之道的人;是犹太公议会成员——这就意味着他是个在社会上有权、有势的人;是教师——这就意味着他是个有知识、有文化的人;他为人和善、彬彬有礼并欣赏耶稣的言行——这就意味着他是个注重自身道德修养的人。然而,正是对尼哥底母这样一个人,拿撒勒的耶稣断言:"'你们必须重生',你不要以为希奇"[38]。可见,罪人只有经过"重生"才能洗却那根深蒂固的罪,才能企于永生之道、进神的国,因为"你们蒙了重生,不是由于能坏的种子,乃是由于不能坏的种子,是藉者神活泼常存的道"[39]。经历了重生的人便是活在基督里或者说让基督活在自己中的人。这样,原本无意义、无目的、无生气的人生就能臻于峰回路转、别有洞天的新境界,就能够一如使徒保罗所见证的,"若有人在基督里,他就是新造的人,旧事已过,都变成新的了"[40]。

大体上讲，在福音派灵性生活中占有重要地位的由皈依而带来的重生具有这样一些特征。第一，以悔改和信仰为核心要素的皈依实现了个体的灵性重生。悔改与信仰尽管可以从概念上加以区分，但在具体的个体的灵性皈依或者说在个体同三位一体的上帝的相遇中则是有机地交织在一起的。基督教认为，真正的悔改以信仰为先决条件并包括了信仰，而与生命有关的信仰又必定包含了悔改在其中。重生以隐喻的形式描述了个体同以往的罪的生活的决裂以及对上帝的信仰的觉醒与开始，同时还表明了重生是上帝靠着圣灵在罪人身上发生的不可思议的神奇做工。

第二，重生既是一个事件又是一种经验。当然，它主要地并且是实质性地属于一个事件，仅在次要的或派生的意义上构成了一种经验，因为重生只是指个体灵性生命在圣灵里的新生事件，尽管这一事件同喜乐的迸发与爱的流溢是密不可分的[41]。这就是说在灵性重生中个体当然能够体会到基督的爱与喜乐，但这种情感体验本身并不能等同于重生，它只是重生的迹象与结果，并不就是重生本身。作为上帝大能之做工的重生是通过经验实现的，但它超越了经验。而作为重生之表象与结果的生命的变化，表现在理智方面就是遭受蒙昧的心智能够识辨基督的灵性实在及其救赎，表现在情感与动机方面就是获得了一种追随并效法基督的心智定向和生活方式。

第三，由于重生主要是一个事件，这也就意味着重生的发生基本上是突发性的，而且也不一定必然表现为一种有意识的经验。尽管在重生之前可能会有数月经历到圣灵的定罪、良心的刺痛以及心智的启明，在重生之后也会有经年的基督徒灵命的成长，但实际的重生过程即由死亡到复活的过程则是瞬时的。而且，在某些个别情形下，重生还可能是一种非意识性的经验。尽管灵性皈依的转变过程是可意识到的，但在涉及上帝的圣灵究竟在哪一个具体时刻把新生命植入到内心深处的问题上，对某些人来说可能是难以具有准确意识的,因为"许多基督徒并不知道自己的灵性出生日期"[42]。

第四,重生与洗礼不一定是同一的,那种认为受过洗礼的人必定也是已获重生的人的观点是不正确的。不同于天主教的立场,基督新教只是将洗礼看成是重生的标志,而标志与它所表示的事物之间不可能是完全同一的。说到洗礼只可能有一种洗礼:圣灵的恩赐与水的浸洗或洒洗只是它的两个侧面。水洗是外在的标志,灵洗则是内在的现实。换言之,重生是圣灵在人的内心深处所带来的深刻的、内在的、彻底的转变,它赋予了个体以新的生命,而洗礼则是对重生这一内在的、秘密的精神变化的可见的、公开的表现与见证。

从上帝对人的终极目的看,救赎是圣灵引导并驱使个体达致基督样式的神圣行为;但从个体的角度讲,救赎也是一个具有阶段性的连续过程。通过个体的灵性皈依,圣灵居住于信仰者的生命当中,由内至外地改变着个体的生命并导致了个体的精神重生。单就圣灵带来的重生而言,它并不在于对个体旧有本质的改变而在于将新的本质的赐予。"旧有的个体生命的确通过信仰的抉择而被钉死在十字架上并被埋葬掉了。但它仍能像不散的尸魂一样重新返回个人的生活当中。旧有的个我虽然被浸死在灵与水的洗礼中,但它的尸首仍能不时地浮出水面。"[43]这就意味着罪在皈依的时候虽然被清理出了生命之外,但每当人们在关注的是自我而不是基督之时,它就会重返个体的生活。在这个意义上,重生既是一件已完成的又是一件未完成的事情。在基督里成为新创造的人依然面临着阴魂不散的"旧我"的袭击与复辟的危险。重生的个体必需要向前并进入到生命的成圣阶段,在其中背负起生命的十字架追随基督,做他的必须要付出代价的门徒。

所以说皈依只是标志着个人救赎的开始,福音派灵性也同样重视圣灵在紧随皈依之后并持续一生的对个体生命的转化作用,传统基督教神学把这个持续不断的转化过程称之为成圣。同皈依一样,成圣也具有神性与人性两个维度。从神性的向度讲,成圣是在基督徒生命的持续发展中圣灵使上帝的旨意在人们中的实现;从人性的向度讲,成圣是人与圣灵合作在日常生活中活出通过皈依所获得的重生、称义、自由或能力,从而实现在基督样式中的成长和对上帝的事奉[44]。一般说来,成圣或圣化作为一般性宗教术语,其本意是指将某物搁置一旁使之成为圣物的行为或过程。在圣经语境中它具有三重含义或用法,一是指圣化上帝即将神圣性归于上帝或用言行承认上帝神圣性的行为,二是将某人或某物与普通世俗领域分离开来的人的行为,三是指上帝通过圣灵使个体信仰者圣洁的行为。很明显,这第三种用法正是对福音派灵性生活与个人救赎具有特殊意义的用法。正是在这种意义上,圣经反复强调了成圣的必要性,"求你用真理使他们成圣,你的道就是真理"[45],"这道能建立你们,叫你们和一切成圣的人同得基业"[46]。成圣构成了在个人救赎过程中紧随皈依之后的第二个阶段,同时它也是贯穿基督徒整个一生的灵性生活的主体。在这种意义上,"重生可以被正确地看作是持续终生的成圣过程的开端"[47]。

走向圣洁是贯穿整个圣经的教诲之一,尽管上帝的神圣性只有在耶稣基督的人性层面上获得了完全的实现,但所有信奉基督为救主的人在某种程度上对此都有或多或少的参与。通过信仰,世人得以在上帝的眼里称义,而称义之后是为了成就圣洁,信徒从上帝手中接过负担与十字架,"是要我们得益处、使我们在他的圣洁上有份"[48]。这表明个体的成圣具有赋予性圣化与获得性圣化这样双重的维度。在福音派灵性神学中,前者被称为身份的成圣,它是指个体由在基督里的新身份而来的在上帝面前的"新地位",由上帝的自由恩典而被赋予的新身份使人能够得以同神圣的上帝处于正当的关系中,并成为基督徒新生命所由以浮现的源泉;后者则被称为条件的成圣,它是指从被赋予的新身份中产生的生活方式与道德等涉及人的性格与行为方面的实际变化,这种主观的、经验的因而也是可变的圣化就是人与圣灵合作以成长为基督的身量与样式的发展过程。

凭藉信仰耶稣基督在十字架上的赎罪事工,原本有罪的人得以同上帝处于新的关系当中。然而,这种新关系不是能够自动延续与发展的。在基督徒生活中要维持这种新关系只能通过在恩典中的不断成长,通过对形形色色的罪与诱惑的不断抵制,通过自我的不断死亡与复活以遵从上帝的意志才能得以实现。信仰的义固然有赖于基督在十字架上的替代性事工,而日常生活的义则依赖于人同圣灵的合作;基督的事工是替代性的,而圣灵的事工则不是。圣灵将人植入基督的身体中就是为了使人能够追求与争取基督所体现的圣洁。圣经中曾说仅有对光明的信仰是不够的,还必须要行走在光明里:"我们若说是与神相交,却仍在黑暗里行,就是说谎话,不行真理了。我们若在光明中行,如同神在光明中,就彼此相交,他儿子耶稣的血也洗净我们一切的罪。"[49]又说,"从前你们是暗昧的,但如今在主里面是光明的,行事为人就当像光明的子女。光明所结的果子就是一切善良、公义、诚实"[50]。

基督徒的实践是真正的基督门徒身份的证明与结果。上帝的恩典尽管丰盛充足,但只有经过信仰者最为热忱的努力它才会发挥出最大的效果。活生生的信仰必定会产生圣洁的生活与爱的行为,讲究"知道"与"行道"的统一正是基督教灵性培育的重心所在。根据福音派灵性神学,在基督徒生命中,圣灵同旧的有罪的自我以及一切邪恶与诱惑处于连绵的交战之中。信仰者虽已称义但仍有罪恶的根基存留,所以他还会不时受到诱惑与邪恶的攻击。不过诱惑在某种意义上也并不完全是一种不幸,因为通过它信徒会学得更清楚该如何依靠上帝;也会懂得,诱惑亦是上帝对他爱的迹象之一,是上帝由以洁净他的模式之一。为此信徒必须要注重自己的灵性修为与成长,坚持查经、祷告、见证、团契与崇拜等基本的灵性培育。他们由此认为,人应当向上帝恳求的不是改变自己所处的遭受试探的处境,而是求神赐给自己丰盛的灵性生命。这样,"他必像树栽于水旁,在河边扎根,炎热来到,并不惧怕,叶子仍必青翠,在干旱之年毫无挂虑,而且结果不止"[51]。

另一方面,福音派也强调仅靠人的力量去应付这一切的试炼是远远不够的,必须要学会时时刻刻依靠上帝的大能,让居于自己生命中的圣灵去做工。福音派领袖约翰·斯托特还总结出了圣灵圣化行为的五个具体步骤,一是让它进入头脑,使人能辨明上帝的意志;二是让它进入良知,使人能区分对与错;三是让它进入心灵,使人能够渴慕上帝之道;四是让它进入意志,使人能够决意遵从上帝的旨意;五是让它进入行为,使人能身体力行将其付诸实施[52]。圣灵就是这样在信徒的生命中不停地做工,"直等到我们众人在真道上同归于一,认识神的儿子,得以长大成人,满有基督长成的身量"[53]。福音派灵性神学将圣灵救赎的末世性终结称之为荣耀。到那时,圣灵的更新工作已经完成,而人也将被圣灵带至能够完全反映皈依与成圣的目标的新境界。

三、基督徒灵性培育与成长的基本要素

经过灵性皈依与重生的人,就是藉着圣灵在耶稣基督里获得了新生命的人,就是将个人对耶稣基督的信仰看作是自己生命的活力之源与中心的人。作为基督的信徒,他必定希望将自己对基督的信靠运用于自我生命中的每一个方面,使自己全部的生命都置于耶稣基督的主宰与看顾之下。所以在福音派信仰生活中他们喜欢将基督和他的灵说成是生命旅途中的伙伴,是自己生命当中的积极的参与者与塑造者。在基督里成为新造的人就是同基督一

第五章 个体精神皈依是社会变革的根基

同经历十字架上的死又一同经历十字架上的复活的人,就是舍弃旧我,让圣灵成为自己生命的全部的人。所谓"旧事已过,一切都变成新的了"[54],指的就是抛弃有罪的旧我,在圣灵里获得新生并因此而活在圣灵里的人。

所以,注重灵性重生的基督徒也格外看重自己灵性的培育与成长。大卫在"诗篇"中的呼求必定也是重生后的基督徒的亟需:"神啊,求你为我造清洁的心,使我里面重新有正直的灵。不要丢弃我,使我离开你的面;不要从我收回你的圣灵。求你使我仍得救恩之乐,赐我乐意的灵扶持我。"[55]为了强调同原先有罪的肉体生命相区别,许多福音派信徒甚至形象地将由圣灵而生并为圣灵所充盈的新生命称之为自己的"灵命"。同样地,正如肉体生命需要不断地从食物中获得营养与支持一样,灵命的培育与成长也需要有"灵粮"的丰盛供应。具体地讲,除了参加公众性的崇拜与团契之外,在个体层面上,至少有三种宗教实践成为福音派个体灵性培育与成长的不可或缺的重要组成成分。

首先是查经。福音派把阅读与学习圣经这一上帝的话语看作是灵性生活的首要功课。在他们看来,圣经不仅是上帝救赎的工具,也是上帝用以培植成熟基督徒的工具。由于信徒只能在圣经这惟一的来源中寻找到有关永恒生命的讯息,所以他们相信这本书是"上帝赐予的用以为万代保存救赎福音的文献"[56]。因而,人们可以顺理成章地转向圣经以寻求信仰与灵性的滋润和养分。实际上,福音派在某种意义上是一种以圣经为核心的信仰,圣经对他们来说发挥着某种同基督或神圣相关联的功能。如果说基督是神圣救主的话,那么见证基督的惟一源泉即圣经就是世人可触及的、能言表的、可拥有的、能接近的最高宗教象征[57]。构成真正的基督徒身份的基石就在于使圣经活在每一个个体与社团之中。不论围绕有关圣经教义的争执有多大,福音派信徒坚持认为圣经是指导基督徒信仰与实践的最高和最终权威,圣经内容同他们当下的生活是息息相关的，它蕴涵着指导与回答基督信徒日常生活遭际的答案与原则。信徒灵命的成长可以从圣经这一有关上帝话语的记载中汲取宝贵的养分。因此，个人读经、诵经以及参加各种各样的查经班和查经聚会，在福音派灵性生活中占有十分重要的地位。有人甚至认为，在福音派这一较为缺乏传统宗教仪式的基督教形式中，诵读圣经常常在实际上行使着类仪式性程序的功能[58]。

长期以来，在许多福音派信徒中坚持每日学习圣经已成为其灵性操练的重要内容。他们当中许多人甚至为每一天都划出了一段固定的时间并将其称之为"安静时刻"，以便专门用于学习圣经和祷告。这段时间通常被安排在每天的清晨，通过学习和领悟神的话语，通过让神对自己言说，往往能为信徒全天的生活确定下一种基调以应付这世俗世界的纷扰和侵袭。这种灵修方法已为大多数福音派信徒所接受，著名福音布道家葛培理就曾建议信徒每日研读圣经，如果缺少这种每日的灵性滋补，其信仰生活就会出现某种匮乏与不足，就会丧失自己的灵性生命力[59]。当然，福音派用于灵性培育的圣经学习，不是指客观的理性批判，而是指以祈祷的、信仰的心态去从中聆听上帝之道。

这就涉及在福音派灵性生活中具有同查经同等重要性的另一个灵性培育要素即祷告。祷告通常被理解成是信徒与上帝的交流与沟通，或者说是对上帝的诉说以及让上帝对自己的言说。在普通信徒中它经常被比作是基督徒随时随地直接同上帝交流的灵性"热线"[60]，或者说就像是发生在亲朋挚友之间的对话和谈心，当然它还包括有面向上帝的呼告与恳求之意。福音派认为祷告是信仰的灵魂，缺乏祷告的信仰很快就会蜕变成了无生气的信仰。因为正是通过祷告，信徒同上帝保持着密切的接触与联系；也正是通过祷告，上帝同信徒保持着交流与沟通。在圣经中，祷告被看成是一件赠礼又被看成是一项任务。上帝有所召唤，人就必须有所回应。这种祷告完全是人格性的和对话性的,它要求人们将自己内心深处的自我展示给上帝,又使上帝将其所意愿的启示揭示给人们。祷告在基督教信仰与实践中一直具有十分重要的意义,它是同基督徒灵性成长密切相关的宗教实践内容。宗教改革的奠基者以及其后继者大都是十分看重祈祷的基督徒。据说,马丁·路德每天花数小时的时间去祷告,菲利普·斯彭内尔(Philip Spener, 1663—1705)每天天不亮就起床祷告,约翰·卫斯理也同样每天凌晨即起床祷告与默思[61],在广大福音派信徒中同样也有许多人养成了每日清晨在所谓的"安静时刻"中查经与祷告的灵修习惯。

　　福音派认为祷告的主要形式是即时性的。虽然可以对各种祷告提炼出某种基本的形式,但真正的祷告是不受这些形式局限的。这就意味着其重心并不在教会崇拜中的规范的仪式性的祷告之上。形式化的祷告由于缺少个人因素与即时或自发性特征,而被认为在上帝眼中具有相对较小的真实性与价值,因而对个体灵性培养也具有相对较弱的意义。上帝期望与寻求的是每个基督徒的个人祷告,而不仅仅是由神职教牧人员所引导的祈祷。祷告在其理想形式下应当是有关个人的赞美、感恩、需求以及寻求促进神的旨意的表达,它应当包括有强烈的自我省察、自我探索、个人信仰告白以及个人渴望上帝战胜罪恶的意愿和内涵。这就是说,真正的祈祷突破了一切形式与技巧的束缚。

　　从形式上讲,福音派中的祷告主要有三种常见类型。一是个体信徒的私人祷告,它通常是个人在其"安静时刻"内所做的祈祷。二是由信徒集体所做的公共祷告。一般见于各类宗教活动如崇拜、团契、查经,亦见于主要由信徒所参与的各类世俗性活动如典礼、聚会,还可常见于各类日常生活之中如就餐之前,等等。三是由信徒专门为祈祷而举行的各类祈祷会。在这样的聚会上,大家聚在一起依次由每人轮流祷告,其他人则静静地以意志给予正在进行中的祷告以支持与应和。他们坚信由于圣灵的临在，使得每个基督徒都能够做出祈祷，因为神曾应许只要有两三个信徒聚在一起祈祷，基督以及他的灵就必居住在他们中间。当然，如果缺少对居于信徒之中并为信徒祈祷予以中保的耶稣基督的信仰，就没有人能够企近神的恩典的宝座，这就是为何所有基督徒的祷告都是以耶稣基督的名义所做所求的缘由。

从内容上讲，祷告主要涉及崇拜、感恩、告解与恳求四个方面的内容。其中，恳求或请求的因素几乎出现在所有形式的祈祷之中。福音派认为，祷告是有效的，它能够改变事物。"他们相信上帝实际倾听并回应了忠实信徒所提出的祈求。其中最重要的是，上帝会迅速地回应谦卑的罪人有关救赎恩典的吁求。"[62]福音派神学家唐纳德·布洛施指出，在有关祈祷的这种见解中包括着这样一种预设，"上帝的终极旨意是不可更改的，但上帝选择实现这一旨意的方式则有赖于他的子民的祈祷。上帝希望人们成为与他立约的伙伴而不是傀儡或奴隶。在这种严格的意义上可以说祈祷能够'改变'上帝的旨意。但更为根本的是，它是将人的需求与愿望同上帝的分享以使自己能够更好地符合于他终极的意志与目的"[63]。出于这样一种考虑，福音派相信祷告的效用。通过祷告，能够克服人心的刚硬与冷漠将犯罪的世人带到基督的面前；通过祷告，面对困扰人心的个人问题能够做出正确的决定与选择；通过祷告，教会与传福音所需的奉献与人手能够得到满足；通过祷告，疾病能够获愈，危难与诱惑能够避免。并且，祈祷的内容可以含有浓厚的个人色彩，也可以提及具体的人和具体的需要。但更重要的是，作为神的忠实的信徒，他们祈求的不应是自己所希冀的而应是上帝所乐意成就的。所以，他们也深深明白，祷告能够得到神的回答，但这回答有可能是以一种同祈求者所设想的完全不同的方式而出现。上帝可能会以一种令人不可理喻的方式收回或拒绝那些为人所热心祈求着的事物，比如在患病儿童的存活或者亲朋密友的皈依上的与意愿相违背的事实的发生。但这一切并不影响福音派信徒对祷告的作用与意义的看法。

祷告如果关注的只是个人的利益，就有演变成为以自我为中心的自私的祈求和呼吁的可能，所以福音派格外强调为他人利益而求的代祷对培植基督徒灵性的意义。寻求上帝的祝福，首先在于寻求将一切人的意愿纳入上帝神圣旨意的轨道之中。祈祷不能仅仅是对个人安全与幸福的渴求，它更应该是对推进和扩展上帝之国的渴求以及对他人能够皈依于上帝救恩的代祷。福音派强调代祷的意义同其"一切信徒皆为祭司"的主张是一脉相承的。正如古希伯来祭司有代人献祭与求情的义务一样，基督的门徒也同样负有彼此祷告与祈求这一荣耀的特权与义务。耶稣本人的做法对于正确理解代祷的性质是大有裨益的，他在被捕的前夜曾向天父表达了对一切信徒的深切关注，"我不求你叫他们离开世界，只求你保守他们脱离那恶者。他们不属世界，正如我不属世界一样。求你用真理使他们成圣，你的道就是真理"[64]。按照耶稣的做法，人在向上帝祈祷时亦不应请求上帝使人们脱离这世界，而应将重心放在祈求上帝保佑人脱离一切的罪恶，寻求圣洁的生活。代人祈求的核心在于祈求人们认识和遵循神的意志，在于祈求信徒获得灵性的增长与成熟，也在于祈求圣灵向人启明神的呼召，坚固他们的心志，增强他们的能力。这才是同基督教爱神爱人的精神相吻合的灵性操练。

第三个在福音派看来为灵性培育与成长必不可少的要素是为福音真理所做的见证。福音派信徒看来是牢记耶稣的"你们往普天下去，传福音给万民听"[65]这一教诲的信徒。他们坚信，"信道是从听道来的，听道是从基督的话来的"[66]。因为"世人凭自己的智慧，既不认识神，神就乐意用人所当作愚拙的道理拯救那些信的人"[67]。从历史上讲，基督教福音布道的任务主要是由教牧神职人员承担的，但在福音派阵营中，福音宣教的任务则主要地落在了普通平信徒身上,他们认为传扬福音是每一个信徒不可推卸的使命而不仅仅是属于专职教牧人员的工作。这是将一切信徒皆为祭司的观念推向极限化的形式。而且,为福音真理的见证还被看作是基督徒灵性成长的手段与方式之一,它为个人的灵性状态提供了一种公开的指标或标志[68]。福音派信徒极为乐于同他人分享福音信仰的现象甚至成为福音派限定自我身份的一个重要特征。

福音派从新约中引申出了有关见证的几项原则并将其应用于自己宣扬福音的实践当中。第一,见证是所有基督徒的普遍义务;第二,见证应以耶稣在世上救赎的事实、意义及能力为中心;第三,基督徒的见证应置个人的安危、舒适于不顾而完全忠实于上帝之道;第四,基督徒的见证也是圣灵的事工,是上帝临在与大能的显见[69]。所以,宣扬与传布福音在福音派信徒中具有极为强烈的个人特征。他们往往将同自己处于密切关系中的亲朋好友看作是自己履行福音见证义务的绝佳机会,而且一般非基督徒也更乐于倾听和接受像自己一样的人而不是专职传道人员的讯息。就信徒而言,他们有责任去关怀自己周围的人,有责任去为他们的皈依而不停地祈祷,有责任向他们做见证并把他们带到教会或者各种布道会上来。他们的动机深蕴于由耶稣基督所实践并教诲的圣爱之中,关心他人的灵性所需正是对基督的爱人如己这一诫命的实施。同时,自己生命获得救赎的欣喜与满足也会促使他们乐于同他人共同分享这种经验与喜乐。在某种意义上,他们认为促成他人在基督里的重生也是自己属灵的生命所结出的果实,是自己灵性成长、成熟的方式和标志。

强调一切信徒都有为基督做见证的义务,使得福音派在实践上必定会追求福音的简明与确定性。对他们来说,惟一需要掌握的就是圣经这一上帝之道的文献记载。学术探究与特殊的专业技巧并非不重要,但倘若它们同福音或圣经权威处于冲突时它们就应被搁置一旁。他们坚信圣灵在福音见证中的奇妙做工,尽管人们不清楚上帝会在何时或者以何种方式会令其生效,因为皈依与救赎完全是出自上帝的意志而非人的作为。信徒的使命就在于积极地去为福音做见证,积极地去宣扬天国的消息;上帝自有他奇妙的旨意蕴涵其中。真理的种子一经播下就自有它的力量,何时发芽、何时收获都在神意的掌握与看顾之中。

就广大信徒具体的见证内容而言,它们往往是围绕个人的精神历程而展开的。每个人在叙述其寻找上帝并为上帝所寻找的精神历程时,各人当然都有各人精彩动人、感人至深的具体故事,但纵观这些因人而异的见证内容,可以发现它们其实都拥有同一种结构模式,都拥有同一种主题线索,这就是美国福音布道家约翰·牛顿在其脍炙人口的歌谣"奇异恩典"中所说的,"前我失丧,今被寻回,瞎眼今得看见"的切身感触和内心喜悦,以及由此而萌发的对上帝救恩的敬畏与感激之情。所以,在见证中人们听到的往往是"罪"与"恩典","疏远"与"和好","绝望"与"神佑","流浪"与"回家"一类的生命转变的经历。个人同又真又活的上帝的实实在在的相遇以及由这相遇而来的生命转变成为一切信徒见证基督、见证福音的永恒主题。此外,福音派对宣教与见证的浓重兴趣还表现在对海外传教事业的巨大热情上,他们对那些没有机会聆听基督福音的人怀有一种极强的责任感与使命感。在海外宣教实践中,福音派也同样强调普通平信徒在传福音与做见证上的作用,他们往往可以利用自己的世俗职业身份比如医护人员、工程技术人员、科学培训人员以及慈善事业人员一类的有利因素取得那些为专职传道人所难以取得的效果,而且这种经历对信徒个人的灵性操练以及使他们有机会重新体验当年使徒们的传道经历都具有特殊的意义。

第二节 社会精神的根本变革

基督教信仰与实践上一直面临着两种截然相反的危险,一种是试图将上帝之国同社会文化完全分离开来的消极无为主义,另一种则是企图通过社会性努力来实现上帝之国的盲目乐观主义。以圣经为依据的福音派秉承使徒的告诫,认为基督教信仰的使命在于宣扬基督的福音而不是社会政治纲领,但福音也具有巨大的社会文化影响。而且,真正皈依基督的人就是要做基督门徒的人,而在门徒身份与使命中一个重要的维度就是对他人和社会的事奉。真正的福音信仰必定会表明人的生活与生命的每一个方面都处于上帝的看顾与掌管之中,而不单单局限于人的精神领域。在20世纪40、50年代新福音派正是基于这一信念而从基要派阵营中反叛出来的。他们认为基要派完全将目光专注于个人的精神信仰而忽视了福音应有的社会意义和内涵。当时的基要派可能因为忙于捍卫信仰的基本教义而无暇分身于神学的社会关切领域,而且基要主义神学在反对自由主义神学倡导的社会福音神学运动时亦对社会卷入保持着高度的谨慎与戒备心理。他们认为社会福音神学不恰当地将上帝之国等同于社会在基督教基础上的重构,并错误地暗示人依据自身的努力就可以在世上建立起神圣之国,乃是属于一种贝拉基主义异端在现代的变形。同时,由于"一次世界大战"所引发的悲观主义精神的蔓延,以及在保守派阵营中前千禧年主义与神定时代论的流行,使得保守派基督教放弃了原先坚持的社会参与、社会精神变革立场而完全专注于个人的精神救赎问题,导致了保守派基督教阵营从社会文化生活中的全面撤离[70]。

最早提醒福音派应重视其社会责任的声音来自卡尔·亨利于1947年发表的《现代基要派的不安良心》。亨利在该书中提醒人们，保守派基督教当时所采取的孤立与分离政策同积极卷入社会精神变革的古典福音派传统是格格不入的。基督福音的救赎讯息涉及生活的全部而不是某一个方面。一种不完全的救赎讯息必定会导致一种不完全的生活[71]。福音派应当积极地将福音的救赎讯息应用于个人及社会包括伦理、道德、社会、政治、经济在内的一切领域。如果福音派能够成功地将福音的个人与社会维度结合起来，就有可能会自然而然地导致一种全面的基督教文化的出现。然而，亨利在其半个世纪的福音派领袖生涯里尽管不断为福音派的社会参与奔走呐喊，但他本人却始终没有为福音派如何将这一目标付诸实施提供什么明确的行动方案。他在连篇累牍地批评自由派神学与基要派神学在社会卷入问题上的缺憾的同时，始终没有涉足为福音派提供一套切实可行的社会参与纲领[72]。当然，亨利并不是要谴责自由主义神学对社会关注的兴趣本身，而是批评它依靠人的方法与努力去应付精神领域中的问题，以及因对社会事务的过度关注而削弱或损害了教会救赎个人灵魂的首要使命，因为，福音派强调耶稣的福音本质上是一种个人救赎讯息而非社会救赎方案。但亨利认为像基要派那样而完全放弃福音的社会意义则又走向了另一个极端，它同样也是对圣经见证的基督福音的歪曲。因此，福音派在社会参与问题上正如其在神学教义上一样也选择了一条介于基要派与自由派立场之间的道路。

在仍然注重个体的灵性与皈依的同时，福音派亦积极致力于使心灵的内在转变同社会的正义要求在现实中结合起来。在他们看来，个体灵性皈依是社会精神变革的前提，但仅有灵性皈依本身尚不足以带来社会精神的改变，它还需要有皈依者身体力行的实际社会卷入。"如果基督徒愿意重新坚持其信仰中的先知向度，圣洁的理念在现时刻的历史中就能得以部分性地实现。"[73]教会的主要任务是将个人带至同耶稣基督的救赎性相遇，但它同时也必须承认，个人福音与社会关注是同一枚硬币不可分离的两面。

二者不是非此即彼的关系而是相辅相成的关系。基督教有责任培育与评判信徒赖以生活于其间的社会政治经济生活的精神气质,有责任去致力于改善社会的道德水准与氛围并激活和敏化社会的良心与良知。热切的社会关注同恪守基督徒的行为规范并不必然处于矛盾的关系之中。那去往耶利哥路上的"好撒玛利亚人"[74],如果同时也在游说政府增加社会治安力量或者致力于反对侵吞税款的腐败官员,并不会妨碍他忠实地履行耶稣基督"爱人如己"的教诲。

福音派认为,经由圣灵重生的上帝的子民必定会以其独有的特征影响于外在的世界。这种为每一信徒所不可推卸的外展性使命包含有两个方面的含义。一方面是福音布道。它既包括对基督福音的宣扬也包含对福音救赎行动的见证,由圣灵而生的皈依者通过其圣洁化过程而成为了上帝曾经行动、正在行动并将要行动的标志和迹象。就福音布道而言其目标在于使万邦万民成为基督的门徒。另一方面则是对神对人对世界的事奉。在福音派看来,教会在社会行为中的卷入与事奉正是对耶稣赋予人的使命的自然延伸,因为耶稣曾亲自将以赛亚的预言加诸己身,"主的灵在我身上,因为他用膏膏我,叫我传福音给贫穷的人;差遣我报告:被掳的得释放,瞎眼的得看见,叫那受压制的得自由,报告神悦纳人的禧年"[75]。效仿耶稣的式样必定会将人导向像"好撒玛利亚人"一样去关注那些需要者的切身利益的事奉使命中去。不仅于此,事奉世界的使命还必须要超出最起码的"包裹受伤者"的行为,通过试图推动社会精神结构变革而成为"受伤者"的维护者与支持者。而且,社会关切同福音布道还具有十分密切的关联:社会行为既是福音布道的结果,因为皈依者在事奉中得以显示其新生命;又是福音布道的桥梁,因为它往往会导致福音的宣讲与倾听;还是福音布道的一个组成部分,就像在耶稣的公开使命中一样,在基督徒的使命中,语言与行动,宣讲与展示,好消息与好作为总是携手并进的[76]。就当代福音派的实际情形而言,尽管其在社会关切上的"不安良心"仍然未能达到完全心安理得的地步,但其对社会参与的认识已取得了长足的进展。在终极的精神关注之外,社会行为被赋予了内在的价值与人道主义的意义。教会的社会行为当然最好应有福音布道结伴同行,但即便是没有福音布道同行,它作为基督教慈善事业也具有其自身合理的价值。具体说来,福音派所坚持的社会参与和社会精神变革具有以下几个方面的基本特征。

一、"做盐做光"的个人影响策略

福音派认为基督福音的救赎只是针对犯罪的个人而言的,群体性的社会范畴不在福音的救赎之列,但这并不意味这个世界完全是邪恶的或者说应当把它交在魔鬼撒旦的手中,基督徒应当凭藉福音的更新力量去为基督积极改造和变革这个世界的精神基础。福音派在变革社会中所采取的具体方式可以被称之为一种个人影响策略,它认为变革这个世界的惟一真正有效的方式就在于通过人际关系的影响而达致一次一人式的转变。作为一种社会变革策略,它具有彻头彻尾的个人主义特征。在福音派看来,一切社会、文化、政治与经济的危机与问题从根本上讲都是人的问题,而人的问题最终又都是精神领域的问题[77]。要解决人类面临的种种社会问题如果只是依靠社会的世俗方法都只能是治标不治本的有限的改造,它不可能导致社会精神与结构的全面而彻底的更新。没有人心或精神的重生,一切社会政治性解决现实问题与困难的手段都只能是头痛医头、脚痛医脚的救火式策略,它无法从根本上长久地改变这一切。所以,变革社会必须要从变革人心开始,这是一种由内而外、由个人而群体、由根基而枝节的带有根本性的改变。因此,福音派的社会伦理实质上非常简明了:福音造就好人,好人造就好社会。如果人人都皈依了基督,那么社会邪恶与痼疾就会消失得无影无踪。

由此可见,这种策略依据的是一种原子式的、累积式的社会观,社会只是处于相互关系之中的个人的集合。个人变得越好,社会也会变得越好;社会中的好人越多,社会中的爱和正义成分也就越多。同时,它还相信好榜样在社会生活中的示范和影响力量,通过人际关系带来的相关影响能够带来真正的社会精神转变。所以,福音派将个人伦理置于社会伦理之上,将个人的转变视作社会转变的关键和基础,这实质上是一种罩有社会外衣的个人伦理观。这种个人影响策略深刻反映了福音派在神学上强调个人同上帝相遇的立场。在某种意义上,这种社会影响策略还构成了福音派借以界定自我身份的特征之一。在他们看来,基要派由于采取孤立与分裂的立场而没有以一种积极的方式介入社会变革,自由派则过多地依赖于社会行动和政治改革策略去试图变革社会,非基督教立场则不切实际地相信通过世俗教育和政府规划能够对社会加以根本性的改变,而为福音派所独有的社会行动纲领则在于通过人际关系以使上帝自内而外地改变人的心灵,并由此而最终导致彻底、持久的社会转变[78]。

那么,福音派是如何具体理解个体信徒在社会中的使命的呢?耶稣在"登山宝训"中教导他的门徒说,"你们是世上的盐。盐若失了味,怎能叫它再咸呢?以后无用,不过丢在外面,被人践踏了。你们是世上的光。城造在山上,是不能隐藏的。人点灯,不放在斗底下,是放在灯台上,就照亮一家的人。你们的光也当这样照在人前,叫他们看见你们的好行为,便将荣耀归给你们在天上的父"[79]。这就意味着不仅基督徒所宣扬的福音是这世上的光,而且基督徒自身就是这世上的"盐"和"光",他们应当以自己的言行去实现这神圣的职责,基督徒的见证使命包含有福音的宣扬和坚持与众不同的生活方式这双重的向度。这就是说,根据耶稣的教导,基督的门徒不是要做这世上的"蜜糖"而

第五章　个体精神皈依是社会变革的根基

是要做这世上的"盐"。当盐被施之于由罪所感染的伤口时是会引起蜇痛的，但基督徒的生命不是要去淡化或掩饰这生活的艰涩而是要将这苦难曝露在十字架的光照中来，因为没有痛苦就不会有真正的痊愈。而且，盐如果一直储放在盐罐里就不会发挥防腐作用，灯如果隐藏在大斗下就不会产生照明效果。盐只有同这世界的"面团"相融合，才能防止这世界的腐烂与死亡；光只有照在黑暗里才能驱散这隐藏的邪恶势力的存在与威胁。光和盐的共同之处就在于它们在同黑暗与面团的接触与混合中付出了自己、做出了牺牲。通过这样的比喻，耶稣形象地说明了他期望他的门徒在人类社会中所应当发挥的作用。它首先形象地表明基督徒与非基督徒是有根本性差别的：世界是黑暗的，而基督徒则是它的"光"；世界正在朽坏，而基督徒则是阻止其腐朽的防腐剂"盐"。同时它也表明基督徒必须要渗透并融入到这个非基督教的社会中去，如果盐只贮藏于器皿里，灯只隐藏于大斗下，它们就不可能发挥其应有的功能。再次，它表明基督徒的确能够影响这个非基督教的社会，他们的所作所为不是于这世界徒然无益的。最后，它还表明基督徒必须要保持他们作为基督徒的独特性，他们必须在面临世俗的同化压力条件下要保持住自己的信念、价值、标准与生活方式，否则就像盐失却了滋味，只能被丢在外面，任人践踏了[80]。

在社会中"做盐做光"的信徒首先也就是耶稣所说的"得人如得鱼"[81]的实践者，作为"得人者"，他们必须要撒下那福音的网，然后这福音自己就能网进"鱼"来。基督的门徒在非基督教的社会中是信仰的使者，是万民得救的器皿。根据福音派信仰，一切罪恶都是对上帝的背叛。就它们总是表现为对上帝的信靠的缺如而言，罪就是一种不信仰，就是一种广义上的拜偶像。有限的人依靠自己的力量是无法摆脱这一困境的，他惟有全身心地依靠上帝的恩典，依靠上帝在耶稣基督里的丰盛预备才能达致终极的善,才能远离一切的罪。追随基督的人就必然是效仿基督在对他人的爱与牺牲性事奉中追求圣洁的人。基督信仰讲究因信称义,也讲究因爱成圣。在圣经中所确定的爱既是一种规范或标准,因为它是真正的爱;也是一种动机,因为它激励着信仰者去做那些本身是爱的行为。作为一种规范,爱主要是理智性的;作为一种动机,爱又是情感和志愿性的。在任何道德行为中它们都是不可分割地交织在一起的。耶稣曾将基督教奉行的这种对神对人的双重爱的诫命总结为,"你要尽心、尽性、尽意,爱主你的神。这是诫命中的第一,且是最大的。其次也相仿,就是爱人如己。这两条诫命是律法和先知一切道理的总纲"[82]。这样的爱就是将自己奉献给他人,将善与好处带给他人的一种牺牲性的愿望。基督徒的圣洁生活就是对神和对人的爱的事奉的生活。这种谦卑的爱的精神与生活正是以自私与骄傲为特征的现代社会世俗精神与生活所缺乏和感到陌生的。正是通过这一与世俗精神判然有别的生活态度与方式使得基督的门徒成为了驱散黑暗的光,成为了阻止腐烂的盐。

这样,"做盐做光"的基督徒的整个生活可以大致概括为,它始于在基督中的新生,由作为规范与动机的爱所构成,在持续终生的同罪的争战中而成长,在灵性或同上帝的关系中获得滋养,在上帝之道中获得指导,在社团中获得增长与成熟,其目标则是一切的善[83]。通过在人世上做盐做光的社会生活,基督的门徒就能使得基督的信仰对他人构成一种严肃的选择。福音派的策略不是要试图去控制社会或政治秩序,而是要使人们所处的社会尽量达到它的最高伦理道德水准。基督徒在社会中的出现与存在就能够使社会意识到基督伦理与登山宝训的相关性,就能够使人们认真地考虑是否有必要接受这种选择。这样,人们就可能会意识到自己的罪以及对基督救赎的迫切需要,从而导致人们对基督的皈依与认信。那些即使没有经验到灵性皈依的人,在他们同基督教理念的接触与感受中也能获得某种生命的丰富,因为福音派相信榜样与示范的力量。这样,社会秩序最终将会从做盐做光的上帝的子民那里获得某种丰富与更新。正如"神爱世人,甚至将他的独生子赐给他们"[84],从圣灵而生的信徒亦应以爱与怜悯去对待这世界,并竭尽所能地谋求在社会中去扩展和延伸这种爱。

当然,基督徒水平向度的爱必须要同其垂直向度的信仰结合在一起。基督徒并不谋求社会政治的世俗权利。它的社会公共参与原则[85],首先是将上帝的超验意志看作是对正义的绝对要求;惟有基督是已堕落的人类中的完人,是一切罪人的救主;被钉十字架的耶稣的复活公开确证了人类的神圣审判者并确保了公义的最终胜利,因为上帝"要藉着他所设立的人按公义审判天下,并且叫他从死里复活,给万人作可信的凭据"[86]。其次是要求基督徒秉承和发扬那不顾个人安危宣传上帝正义、谴责人类不义的虔敬的先知传统。最后才是听从和顺应上帝意愿人类社会成为堕落的人保存公义与秩序的框架或结构的旨意。社会事奉本身不应被看作是最终的目的,它不是宗教功成圆满的归宿。它只是"将要到来的上帝之国的迹象与比喻。它既是福音的结果也是福音的预备"[87],就其作为纯世俗的行为而言它仍有自身的价值。

在同世俗规范与权利的关系上,福音派的社会卷入倾向于避免采取直接对抗的策略和强迫个人服从于社会公共标准的集体决策过程。福音派并非是无政府主义者和反道德律令主义者,他们也不是绝对的自由主义者。在现实中他们更可能倾向于从必须的公共道德底线标准出发。他们注意始终使自己把关注的重心集中于那吞没人类的精神的黑暗上来。世界的希望尽管并不在于对世俗秩序的改进与完善,但这并不影响他们在世界上做盐做光,因为基督的门徒同时是此岸与彼岸两个国度的公民。可见,福音派在社会参与问题上自始至终采取的都是一种个人影响策略,这是使基督教的社会参与同其他一切世俗性社会参与区别开来的显著标志。从现实的角度讲，这种策略也许对错综复杂的社会采取的只是一种简单化的看法，它可能只是对多维的社会问题提供了一维的分析与对策。这有可能使他们无法看到超个人的社会结构、集体过程以及制度化的系统在规范与影响人的意识、经验与生活机遇上所发挥的巨大影响[88]。但基督的门徒从来都不是拘泥于现实的人，他们是相信神的奇迹与天国来临的真正充满理想和希望的人。

二、"居于此世但不属于此世"的双重公民身份

福音派认为，《圣经·新约》中使用的"世界"一词有三重基本含义，一是指自然的物质世界，二是指人类社会或国家，三是指背离于上帝及其真理的堕落的人性[89]。一般所说的基督徒以及教会生活的彼世性并不完全适合于它的前两种含义。基督教认为世界及其万物都是出自神的创造并处于神的佑护下，但现代自然主义和世俗主义的流行将超验的上帝逐出了世界的中心位置，自我或者其他种种有限的价值与对象取代了传统信仰的上帝的支配地位，偶像崇拜与世俗虚无主义成为人的精神世界荒芜与堕落的显著标志。对于这个人们不得不栖身于此的自然与人文世界，福音派认为基督徒不应采取听任世俗主义泛滥的消极逃避策略，而应遵照基督要求其门徒在世上"做盐做光"的诫命，以基督徒所特有的福音见证与爱的事奉，谋求同这神的造物以及人的生活更为全面的卷入与参与。在这种意义上，可以说基督徒是"居于此世"的。

但对于"世界"一词的第三重涵义即整个堕落的人性或者说未获救赎的人性生活，圣经则要求信徒与教会采取完全的"彼岸性"的超然态度。这种意义上的"世界"就是指一切拒绝敬拜上帝，拒绝接纳神的真理，拒绝遵从神的诫命的集体与社会表现形

式,而且这种意义上的世界还是指一个由堕落的人性寻求各种上帝及其真理的替代品并加以顶礼膜拜的世界。它将自身及其有限价值置于人的终极忠诚的核心,它为人们提供了种种虚妄的意义,它是撒旦同上帝争战与对抗的手段。成为这个"世界"的一部分也就意味着成为撒旦仇视上帝的邪恶势力中的一部分[90]。所以圣经说,"凡想要与世俗为友的,就是与神为敌了"[91]。这样的世界包括堕落者的整个视域、欲望、建构生活的方式以及他们真正的所思、所欲和所行,也包括这种堕落的生活赖于生存和实现的社会公共结构与组织。对于这个世界,耶稣基督是明确表示拒绝与其为伍的,耶稣在为信他的人向父神祷告时曾说,"我已将你的道赐给他们,世界又恨他们;因为他们不属世界,正如我不属世界一样"[92]。在世俗掌权者彼拉多面前受审时,耶稣也同样断定,"我的国不属这世界;我的国若属这世界,我的臣仆必要争战,使我不至于被交给犹太人;只是我的国不属这世界"[93]。上帝在这世界的旨意是要世人为罪、为义、为审判,所以他不会为这样的世界而祈祷,也不会希望他的信徒在精神上认同这样的世界。

这就意味着从圣灵而重生的人尽管不得不暂时居于此世但他们在灵性上绝对不应属于此世。基督教的生活观同那些世俗社会视为理所当然的价值与追求保持着判然有别的界线,事实上,在基督教的道德与精神价值同社会的道德与精神价值之间存在一条不可逾越的鸿沟。基督徒在这世上的感觉就像是行色匆匆的过客,世界之于他们只是通过上帝之国路途中的驿站。他们在这世界上常常以不得不忍受"思乡"之苦与煎熬的旅居者或放逐者自居,因为他们就像亚伯拉罕一样要"等候那座有根基的城,就是神所经营、所建造的"[94]。"即使当上帝的子民在社会中获得了权位与职责,他们也仍会被猜疑为异己者,因为他们的终极忠诚不在于某一个国家或政党之类的有限对象而在于无限的上帝。即使当上帝的子民分享了这世界的祝福与安慰,他们也没有身在故乡家园的感觉,因为他们对那威胁个人与社会利益的常在于人性与社会中的邪恶永远保持着敏感和警觉。"[95]同时,他们还必须要时刻抵御来自世俗之城的诱惑以及世俗文化价值追求同质化的压力。这就使得他们为了保持自己在道德与认识上的特殊性,为了避免对世俗社会文化的适应与妥协,而有必要保持一种"荒漠圣徒的特征"。所以在现实社会文化生活中,福音派因一贯坚持众人皆睡我独醒的精神批判原则而被人讥讽为禀有"以利亚综合征"的人[96]。他们自认为处在基督的一次与二次降临之间,处在已来的国度与将来的国度之间,处在现存的实在与将要出现的实在之间。使徒保罗对此曾反思道,"就是我们这有圣灵初结果子的,也是自己心里叹息,等候得着儿子的名分,乃是我们的身体得赎。我们得救是在乎盼望"[97]。所以基督徒们不得不在"已然"与"未然"之间忍耐等候。

居于此世但不属于此世的自我身份认同使得基督的信徒成为了两个世界的公民,他们既是世俗国家的公民也是天国的公民,他们是生活在世俗与精神两个不同国度的同时具有双重公民身份特征的人。福音派强调,基督徒在热切盼望上帝之国的绝对公义之时,他们还必须要在现实世界中去寻求和争取实际生活的善与公正,他们的目标在于成为这两个国度的最佳公民,因为他们赋有双重的责任。作为国家的公民,他有义务去为社会的有限公正而努力。但作为上帝之国的公民,他也有责任去召唤人们奔向更高级的正义、向永恒上帝的绝对公正看齐。他们应该同时履行作为基督的使者与作为国家的公民这双重的责任。譬如,一个法官只有把那触犯法律的罪犯送进监狱,他才算得上履行了自己作为国家公民的职责。如果与此同时,他能够凭着基督的爱为这个囚犯送上一杯清水,那么他也就同时在履行着上帝之国公民的义务。公共责任与个人义务或许是不尽相同的但却是相互关联的。

"作为基督徒,我们不能皈依社会结构亦无法使政治基督教化。但我们能够依据上帝的诫命变革社会结构。我们也能够依据福音与诫命的标准使政治更加人性化。我们不能建立起乌托邦,但我们可以通过先知性批判与社会行动使社会朝向更高级别的正义而运动。"[98]强调这种居于此世但不属于此世的双重公民身份,强调保持适当的入世性与出世性,正是福音派主张通过个人灵性皈依达致社会精神变革的重要特征。

三、"合作但不妥协"的社会精神批判

"合作,但不妥协"是指导福音派在这个世界实施社会文化参与和卷入的方针和策略。它摈弃了基要派的"不合作,不妥协"的隔离主义行动纲领,因为它放弃了福音应有的社会影响与变革作用,最终会使社会文化完全曝露于世俗主义的影响之下。它也拒斥了自由派的"为合作而妥协"的投降主义方针,因为它最终会使超验的福音真理蜕变为自然与理性主义的文化价值或意识形态。福音派认为基督徒与教会在现实世界中负有精神和灵性使命,而且这一使命同生活的具体关切与问题是密切相关的。基督教不是要撤离或疏远这世界而是要在世上推进上帝之国,并且推进这上帝之国的方法也不在于认同和顺应一时一地的世俗文化价值。要做到这一点,"我们可以利用包括宣道、圣事与虔敬生活在内的精神方法,亦可以间接地采用一些世俗的手段"[99]。当然,在实践中福音派总是把上帝的救赎计划放在第一位的。这就意味着教会和福音团契不是什么政治论坛,不是什么社会福利机构,也不是什么心理咨询中心。它们的社会文化意义在于以基督教信仰为依据的精神批评。基督的门徒赋有祭司与先知的双重使命[100],就后者而言就是要使上帝之道作用于社会秩序,成为世界的精神批判者、道德监视器以及能令它为自己的过失与荒唐感到不安与忏悔的良心和良知。

所谓福音派的精神批判就是指站在宗教信仰的立场上，也就是说以一种与神圣、绝对和无限相关联的眼光，对一切世俗有限事物作出的审视和评判。宗教的精神批判不同于一般的有关具体内容的批判或者逻辑批判，它是一种纯粹精神性的批判。它不是在某个事物之内或在各个事物之间的批判，而是站在一切有限事物之外的批判。这种批判不涉及细节，它关注的是整体。它不涉及事物的量的规定，而只关注事物的质的特征。它不是要给具体的社会问题提供某种具体的解决方案而是通过福音的宣扬来唤起社会的良知。发挥宗教的精神批判功能，就是根据宗教神圣的立场，指出一切世俗事物本质上是有限的、相对的和有条件性的。它既标明一切有限物都是非神圣性的，又标明这些有限物同无限物的关联之处。可以说，它一方面可以有效地关闭"伪神圣物"的"僭妄之门"，另一方面又可以有效地为一切世俗事物指出必须不断自我超越的出路。福音派认为，接受在圣经中自我启示的上帝而不是任何人的观念与价值为生活的终极权威，在某种意义上"具有深刻的解放意义。它使人们摆脱了一切文化时尚的奴役，提供了评判它们的框架"[101]。

其实，宗教作为人们信仰和崇拜的对象，它的精神作用是显而易见的。宗教从最初的产生时期起，就蕴涵着对现实的某种否定因素。既然宗教可以被看成是对神圣事物的追求和回应，那么它也就包含有对世俗世界的某种否定和不满。在这种意义上，宗教是对现实的一种否定、批判和超越。这种因素构成了宗教的一个本质特征，并成为宗教得以存在的最深刻的因由之一。然而，在历史的进程中，随着基督教制度化、社会化的高度发展以及神权社会的出现，宗教这种得以产生和存在的最根本性功能逐渐沦落到次要地位，甚至遭到了遮蔽和遗忘。宗教对本属自己的分内之事置之不顾，反而试图在社会中行使各种世俗性的职能，从而使自己过度纠缠于历史与社会的兴盛起伏之中。福音派神学家大卫·韦尔斯指出，现代社会则是一个世俗化色彩占主导地位的社会，宗教日益从世俗领域分离出来，并越来越减少了对它们的直接影响。人类生活的几乎全部重要领域都已摆脱了宗教的控制和庇护，甚至连人自身也变得极其"世俗化"了。在各种社会体制里，同以往相比，宗教只具有非常微小的意义。事实上，宗教已不再是世俗性社会功能的必要形态了。这就是说不信仰而不是信仰成为了现代性的精神规范[102]。既然现代人对宗教在社会中占主导地位的任何观点都持有极其审慎的态度，根据以往的经验，福音派主张，宗教可以作为在精神上对错误事物进行忠告和纠正的现存实体来保持它的社会卷入。这种观点所指的其实就是宗教应行使的最低意义上的精神批判功能。由此看来，当代社会的世俗化趋势也为重新检讨基督教同社会的结合点提供了新的契机。世俗化尽管在很大程度上意味着宗教势力在社会中的减弱，但却更意味着宗教对现代社会的调整性适应。它要求宗教从以往过分关注具体世俗性职能的立场上转移到它的精神职能上来，从而使宗教的精神批判功能重新凸显出来。

具体说来，福音派认为宗教的精神批判，所持的是一种"非此世的立场"，它是从彼岸对此岸的审视与观照。它的批判其"根据"在此世之外。可以说这种批判既是一种"最为彻底的批判"，同时又是一种"最为不着边际的批判"。说它是最为彻底的批判是因为它立足于一个完全不同的立场，说它又是一种最为不着边际的批判是因为它并不涉及对象的具体内容，而是从方向上、标准上及整体上给予自己的评估。它是引导人们生活的原则而不是解决具体问题的方案[103]。宗教作为一种特殊的精神批判，不纯粹是旁观者，它需要直接卷入并体验社会的悲欢离合，而且还要给出自己的评判与解答。但问题是宗教的卷入有别于某一世俗精神在社会文化中水平的、线性的卷入。宗教的卷入是一种自上而下的卷入。它是一种随时随地的卷入，又是一种随时随地的撤离。宗教的社会卷入是同宗教在社会中的一定的隔离相伴随的。两者之中每一端都对另一端构成了一种平衡和制约。惟有在动态的平衡中才能恰当地把握宗教与社会的相互关系。一方面,这要求宗教同社会保持一定的距离,存有一定的间隔,以"出乎其外"的态度来辨识"庐山真面目"。另一方面,这又要求宗教在社会现实中实现一定程度的参与,要以"入乎其中"的态度对社会"事事关心"。惟有真正的参与,才有真正的超越,才能在对有限性本质的感知中体悟出无限与超越的向度[104]。宗教的社会卷入本质上不是像某种制度、组织、实体或某种意识形态、思想观念的卷入,而是在精神层次上或确切地说在同神圣相关联的层次上的渗透。这种渗透不影响社会的具体内容和进程,而是要把它引入一种无限性的视域来凸显其有限性本质,以及指明其同无限性的真正联结之处。这就是说,这种渗透带来的是真正的超越。通过宗教的精神批判,使有限的社会面向无限作出精神上的自我超越,从而使社会更清晰地把握自身的意义与价值。

发挥宗教的精神作用当然不应仅仅满足于成为人们精神生活里的"避难所"或者"镇痛剂",而应发挥更为积极的影响。由事后残局的收拾者,转变为在事情之前或事情发生过程之中的参与者、指导者和批评者。就其精神功能而言,宗教不仅在于给处于困境、经历危机的人们提供一个精神上的"避难所"和"镇痛剂",还在于应当成为社会文化生活中的一座"警世钟"和"清醒剂"。就其精神功能而言,宗教有理由也有责任为各种世俗社会文化生活"找点麻烦"。宗教必须发挥它的预知、劝诫和警醒作用[105]。惟有如此,才能找准自己同现代社会的交汇点,从而才能最大程度地有益于社会的发展,同时也是最大程度地体现出宗教在现代社会中的价值和地位。当然,这并不是说要求宗教对科学、教育、政治、伦理、社会服务诸社会世俗领域实行直接的控制和监督,不是主张宗教以神圣吞并或取代世俗。而是说宗教

第五章　个体精神皈依是社会变革的根基

有可能在一个完全不同的维度上对现代社会作出更加广泛的、间接的精神性影响。宗教应在平庸的日常生活中标志出一个风格迥异的维度。它作为一种精神力量，或者深嵌于一切世俗领域之后，或者高悬于一切世俗领域之上，从而构成世俗世界的一种背景、底蕴和意义之源，最终使一切有限事物的真正价值得以显现。神学家詹姆斯·帕克指出，同世界处于对立地位的福音派并不是要反对那些自然的东西而是要对抗那些有罪的事物，对一切属于世俗主义的文化时尚福音派都是逆流而动的[106]。宗教指向的是人类精神生活中终极的、无限的、无条件的一面，它展示了人类精神生活的深层和终极的一面。既然宗教的精神批判如此重要，那么发挥宗教的精神批判功能到底是指哪些内容呢？具体而言，在现代社会发挥宗教的精神批判功能主要表现在以下四个方面。

其一，宗教在现代社会文化中应当重新行使其传统的先知职能，即发挥其特殊的预知、警醒、劝诫和批判功能。这不仅要求宗教必须对社会文化的整体、结构和发展方向，运用与绝对相关联的目光予以评判，而且还要求它必须永远标明，在社会文化以及人的精神生活中始终存在着真正超越的维度。也许实际生活中，许多人对所谓终极问题的关注并非那么强烈和迫切，因为对他们来说这不过是毫无意义的自寻烦恼。他们在自己平庸的日常生活中也能过得风风火火，有滋有味。在属于自己的小圈子里形成了一个自圆自足的狭小天地。可是这样下去，过分集中专注于有限的价值目标，就会遮掩人的真正本性之所在，就会终日沉湎于形形色色的机制、技术、组织、运动之中，看不见生活中更高的意义和价值。完整的人本身被分化成了各种角色以履行相应的职能。人不再是完整、本真的自我，而是被异化、被分裂成各种角色。长此以往，人们的目光就变得短浅了，人们的心胸也变得狭窄了。世界丧失了其应有的超越性，人们的精神生活也陷入了日趋异化的困境。在这样的社会中，一个突出的特征就是"所有的逆转"现象：人的自我中心和无尽的占有欲，使人束缚于对物的追求。人对自己的所有本来处于支配地位，却反过来又被其拥有的对象所压迫。人不能摆脱其拥有，结果便成为其猎物。在这种逆转和异化中，人处于被动、依附的地位，陷入了被其拥有物控制和吞没的危险之中。发挥宗教在社会精神生活中的先知功能，就在于对迷失于物欲和异化之中的社会，给予良药苦口式的"当头棒喝"，促使其幡然回首，重新校正自我发展方向，以纳入正确的轨道上来。这里，宗教因其同无限或神圣的关联而判然有别于世俗的眼光。在神圣与世俗的二元对立下，宗教的基本立场，它由以出发的根据，它的审视方式以及它观察事情的重心，都迥然不同于世俗性的评估体系。它们关注的是同一事物的两个不同的层面或维度。正因如此，宗教才可以用它特殊的方式对社会发展过程中那些潜在的危险与错误提出预告和警醒，对社会中现存的失误和不当做出劝诫和批判，成为真正关心社会命运和疾苦，但也许有时不受欢迎，甚或遭受误解的现代社会文化中的"先知以利亚"[107]。

其二，宗教凭藉自身同绝对或神圣的关联，应行使起对日常社会文化的"非神圣化"功能。即防止人们将任何有限事物当作无限的终极价值来源，防止种种"伪神圣"的僭妄，破除偶像崇拜。禁拜偶像是新旧约圣经反复强调的主题之一，纵观人类的历史亦可以看到社会为伪信仰付出的诸多惨痛代价[108]。人们对真正可供安身立命的精神价值孜孜以求。然而，往往不幸的是，人们将整个身心所托付的、倾力为之奋斗献身的目标，也许到头来不过是一场梦，那曾经执著过的信仰对象不过是又一尊偶像而已。可以说，曾经影响和主宰人们精神世界的几乎所有神圣或世俗的意识形态，都是某种帮助人们抵御偶像诱惑、辨识偶像面目的努力和探索；尽管它们自身又常常陷入偶像崇拜的泥沼而无力

第五章 个体精神皈依是社会变革的根基

自拔。所谓偶像,所谓伪神圣,就是指那些无法提供终极意义和救赎却又被人们赋予终极信仰和崇拜的事物。也就是说它们是被视为无限而受到信奉膜拜但实际上却并不真正具备无限性的对象。历史上曾经为无数人匍匐膝行、顶礼膜拜的传统偶像,已属尽人皆知。随着现代社会的到来,理性主义与世俗精神成为社会的主流,传统的迷信观念在科学和理性的审视下纷然瓦解。人们已不大可能再虔诚地将自己托付于那些陈旧不堪、与现代生活格格不入的老偶像了。在现代社会,许多其他东西可以蜕变成人们的新偶像。譬如金钱、享乐、健康、权力、成就、技术、家庭、社团、国家等等,它们都有可能占据人们精神生活的绝对核心,从而担负起超出自身范围之外的意义和价值。可怕的是,人在迷失方向时,往往会跑得更快。当今社会精神中的物质主义与世俗功利主义正在日益增长,而人的精神世界却相对地呈现出一派荒芜景象。以往支配人们精神追求的传统信仰逐步丧失了往昔的活力和魅力,过去构成人们精神支柱的旧有价值而今已显得支离破碎、分崩离析。然而,新的价值和新的观念尚未确立或者正处在上下求索之中。在这种情形下,信仰危机加重了,而偶像崇拜兴盛了。诚如帕斯卡尔所言:"精神自然而然要信仰,意志自然而然要爱慕;从而在缺少真实的对象时,它们就非附着于虚妄不可。"[109] 偶像崇拜的根源在于人的本质的有限性。对于信仰对象以及信仰程度正当与否的评估,不是来自抽象的教条,也不是来自具体当下的世俗生活,而只能是来自宗教的同真正无限相关联的超越性反思和批判。一旦引入这种宗教性的精神批判机制,社会中一切准宗教、伪宗教、假神圣都会还原出它们真实的面目,各种人为的造神运动都将流于破产。它不允许极端的科学主义、狭隘的国家主义和绝对的理性主义为自己建立起膜拜的祭坛,也不会让极度的个人崇拜像瘟疫一样在社会里蔓延。福音派神学家阿利斯特·麦格拉思在考察了这方面的教训时指出,"重要的是,正是像卡尔·巴特和迪特里希·朋霍费尔这样拒绝在耶稣基督以外寻找上帝的神学家,对第三帝国发动的文化战争进行了最为严肃、最具思想性的抵抗"[110]。这种精神批判并不否定现实中一切有限物自身应有的价值,它反对的只是那些自诩为或被人吹捧为拥有绝对价值的有限物的"神格化"。它所做的一切就是使披着神圣外衣的一切社会世俗物最终"非神圣化"。

其三,根据这种宗教批判精神,在社会和个人生活存在中,宗教有责任提醒人们应当永远保持一种开放性交流原则。就是说,不仅在现代社会集权、民族主义、经济垄断过度发展的趋势中应时刻保持一种开放性,而且在各种社会组织之间,人际关系之间亦应以彻底开放的心态去达致谅解、宽容和共存,从而在最大限度上去缔造和维护人类社会的和平与发展。积极发挥宗教的精神批判功能,就是要使人们认识到,一个积极、健全、富有未来的社会只能是一个"开放的社会"而不是什么"绝对的社会";一颗积极、健全、富有希望和创造力的心灵也只能是一颗"开放的心灵"而不是什么"封闭的或自给自足式的心灵"。根据宗教的这种精神批判,可以发现一切极端的个人主义,自我中心论,以及一切狭隘的党派主义、宗派主义,都存在着根本性的缺憾,它们都不应当成为人的终极信仰的渊源。假如把它们当作重组个人和社会生活价值的绝对来源而又没有其他价值适当地与之均衡时,它们或许就会演变成某种灾难性的力量。以自我或其他偶像取代了上帝,也就拒绝了来自真正的造物主与救赎主的恩典。"这种自我的胜利总是得不偿失的,它终归将适得其反地导致真正自我的丧失"[111]。这一点已被无数的历史事实所证实,并给人们留下了惨痛的教训。

其四,发挥宗教的精神批判功能,还表现为积极引导社会文化抵制各种极端世俗主义庸俗性的侵袭。人们对精神世界的追求,并非要否定社会的物质性,也不是要否定人们正当的物质利益追求。过去主要由宗教倡导的禁欲主义在现代社会的价值观中已很难找到自己的位置。恰恰相反,现代社会的价值观有向另一极端发展的倾向。社会物质性的极大丰富,按说本应带来人们精神生活的极大丰富。然而,现实情况却是社会物质性的发展导致了精神性的萎缩。换言之,社会的物质性正在吞噬着社会的精神性。其结果,一方面是社会生活中世俗主义的庸俗性势力日渐兴盛。片面的经济发展取代了全面的社会发展,物质进步取代了精神的进步,物质的成功与否成为判定一个团体或个人价值的惟一标准。另一方面,在致力于社会精神生活建设的政治、文化、道德、艺术等领域中,也可悲地渗透了不少极端世俗主义庸俗成分,这突出地表现在社会文化中功利主义色彩日趋浓重的过程中,对此必须予以高度的重视。重建丰富的社会精神世界是一个复杂的社会系统工程,宗教在其中自有其特殊的地位和作用。积极发挥宗教的精神批判功能,引导社会不断走向自我超越,这正是宗教作用于社会的最佳切入点。宗教必须以自己在精神与信仰世界的执著追求,在物欲滔天的世俗洪流中树起一面不倒的旗帜,从而彰显出宗教这一社会存在自身真正的价值。这就是福音派所持守的宗教应在社会精神批判方面所发挥的作用与影响,它成为福音派在社会文化生活中的自我定位与自我功能评估的一种指导原则。

注 释:

[1] James M. Houston, "Spirituality", in *Evangelical Dictionary of Theology*, ed. by Walter A. Elwell, Baker Books, 1984, p. 1046.

[2] Alister E. McGrath, *Evangelicalism and the Future of Christianity*, InterVarsity Press, 1995, p. 125.

[3] Stanley J. Grenz, *Revisioning Evangelical Theology*, InterVarsity Press, 1993, p. 38.

[4]《圣经·新约·哥林多前书》第一章第十四至十五节。

[5] T. R. Albin, "Spirituality", in *New Dictionary of Theology*, ed. by S. Ferguson & D. F. Wright, InterVarsity Press, 1988, p. 657.

[6] Henry Rack, *Twentieth Century Spirituality*, London: Epworth Press, 1969, p. 2.

[7] Stanley, J. Grenz, *Revisioning Evangelical Theology*, InterVarsity Press, 1993, p. 42.

[8] 参见 James Houston, *The Heart's Desire: A Guide to Personal Fulfillment*, Oxford: Lion, 1992。
Eugene H. Peterson, *A Long Obedience in the Same Direction*, InterVarsity, 1980; *Reversed Thunder*, Harper & Row, 1988。

[9] James M. Houston, "Spirituality", in *Evangelical Dictionary of Theology*, ed. by W. A. Elwell, Baker Books, 1984, p. 1047.

[10]《圣经·新约·加拉太书》第五章第二十二节。

[11] Alister E. McGrath, *Christian Theology: An Introduction*, 1977, 2nd. Edition, Blackwell Publishers Ltd., p. 279.

[12] John Stott, *Evangelical Truth*, Intervarsity Press, 1999, p. 88.

[13]《圣经·新约·约翰福音》第十六章第七节。

[14]《圣经·新约·约翰福音》第十四章第七节。

[15]《圣经·新约·马太福音》第六章第十九节、二十节。

[16]《圣经·新约·约翰福音》第三章第五至六节。

[17] Donald G. Bloesch, "Conversion", in *Evangelical Dictionary of Theology*, ed. by W. A. Elwell, Baker, 1984, p. 273.

[18] 参见 Stanley J. Grenz, *Theology for the Community of God*, Wm. B. Eerdmans Publishing Company & Regent College Publishing, 2000, p. 405, 433。

[19] Donld G. Bloesch, "Conversion", in *Evangelical Dictionary of Theology*, ed. by W. A. Elwell, Baker Books, 1984, p. 273.

[20] James Barr, *Fundamentalism*, SCM Press Ltd., 1977, pp. 25—25.

[21] Stanley J. Grenz, *Theology for the Community of God*, Wm. B.

Eerdmans & Regent College Publishing, 2000, p. 412.

[22]《圣经·新约·约翰福音》第十六章第八节。

[23]《圣经·新约·约翰一书》第一章第九节。

[24]《圣经·新约·马太福音》第二十二章第十四节。

[25]《圣经·新约·哥林多前书》第二章第九、十节。

[26]《圣经·新约·马可福音》第一章第十五节。

[27] John Stott, *Evangelical Truth: A Personal Plea for Unity, Integrity & Faithfulness*, InterVarsity Press, 1999, p. 89.

[28] *The Works of Jonathan Edwards*, vol. 4, ed. by C. C. Goen, Yale University Press, 1972, p. 177.

[29]《圣经·新约·罗马书》第七章第十九节。

[30] Donald G. Bloesch, *Essentials of Evangelical Theology*, vol. 2, Prince Press, 1978. pp. 7—8。

[31]《圣经·新约·罗马书》第十章第九至十一节。

[32]《圣经·新约·约翰福音》第三章第十六节。

[33]《圣经·新约·约翰福音》第八章第三十四节。

[34]《圣经·新约·罗马书》第六章第二十三节。

[35]《圣经·新约·约翰福音》第十四章第六节。

[36]《圣经·新约·罗马书》第八章第二节。

[37]《圣经·新约·约翰福音》第一章第十二、十三节。

[38]《圣经·新约·约翰福音》第三章第七节。

[39]《圣经·新约·彼得前书》第一章第二十三节。

[40]《圣经·新约·哥林多后书》第五章第十七节。

[41]《圣经·新约·约翰福音》第八章第二节。

[42] John Stott, *Evangelical Truth: A Personal Plea for Unity, Integrity & Faithfulness*, InterVarsity Press, 1999, p. 90.

[43] Donald G. Bloesch, *Essentials of Evangelical Theology*, vol. 2, Prince Press, 1978, p. 15.

[44] 参见 Stanley J. Grenz, *Theology for the Community of God*, Wm. B. Eerdmans & Regent College Publishing, 2000, p. 440。

R. E. O. White, "Sanctification", in *Evangelical Dictionary of Theology*, ed. by W. A. Elwell, Baker Books, 1984, pp. 969—971.

[45]《圣经·新约·约翰福音》第十七章第十七节。

[46]《圣经·新约·使徒行传》第二十章第三十二节。

[47] Donald G. Bloesch, *Essentials of Evangelical Theology*, vol. 2, Prince Press, 1978, p. 42.

[48]《圣经·新约·希伯来书》第十二章第十节。

[49]《圣经·新约·约翰一书》第一章第六、七节。

[50]《圣经·新约·以弗所书》第五章第八、九节。

[51]《圣经·旧约·耶利米书》第十七章第八节。

[52] John Stott, *Evangelical Truth: A Personal Plea for Unity, Integrity & Faithfulness*, InterVarsity Press, 1999, p. 98.

[53]《圣经·新约·以弗所书》第四章第十三节。

[54]《圣经·新约·哥林多后书》第五章第十七节。

[55]《圣经·旧约·诗篇》第五十一章第十至十二节。

[56] Clark Pinnock, "What Is Biblical Inerrancy?" in *The Proceedings of the Conference on Biblical Inerrancy 1987*, Broadman, 1987, p. 75.

[57] James Barr, *Fundamentalism*, SCM Press Ltd., 1977, p. 36.

[58] 参见 James Barr, *Fundamentalism*, SCM Press Ltd., 1977, p. 37。

[59] Billy Graham, *Peace with God*, Kingswood: World's Work, 1954, p. 152.

[60] James Davison Hunter, *American Evangelicalism: Conservative Religion and the Quandary of Modernity*, Rutgers University Press, 1983, p. 78.

[61] 参见 Donald G. Bloesch, *Essentials of Evangelical Theology*, vol. 2, Prince Press, 1978, p. 57。

[62] Stanley J. Grenz, *Revisioning Evangelical Theology: A Fresh Agenda for the 21st Century*, InterVarsity Press, 1993, p. 32.

[63] Donald G. Bloesch, "Prayer", *in Essentials of Evangelical Theology*, vol. 2, Prince Press, 1978, p. 57.

[64]《圣经·新约·约翰福音》第十七章第十五至十七节。

[65]《圣经·新约·马可福音》第十六章第十五节。

[66]《圣经·新约·罗马书》第十章第十七节。

第五章　个体精神皈依是社会变革的根基

[67]《圣经·新约·哥林多前书》第一章第二十一节。

[68] James Davison Hunter, *American Evangelicalism: Conservative Religion and the Quandary of Modernity*, Rutgers University Press, 1983, p. 80.

[69] F. L. Fisher, "Witness", in *Evangelical Dictionary of Theology*, ed. by W. A. Elwell, Baker Books, 1984, p. 1175.

[70] 参见 John Stott, *Issues Facing Christian Today*, Marshall Morgan & Scott, UK; 1984, pp. 6—8。

[71] Carl F. H. Henry, *The Uneasy Conscience of Modern Fundamentalism*, Wm. B. Eerdmans, 1947, p. 72.

[72] 参见 Carl F. H. Henry, *Evangelical Responsibility in Contemporary Theology*, Wm. B. Eerdmans, 1957, p. 72。

[73] Richard Quebedeaux, *The Young Evangelicals*, Harper & Row, Publishers, 1974, p. 39.

[74] 参见《圣经·新约·路加福音》第十章第三十至三十七节。

[75]《圣经·新约·路加福音》第四章第十八、十九节。

[76] John Stott, *Evangelical Truth: A Personal Plea for Unity, Integrity & Faithfulness*, InterVarsity Press, 1999, p. 105.

[77] 参见 Carl F. H. Henry, *The Uneasy Conscience of Modern Fundamentalism*, Wm. B. Eerdmans, 1947, p. 84。
Donald G. Bloesch, *The Invaded Church*, Word Inc., 1975, p. 31.

[78] 参见 Carl F. H. Henry, *Evangelical Responsibility in Contemporary Theology*, Wm. B. Eerdmans Publishing Company, 1957, pp. 72—73。
Carl F. H. Henry, *Evangelicals at the Brink of Crisis*, Word Books, 1967, pp. 78—79。

[79]《圣经·新约·马太福音》第五章第十三至十六节。

[80] 参见 John Stott, *Issues Facing Christian Today*, Marshall Morgan & Scott, UK, 1984, pp. 65—67。

[81]《圣经·新约·马太福音》第四章第十九节。

[82]《圣经·新约·马太福音》第二十二章第三十七至四十节。

[83] 参见 Kenneth S. Kantzer, "Christian Personal Ethics", in *Evangelical Affirmations*, Zondervan Publishing House, 1990, pp. 209—211。

[84]《圣经·新约·约翰福音》第三章第十六节。

[85] Carl F. H. Henry, *God, Revelation and Authority*, vol. Ⅵ: "God Who Stands and Says, Part Two", Word Books, 1983, p. 437.

[86]《圣经·新约·使徒行传》第十七章第三十一节。

[87] Donald G. Bloesch, *The Invaded Church*, Word Books, 1975, p. 27.

[88] Christian Smith, *American Evangelicalism: Embattled and Thriving*, The University of Chicago Press, 1998, p. 202.

[89] David F. Wells, *God In the Wasteland: The Reality of Truth in a World of Fading Dreams*, Wm. B. Eerdmans, 1994, p. 37.

[90] David F. Wells, *God In the Wasteland: The Reality of Truth in a World of Fading Dreams*, Wm. B. Eerdmans, 1994, p. 54.

[91]《圣经·新约·雅各书》第四章第四节。

[92]《圣经·新约·约翰福音》第十七章第十四节。

[93]《圣经·新约·约翰福音》第十八章第三十六节。

[94]《圣经·新约·希伯来书》第十一章第十节。

[95] Donald G. Bloesch, *The Invaded Church*, Word Books, 1975, p. 97.

[96] Alister McGrath, *Evangelicalism and the Future of Christianity*, InterVarsity Press, 1995, p. 53.

[97]《圣经·新约·罗马书》第八章第二十三、二十四节。

[98] Donald G. Bloesch, *The Invaded Church*, Word Books, 1975, p. 57.

[99] Donald G. Bloesch, *The Invaded Church*, Word Books, 1975, p. 55.

[100] Donald G. Bloesch, *The Invaded Church*, Word Books, 1975, p. 56.

[101] Alister McGrath, *A Passion for Truth: The Intellectual Coherence of Evangelicalism*, InterVarsity Press, 1996, p. 62.

[102] David F. Wells, *No Place for Truth, or, Whatever Happened to Evangelical Theology?* Wm. B. Eerdmans, 1993, p. 91.

[103] Kenneth S. Kantzer, "Christian Personal Ethics", in *Evangelical Affirmations*, ed. by Kenneth S. Kantzer & Carl F. H. Henry, Zondervan Publishing House, 1990, p. 217.

[104] Donald G. Bloesch, *The Invaded Church*, Word Books, 1975, p. 68.

[105] 参见 Vernon C. Grounds, *Evangelicalism and Social Responsibility*, Herald Press, Scottdale, Pennsylvania, 1969。

[106] J. I. Packer, *The Evangelical Anglican Identity Problem: An Analysis*, Latimer House, Oxford, 1978, pp. 15—16.

[107]《圣经·旧约·列王纪上》第十九章第十四节。

[108] 参见 Peter C. Craigie, "Idolatry", in *Evangelical Dictionary of Theology*, ed. by W. A. Elwell, Baker Books, 1984, pp. 542—543。

[109] [法] 帕斯卡尔,《思想录》,商务印书馆 1985 年中译本,第 40 页。

[110] Alister McGrath, *A Passion for Truth: The Intellectual Coherence of Evangelicalism*, InterVarsity Press, 1996, p. 63.

[111] David F. Wells, *God in the Wasteland: The Reality of Truth in a World of Fading Dreams*, Wm. B. Eerdmans Publishing Company, 1994, p. 40.

第六章

对现代形式与价值的创造性回应

第一节 和而不同：宗教多元论与基督教个殊论之间的张力

一、信仰多元主义的挑战以及宽容重心的转移

多种宗教传统共存的局面在今天已是既成的事实。基督教声称拥有绝对的启示真理，它认为上帝的普遍救赎意志是通过耶稣基督而启示给人的。那么基督教是如何看待其他同样也声称拥有拯救或类似拯救真理的宗教信仰传统的呢？或者，换句话说，在个体层面上，当面对强烈的文化与信仰多元主义的压力时，一个持有基督教立场的人能有什么样的选择呢？其可能的情形不外乎有三种：他可以认为一切宗教的真理宣称都是真的，每一种宗教都代表着对同一神圣实在互不相同的，然而却并非是互相对立的认识与体验，各种宗教之间不存在高低优劣之分，所不同的只是选择的路径与采纳的方式的差异。与此相反的立场是认为只有以圣经为基础的传统基督教信仰才是真的，只有聆听并遵从基督教福音的人才有可能获救。居于两者之间的则是折中论的立场，它认为尽管基督教代表着上帝的规范性绝对启示，但是那些隶属于其他宗教传统的人也有可能获救，并且其他宗教中那些信徒其实也是在不自觉地信奉着基督，他们是"匿名的基督徒"。

对于以上这三种立场人们一般分别称之为多元论、个殊论（以往多称之为排他论）以及包容论。目前学术界对第一和第三种立场的名词指称看法比较统一，但对第二种立场的指称则需要做一些说明。第二种观点习惯上被称之为排他论或排他主义；一般相对于英语中的 exclusivism 一词而译为排他论，亦有人译为排斥论或排外论。这一术语给人的感觉是过分着重于各种信仰之间的相互关系，过分强调各种观点之间的对立与矛盾，极易引发争执和辩论。因而，在福音派当中一些富有洞察力的开明学者主张以个殊论（particularism）来取代排他论，以便在兼顾与他者的相互关系的同时，将重心集中于某一宗教特别是福音派信仰立场的个体性与独特性上来[1]。对于个殊论这一术语，有人特别是港台学者多译为"独特论"，给人的感觉是似乎比较模糊；亦有人译为特殊恩宠论，给人的感觉又是过于强调自身的神学立场。对中西方文化都有深刻了解的加拿大华裔学者许志伟教授建议译为"个殊论"，以突出其强调"个体性"与"特殊性"的双重特征。本书认为这种译法是可以接受的。

这三种观点中，在多元论立场上，最为著名的代表人物是英国神学家约翰·希克（John Hick）；这种观点在基督教内部多为自由派教会与信徒所坚持。在个殊论立场上，最为著名的为瑞士神学家卡尔·巴特（Karl Barth）；在现当代基督教中基本上为福音派与保守派教会和信徒所持守。在包容论立场上，最为著名的当推德国神学家卡尔·拉纳（Karl Rahner）；在基督教阵营中为部分持普世与对话神学立场的信徒和学者所采纳。考虑到包容论是传统基督教排他论在多元论压力下的部分性退却，是二者之间的折中形态，因而在此将把分析的重点放在个殊论与多元论的相互关系上。

应当清楚，所有这些理论都有一个使用的语境和具体的应用范围问题，超出这个范围的理解就是对它的歪曲。首先，应当注意，这些立场都是针对基督教信仰在面对其他宗教信仰时而言的，正如 A. 麦格拉思所指出的，"值得强调的是，基督教神学对其他宗教传统的评判是站在基督教自身的立场上而言的。这种看法不是针对其他宗教传统或世俗观察者而言的，也不希冀获得其他宗教传统与世俗观察者的赞同与首肯"[2]。其次，它们不是就各种立场或各种宗教的外在形式，而是专指以宗教救赎论为核心的所谓宗教救赎真理而言的。个殊论不是什么一般性的普遍命题，不是说凡是与己不和的观点都是错误的。它有自己特定的涵义，它是指在基督教神学看来，就个人的拯救问题而言，基督教所宣称的拯救方式同其他宗教所提供的拯救方式具有根本性的区别，因而其他宗教不能提供基督教所宣称的那种拯救，所以在宗教救赎的意义上它们对基督教而言是不真的。这就是说这种看法是基督教在对待其他同样也声称持有救赎真理的宗教信仰传统时所采取的一种立场和观点。

基督教个殊论认为，对基督徒而言，坚持基督教信仰的真理性乃是理所当然的事情。这样做并没有否定其他人坚持不同信仰的权利，它只是否定他人坚持他们的信仰也具有同基督教信仰相同的真理的看法。当然，圈外人士也可以提出这样的疑问，即你们基督教又是如何判定自己的信仰为惟一真理的呢？能提出这样的质疑，其实也就暗含着两种截然相反的预设：或者，它设定对那些声称拥有绝对真理的观念，存在着一种客观的或至少是大家公认的检验标准；不论这些标准的具体内容是什么，但归根结底都可以追溯到在现代人看来是具有普遍性与客观性的理性原则上，它主张宗教的真伪要能经得起理性的检验；可见，这种为现代性观念所隐含的预设最终不过是由来已久的信仰与理性的关系问题。或者，它也可以设定根本就不存在任何可以判定宗教救赎真理的标准，一切宗教真理都仅属或然性的真理，宗教性宣称的真伪出自人的主观与意志判断；所以，这一点最终亦可归结为传统的信仰与不信仰的关系问题。然而，所有这些问题对于个殊论福音派而言都是不成问题的，因为他们认为救赎真理是来自神启的客观真理，人的理性不足以评判它的真伪。

当然，面对越来越强烈的多元化的处境，福音派个殊论的立场亦有某些变化和松动。近年来在重心上由排他论转为个殊论即是一种态度缓和的标志，它意味着其注意力由对其他信仰的排斥与对立而开始转变为强调自身的独特之处。传统上，对于个殊论基督徒特别是对于福音派而言，历史的、正统的基督教就是惟一真实的信仰，其他信仰要么是正统信仰的变异，要么是绝对的愚妄。换言之，一个人最终是否得救，决定性因素是看他是否信仰已为世人在十字架上做出了替代性赎罪的耶稣基督。这一论调看来同已成为当今社会文化时尚的多元论旨趣格格不入，人们认为它会引发信仰冲突和争执，会影响到宗教信仰的自由与宽容问题。所以说多种宗教共存的社会现实迫使传统的个殊论态度发生了一定的变化，使得它必须要面对和回应现代多元论的强劲挑战。

其实，宗教多元并存的处境对于基督教信仰不是什么新问题。基督教原本就诞生于犹太教背景中。在使徒时代，当保罗向外方传教之时，也正是地中海周围各种宗教信仰十分兴盛的时期。至于现代多元论在西方社会的兴起，人们大都将之归因于教会控制的减弱、世俗化过程的发展以及自二战以后越来越多的移民现象的增加，但福音派中也有人指出，宗教多元论其实并非是出自基督教的不足与缺憾，而是肇始于对启蒙运动以来追求普遍知识希望的破灭。据此，有人认为现代多元论的出现"绝非是对基督教福音布道理论与实践的否定。事实上，倘若有什么影响的话，那也只是使得我们同新约的世界更加接近而已"[3]。他们认为，信仰多元化对基督教的影响并不是单一的。从消极的方面讲，多元论可能会导致认识上的不一致，对已有的信仰与理解产生混乱与焦虑,甚或对其真实性都发生质疑;选择与变化越多,确信与连续性就越少;多元化对这些人而言意味着某种威胁和不安。从积极的方面讲,面对信仰多元论的挑战,也有可能会使一部分信徒更加坚定地恪守自己的信仰。诚如宗教社会学家所指出的,群体间的冲突可能会构成群体内的凝聚力之源,群体外部的"问题"或许正是群体内部的"益处"[4]。更有甚者,有人甚至将多元化视做一种新的福音化机遇。譬如美国福音派神学家卡尔·亨利指出,"这种事实并不意味着宗教内的对话、认识交流以及福音化努力有何不当之处。是否乐于同那些从远方来到我们这个海岸与社会中的人们分享永恒的福音,不是正好可以检验我们的使徒职责吗?今天在我们的家门口就存在着大量前所未有的传教机会"[5]。

可见,对传统基督教信仰而言,宗教多元并存的现象并不新鲜,新鲜的只是对这种宗教多元现象的现代看法与评价。为了应付这种在内容上已有重大变化的多元论的挑战,许多基督教神学家站在个殊论立场上对现代多元论做出了自己的研究和评判。

英国神学家莱斯利·纽比金(Lesslie Newbigin)曾将多元论区分为"作为事实的多元论"与"作为意识形态的多元论"[6]。前者是指实际存在着的文化、宗教以及生活方式的多元化,后者是指对多元论的积极态度,它将传统的宗教绝对真理视为专断主义的易于引发争端的主张。而牛津大学神学家阿利斯特·麦格拉思将多元论区分为"描述性多元论"与"规范性多元论"[7]。两者的具体内涵大体同纽比金主教的看法相似。美国神学家大卫·特雷西(David Tracy)则将多元论区分为"多元性"——以指称多元化这一现象与"多元论"——以指称有关多元化的观念;[8]在他看来,多元性是一种事实,而多元论则是对这一事实的评价。此外,还有人将多元论区分为"软性的多元论"和"硬性的"或"作为意识形态的多元论",其含义大致与前几种区分相同。

对多元论形态的区分作出最重要贡献的当属美国三一福音神学院的 D. A. 卡尔森（Donald A. Carson）教授。在他看来，人们日常使用的多元论这一多义的术语，大体上指涉着三种不同的情形。第一种是所谓"经验的多元论"。它是指种族、价值、历史遗产、语言、文化以及宗教上的多元性。这是可以观察得到的，并在很大程度上是可以加以定量化研究的。就经验的多元论本身而言，它在价值上是中性的，是好是坏因人而异。"那些喜好文化多元、种族融合、宗教多元化的人会认为这种发展是良性的。倘若它们能有助于打破文化偏见、种族傲慢以及宗教偏执，这样的发展还会带来一些实实在在的益处。"[9]但对于那些偏爱稳定性与齐一性的人而言，其看法则正好相反。

第二种情形，卡尔森称之为"受推重的多元论"。它是在"经验的多元论"基础上进一步对其赋予积极的价值判断。在某种意义上，它是指容忍这种多元性的价值。在这种情形下，"当人们谈论起我们这个'多元的社会'时，他们不仅是指这个社会事实上是极其多样化的，而且总体上它还意味着对这种多样性的宽容，抑或人们应当采取这种宽容的态度"[10]。这样一来，经验的多元论这一现实本身就成为了一种价值，甚或还是一种具有优先性的积极的价值；因为它受到了人们的珍爱和推重。其实也可以说它是在政治或社会层面上的多元论，它主张在政治社会意义上对一切信仰传统平等对待，不能因片面追求齐一化而强制性的抹杀多元性存在的权利和事实。

第三种是所谓"哲学的多元论"。它超越了对纯粹经验事实的判断，也超越了应当珍爱和推重多样性的立场。从消极的意义讲，它认为任何宣称某一意识形态或宗教信仰本质上优于他者的观念都是错误的。从积极的意义讲，它主张一切宗教信仰都是通向同一神圣实在的同等有效的路径。有人从这种多元论立场出发,进而将宗教真理视为由各种宗教共同演奏的一首"交响乐"[11]。这种情形下,惟一绝对的信条就是多元论的信条,其他一切宗教真理在某种意义上都是相对的。"其核心不再是将不同的人与信仰之间的理性对话视为探究真理的方式,而是将重心转移到对话的结论上来了。"[12]这种多元论就是直接同福音派的个殊论相对立的。

从以上分析可以看出,所有这些分类尽管有表述与详略上的差异,但基本看法大体上是一致的。基督教个殊论并不一概反对多元论。直接同个殊论相对立的不是上述二分法中的前一种或三分法中的前两种,即"作为事实的多元论"、"描述性的多元论"、"软性多元论"、"经验的多元论"或者"受推重的多元论",而是上述各分类法中的后一种,即"作为意识形态的多元论"、"规范性的多元论"或"哲学的多元论"。这后一类的多元论也就是人们所指的同福音派个殊论处于张力关系之中的多元论。

在现代社会里,强调自己信仰体系的特殊性,坚持认为基督教拥有其他宗教信仰无法替代的救赎真理的个殊论,往往易于被人指责为不宽容,而不宽容是现代社会文化中惟一不被宽容的现象。然而,福音派认为,受宗教多元主义的影响,宽容观念在当今社会里也不自觉地发生了某种根本性的转变。对此,卡尔森指出,在相对比较自由和开放的社会里,宽容的最佳形式应当是对那些与自己持不同观点的人保持开放和宽容。对人而不是对其观念的宽容,可以使我们在温和平等的心态下同对方就分歧之处展开激烈的辩论和富有活力的对话。对坚持不同观点的人,宽容范畴要求不能对他们实施人身迫害,不能剥夺他们表达自己立场的权利,但这并不意味着要附和或认同他们的观点,对他们的看法不置可否、一团和气。"然而,今天,在许多西方社会里,宽容的焦点逐步转移到观念,而不再是持这种观念的人的身上。"[13]对不同观念的过度宽容使得人们无法再对他人的信仰与观念做出任何真正有意义的评判。

根据这种宗教多元论影响下的宽容理解,一切宗教真理都是相对的、主观的。对于他人的宗教信仰,不论它是多么古怪和荒唐,不论它显得多么主观和肆无忌惮,不论它看起来多么明显地以自我为中心,也不论它具有多么明显的个人崇拜甚或异端邪教色彩,人们都要对它保持某种尊重,都不能根据自己或传统的信仰和理解对它做出褒贬评判。否则,你就会被指责为破坏了宽容原则,侵犯了他人的信仰自由权利。在此,宽容被等同于了纵容,被等同于对一切信仰不分青红皂白、真假正邪的兼收并蓄、听之任之。福音派坚信,这种要求对他人的信仰保持缄默不语的宽容实际上是"虚假的宽容"。这种宽容理解已经走到了它的极端,背离了它的初衷,达到了荒唐的地步。

另一方面,福音派也不无道理地指出,在多元论所持的宽容理解中其实也存在着不宽容的一面。首先,作为其理论依据的宗教多元论已预先为一切宗教信仰设立了某种基本的范式,它试图为一切宗教设定某种超越于任何单一宗教之上的游戏规则和评判标尺。它断定一切宗教都是通向同一目标的不同途径。不论是W. C. 史密斯(Wilfred Cantwell Smith)的"超验者"也好,还是约翰·希克的"永恒者"也好,宗教多元主义认为是它们构成了每种宗教的绝对目标和真正本质。这就是说,不管希克本人是否是佛教信徒,他都可以告诉一个佛教徒他真正信仰的是什么,他比佛教徒更像佛教徒。难道这种做法不也是一种独断论吗?所以福音派批评这种多元论其实是打着不偏不倚幌子的独断主义[14]。它试图把一切宗教信仰都纳入自己的理解范式和框架之内。

况且,所有信仰都同等有效的预设,实际上亦排除了任何一种立场宣称自己绝对为真的可能。从逻辑上讲,这种教条化了的"哲学的多元论"也否定了"受推重的多元论"。一切都不是绝对的，只有不绝对才是绝对的；一切都是可宽容的，只有不宽容是不可宽容的。在某种意义上，这种宗教多元主义的宽容论已带上了某种专断主义的意味，因为它不可能容忍任何在其基本结构和一般预设之外的观点的存在，它抹杀了不同宗教之间不同的个性和差异。福音派认为这不是真正的宽容，因为真正的"宽容更有可能是来自对其他宗教的个性的理解与尊重，而不是强制它们就范于某一人为的框架之内"[15]。

退一步讲，透过前面已考察过的个殊论对不同类型多元论的区分亦可看出，对于那些已接受了事实的或经验的多元论，承认了在政治社会层面上的多元论，仅在神学或哲学层面上对现代多元论持有不同意见的个殊论及其拥护者而言，他们已不大可能重新成为不宽容的实施者，相反，他们倒更有可能沦为现代社会文化观念齐一性的不宽容的受害者。事实上，在多元主义特别是世俗主义已成为现代时尚的社会里，持个殊论者往往被看成是落后的、保守的、狭隘的、好斗的，因而也是需要压制和驯服的。在某种意义上，标榜宽容的现代多元论对被其形容为不宽容的个殊论实施了真正的不宽容。

二、对话有助于理解的加深无助于信仰真理的积累

另一方面，多元论也深深影响了各种不同宗教传统之间相互沟通、相互交流的态度和方式。这突出反映在现代多元论已为宗教对话提供了一种适合于己的理解模式。近年来，各种各样的对话不绝于耳。不仅有宗教对话，同样也有政治对话、文化对话、哲学对话、文学对话等等。需要指出的是，宗教对话与其他类型的对话相比，有相同的地方亦有不同的一面。一般说来，对话本质上是一种理性行为，因为同丧失理智之人的对话是不可想象的；它要求对话双方在理性这一共同基础上展开交流。而且，它还共同设定双方所持的立场都处于理性的范围之内，一切分歧与

误解最终在原则上都可诉诸于共同的理性原则来加以评判和解决。然而，宗教信仰对话则有其异于世俗对话类型的独特之处，即宗教不仅有理性的问题，更有超出理性之外的信仰与启示问题，而且宗教真理还含有相当大的主观性因素。这就意味着宗教对话有其特殊与复杂的一面，不可简单地将其他类型对话的原则不加甄别地应用于宗教对话过程之中。

在福音派看来，多元论也深刻影响了人们对宗教对话概念的理解。"对话"这一术语是近几十年间宗教神学研究领域使用频率最高的词汇之一。不同的人对"对话"有着不同的理解，人们为它附加了太多的价值判断与意识形态，这其中又主要是来自宗教多元主义的影响。譬如，美国自由派神学家 L. 斯威德勒 (Leonard Swidler) 就将其代表作之一冠名以"在绝对之后"，主张人们应放弃对世界及其意义的绝对理解方式，而代之以更丰富、更真实的"对话"式的理解方式[16]。但他所理解的对话模式是这样的："在对话中，每一个参与者都应尽可能以开放与同情的态度去倾听对方，并尽可能以设身处地的方式去准确地理解对方。这种态度自然而然地要求我们，一旦发现对方的观点具有足够的说服力，我们就应坦诚地承认它，并改变自己的立场。在对话中存在着这样一种危险，即我们可能会发现原有的立场与传统是有所欠缺的。"[17]它完全将宗教对话乃至宗教救赎真理看作是可由人的理性能力所把握与控制的自然主义范畴，这种将对话视为发现更大真理的方式的看法现在已影响了越来越多的人。有鉴于此，持个殊论的福音派神学家主要从以下四个方面阐明了自己的立场。

首先，对话意味着相互的尊重，而不是相互的认同。福音派个殊论并不一概反对对话。他们认为对话是相对于独白而言的，它是持不同观点的双方或多方在礼貌与尊重基础上的相互对谈和交流。对话首先是在承认和尊重双方的分歧、矛盾以及不同的思维方式的基础上进行的。对话的目的首先是旨在使双方获得更好的理解,而不是达致统一的结论。然而宗教多元论认为对话的作用并不止于此。多元论事先就为宗教对话预设了一种先验的结论,即"大家谈论的都是一回事"。它坚持在对话过程中,双方要保持完全不偏不倚、完全开放的态度;不但不能预设自己信仰的真实性,而且还要赋予对方的信仰以同等的权威;这一点在普通世俗理性的对话探讨中也许不错,但在涉及信仰和启示时则无法为福音派个殊论所接受。而且,他们认为多元论坚持"大家谈论的都是一回事"这一立场是同真正的对话精神不符的。福音派认为共同点应当在对话之中达致,而不能预设共同点。否则,就是不愿承认宗教信仰多样性的深度和广度。

其次,对话有助于理解的加深,但无助于宗教真理的积累或增长。多元论主张隶属于各种信仰传统的宗教真理之间不是"非此即彼"的排斥、对立关系,而是相互发明、相互促进的互补、互益关系,因而,在对话中可以相互启发、相互促进、相得益彰,对话成为通向更高、更大信仰真理的有利途径。多元论对此有个经典性比喻就是说大家都是从不同道路上攀登着同一座山。福音派完全无法接受这一预设并将其斥之为人的理性的"傲慢"。对此,有神学家指出,多元论依据的对话模式实质上是一种"苏格拉底式的对话"[18]模式。就像在众所周知的苏格拉底对话中那样,多元论设定了参与对话的各方实际上是从不同的侧面谈论着同一实在,通过对话使不同的观点和意见汇集在一起,并形成累积式的更全面的认识,从而使对话的参与者在认识上变得更加丰富、更为全面。不过,这种模式或许并不适用于宗教间的对话,因为没有谁能证实在不同道路上的人攀爬着的都是同一座山,或者说大家揭示的是同一事物的不同侧面。曾在印度长期从事教牧工作的英国神学家 L. 纽比金主教,为此援引了一则众所周知的印度寓言——盲人摸象的故事——来说明这个问题。他指出,这个故事是站在国王及其朝臣的立场上来讲述的,他们可以看到盲人们所报告的不同大象形象其实不是相互对立而是彼此互补的;倘若国王及其朝臣也都是瞎眼的,那么就不会有这个故事了[19]。同样,在个殊论看来,任何人如果声称自己能看到"全景",而基督教、伊斯兰教、佛教、道教等等这些具体宗教只能看到"部分"的观点都是令人大可怀疑的,都是极其傲慢与独断的。

第三,对话是有限制的,不是无止境的。撇开多元论预设的那些所谓的"共同性",可以看到,就各宗教信仰之间某些根本性的分歧而言,对话实质上是无济于事的。诚实地承认分歧不是什么过错;不顾实际存在的特殊性而将一切宗教削足适履地压制在一个模子里才是不正当的作为。况且,一个信徒倘若真正信仰什么的话,不一致就是不可避免的,也是正当的。各宗教体系之间,在某些核心的历史事实与神学教义上,对话几乎毫无作为。譬如,在基督教与犹太教之间,基督教信仰耶稣基督的道成肉身教义,而犹太教信奉以色列民族的神召教义;就这些问题而言,双方几乎没有展开对话的余地。而在涉及某些历史事实时更是如此。譬如,基督教坚信耶稣被钉死在十字架上,而伊斯兰教则断言死在十字架上的是耶稣的替代者。就耶稣是否死在十字架上这一历史事实而言,《新约》和《古兰经》的看法不可能同时为真,展开对话又如何能消除这种分歧呢?对基督教来说,假如没有耶稣的死于十字架上及其随后的复活,那么也就没有基督教的福音;这样就会使整个基督教神学体系面临崩溃,就会使整个基督教信仰受到极大的动摇。

所以说,如果像自由派神学家约翰·希克那样为了适应宗教多元论及其对话的要求,而将基督教从以基督为中心改变为以神为中心去实现某种所谓的"哥白尼式的革命",是会带来极其严重的后果。在福音派看来,上帝是通过基督彰显给世人的,基督徒则是通过耶稣基督而认识神的,世人只有在基督之中并通过耶稣基督才能获得救赎。耶稣基督的生活、死亡与复活构成了基督教之所以为基督教的根本特征。希克以神为中心的主张在同其他宗教对话上固然有易于操作的便利，然而它却直接否定了两千年来传统基督教所坚持的基督中心论、道成肉身说和三位一体说等核心教义。事实上，希克本人就曾明确将道成肉身教义斥之为非历史性的神话传说[20]。对此，一些批评家指出，希克所谈论的实际上已经不再是传统的基督教了。在这种情形下，所谓的多元论又如何能够同个殊论展开富有建设性的对话，并达致更多的信仰真理呢？

最后，开展宗教对话并不意味着要放弃对基督福音的宣扬。福音派肯定的是基督教信仰与众不同的个殊性，它要求人们承认这种差别的存在，以抗拒这世上根深蒂固的追求社会文化同质化的压力。他们认为，作为基督徒在尊重其他信仰传统的同时，仍然可以在理性的基础上相信他们对世界的某些看法是错误的；这在逻辑上和实践上都不是不可能的。各种宗教都有各自对拯救的理解，肯定基督教对拯救理解的个殊性，并非一定是否定其他宗教所理解的拯救的有效性，而是指出，其他宗教不能提供基督教所理解的那种拯救。

在个殊论尤其是在福音派个殊论看来，基督徒就是宣扬天国消息的使者，他们承受了使者的职责与使命，他们是宣教者。并且，基督徒希望同他人分享自己对救赎的体验和希望也是合情合理的，这并不意味着就是在贬低或否定其他宗教信仰。新约专家迈克尔·格林（Michael Green）曾指出，在福音派初期的使徒时期信仰多元性就是一种客观的现实，在宗教多元并存的环境中，使徒的做法是，"他们不是去谴责其他的信仰，他们只是宣扬拥有足够权能与感召力的耶稣基督"[21]。对此，A. 麦格拉思亦指出，"在信仰观念的自由市场上，基督教救赎的吸引力和相关性，决定着他人是否愿意接纳这种救赎理解"[22]。而基督徒的使命就在于在这个自由竞争的观念市场上去老老实实地宣扬和见证基督的福音。在这一方面,个殊论者特别强调使徒保罗在写给哥林多教会的书信中的看法,保罗写道,"犹太人是要神迹,希腊人是求智慧;我们却是传钉十字架的基督。在犹太人为绊脚石,在外邦人为愚拙,但在蒙召的,……基督总为神的能力,神的智慧"[23]。救赎与天国就像是"一出婚宴",只要赴宴时衣着得当,每个人都在受邀之列,没有谁受到强迫,邀请是普遍的,接不接受则是个人的抉择[24]。

所以说在福音派个殊论看来,耶稣基督的人格与事工构成了基督教独一无二的特征。在宗教多元并存的背景中,基督中心论成为基督教同其他一切宗教区别开来的根本所在。对于真正的基督徒而言,其重要的使命之一就是对福音的宣扬,就是要把上帝道成肉身为耶稣基督、为世人钉死在十字架上以及第三日复活升天的好消息在世上广为宣扬。然而,在多元论的影响下,人们似乎已形成了这样的心理定向,即宣扬基督教福音就是在贬低其他宗教,就是同多元文化的社会理念格格不入。其实,多元并存与平等宽容也同样是福音派个殊论赞同的社会政治理念,它也提倡各种宗教之间的相互尊重,它也主张在政治社会意义上对一切宗教一视同仁。不过,社会政治上的宽容评判并不就等于哲学神学多元论所采取的一切宗教都是同一的论断。两者之间虽然只有一步之遥,却有性质上的天壤之别。

第二节 在自然中的启示以及对自然的干预

福音派思想作为一个神学流派关注的主要是宗教救赎方面的问题,看起来它似乎同以现象界为研究对象的现代科学没有多少直接的关联,然而实际情形却并非如此。在现代福音派发展的这半个多世纪里,神学与科学的关系问题始终是福音派思想的一个无法回避和逾越的棘手问题。究其因，主要在于福音派是个恪守圣经权威这一形式原则并坚持圣经绝对无误论或一贯正确论的流派，而圣经同现代科学的瓜葛干系又主要集中在这样两个领域：一是在《圣经·创世记》的前几章中提出了一套宇宙生成论和人类起源论学说，它似乎同现代天文学、地理学、生物学、物理学以及考古学的相关发现和主张处于直接的紧张关系之中；它们大体上属于不同的理论学说体系之间的对立。二是圣经中有关奇迹与超自然事件的记录比如大洪水与挪亚方舟、约书亚的最长一日以及约拿的鱼腹经历等等，是否符合现代科学精神所主张的万事万物都遵循的自然法则与规律的问题；它们大体上属于圣经中的这些现象与事件在实际中是否可能以及如何可能的争执。福音派以作为上帝神启之道的圣经作为信仰真理的至高权威，科学则将符合于自然与理性的客观事实与规律奉为真理的圭臬，在这两种都各自宣称自己绝对为真的观念体系之间似乎存在着根深蒂固的冲突与张力。此外，由于福音派不像新正统神学那样对普遍启示采取一概拒绝的态度，因而福音派是承认自然启示的正当性的。认为通过研究和了解由上帝创造、引导和看顾的自然万物，对于基督徒更好地认识体悟上帝的荣耀与权能是不无裨益的，这就进一步使自己同科学探究处于密切的相互关联之中。

那么，具体到实际的科学探究上，坚持圣经真理的福音派科学工作者同世俗的科学工作者相比在现实中是否有什么不同之处呢？这个问题涉及福音派对神学与科学关系的看法。围绕这一问题在福音派内部历来就存在着两种大体对立的观点。美国基督教史学家乔治·马斯登将这一分歧追溯到19世纪末20世纪初期美国普林斯顿神学家B. B. 沃菲尔德同荷兰保守派神学家亚伯拉罕·库珀（Abraham Kuyper）之间的争执，分别将其称之为沃菲尔德派与库珀派[25]。

沃菲尔德认为，对一切人来说都只存在着一种科学、一种理性，科学是一项客观的、统一的和累进式的事业。是否具有福音派信仰对于从事科学研究没有直接的影响和差别。而且，世俗思想谋求任何统一与一致意见的努力都注定会走向失败，惟有依靠福音派基督教思想才有可能至少是在个别案例上达致一致性的结论。因此，福音派科学家应当尽可能地同非福音派科学家站在共同的立场上，运用共同的方法以从事科学探究，并将基督教的道德与神学原则加诸其上，以使科学与理性所绘制的世界图景能够达致真正的完善和完美。与此相反，库珀主张，既然存在着"重生的"与"未重生的"这两类不同的人，也就存在着两类不同的科学，这两种科学的不同当然是就任何一种科学都是一种理论体系而言的。库珀强调，任何一种科学学科的起点都是建立在一些最为基本的公设或假说基础上的，而是否采用基督教的基本预设则会使这一学科的理论结论产生诸多至关重要的差别，因为彼此的理论起点与框架模式完全不同，双方构筑的不是同一体系的不同方面或不同部分而是两个完全不同的体系。当然，这两种相互冲突的世界观如果各自同它们的起始前提保持一致，也可以各自都是科学的或理性的。这就是说，在起始前提中排除了上帝这一解释因的人和将上帝存在作为起始前提的人可以都是理性的，也可以在技术的层面上共同合作，但在某些关键的理论问题上则有可能达致某些相反的结论。

由是观之，福音派运动内部的这两种科学观反映了福音派面对现代科学挑战的不同心情。沃菲尔德派仍寄希望于科学与基督教信仰的调和并试图继续维持传统基督教信仰对现代科学文化的支配权，它基本上反映了保守型福音派面对科学的立场。而库珀派的观点则更适合那些将福音派基督教认同于现代多元社会中的一个合理合法的"认识论上的少数派"而存在着的心境，它大体上代表着持较为开明观点的福音派信徒的看法。时至今日，福音派神学与科学观仍在一定程度上受到这两种观点的影响。不过总的说来,以往在科学与神学之间的直接冲突、对抗以及争执在今日福音派阵营中其程度与规模已大为降低,只有在科学比如进化论超出自己所处的范围而上升为一种意识形态,乃至越俎代庖地被不正当地提升为一种准宗教的时候,才会同福音派信仰发生直接的抗衡。一方面这固然同现代科学在社会文化中强势地位的确立不无关系,另一方面也同福音派思想的发展,特别是它在70年代以后在圣经无误性问题上的转变具有直接的关联。

现代福音派早期致力于圣经与科学对话并对其后福音派科学观影响最大的代表作是伯纳德·拉姆于1954年出版的《基督教的科学与圣经观》。在书中,拉姆批驳了基要主义"墨守成规的超正统"[26]立场,认为他们由于对圣经中涉及自然与科学问题的经文的误读而为自己制造了许多不必要的麻烦与困难,因为他们倾向于将圣经有关自然的论述理解成为一种类似于科学的替代品,同时,拉姆也批评了当时的为一些现代派分子所倡导的"有神进化论"。他试图提出一种他称之为"进化创造论"的学说来寻求一种更为平衡和适中的圣经与科学观,以摆脱保守福音派一贯同科学发现与自然探索为敌的不利窘境。

为了协调圣经与科学之间的关系,拉姆在神学上的逻辑出发点是坚信作为造物主的上帝就是作为救赎主的上帝,而作为救赎主的上帝同时又是作为造物主的上帝,这一神学立场为科学与圣经的协调学说奠定了理论基础:"上帝在自然中的言说决不会同他在圣经中的言说相矛盾。如果自然的作者与圣经的作者是同一个上帝,那么上帝的这两本'书'所叙说的最终必定是同一个故事。"[27]因此,福音派应当克服以往对科学的敌视和怀疑态度,转而对科学与圣经保持同样的尊重,并且应当在共同的事情上,准备同时倾听来自圣经与科学的两种声音。

拉姆在这一领域的突破之处在于承认圣经中包含有受文化因素限制的内容。圣经作者不是现代意义上的科学家,"圣灵是通过圣经作者所处时代的文化媒介来传递它一贯正确的神学教义的,它没有赋予这些作者以掌握现代科学的奥秘"[28]。面对科学进化论同《圣经·创世记》的不一致,拉姆提出了他的"渐进创造论":上帝的创造过程始于其在虚无层面上的自主与谕令式的创造行为。在创造的开端,上帝是外在于自然的。在此之后,上帝就是把这一过程交给了圣灵。内在于自然的圣灵按照神的意图而创造,并在自然中实现神的目的或旨意。这样,进化就成为上帝用于实现其神意的工具或形式。就科学进化论所持的人类进化起源说同圣经有关人类始祖亚当的记述之间的紧张关系而言,拥有丰富科学素养和神学训练的拉姆采取了一条居中的道路,他既不拒绝那些地理学发现的成果,亦不主张将圣经记述看作纯神话的立场。他认为创世记中的人类起源说是以直观的、现象学的语言用故事的形式来述说创造、自然与罪的起源,亚当既是遗传发生学上的人物又是犹太历史上所理解的犹太人以及全人类的始祖[29]。因而圣经与科学在各自的范围内是并行不悖的。

对于圣经中记载的那些同现代科学规律不符的内容,拉姆认为或者这些记述是出自诗意的、想象性的文学体裁形式,或者这些事件本身就是出自由超自然力量干预而引发的不合自然规律的奇迹,比如,对《圣经·约书亚记》中所谓"最长一天"的记述的理解,就构成了福音派在整个20世纪当中围绕神学与科学争论的焦点之一。1925年在田纳西州的斯科普斯审判案中,布莱恩面对达罗凌厉逼人的质问时,就曾闪烁其词地承认他从未思考过地球停止旋转以使太阳停留天空不动所可能引发的自然现象。半个世纪之后,拉姆也同样承认他也难以想象这一现象所可能导致的宇宙影响及其后果。一方面,太阳停在天空这一现象是明显同现代科学思维不符的,另一方面这一现象又是明明白白记载在由神默示而来的绝对无误的圣经当中,如何看待和解释两者之间的不一致就成为了福音派同其他神学流派以及福音派内部各流派之间在神学与科学问题上形成分野的渊源所在。拉姆在这一问题上的折中立场在保守福音派看来无疑是一种彻头彻尾的神学适应论。哈罗德·林塞尔就批评这种看法是否定了圣经记叙的事实性原则,"拉姆博士将科学置于圣经和上帝之上,因而圣经就不再是规范性的了"[30]。

然而,在自由派看来,拉姆的这种福音派科学观又未能将自己的逻辑贯彻到底。英国自由派神学家詹姆斯·巴尔就对此批评道,像拉姆这样的福音派科学与圣经观,实质上已经接受了自然科学对真理性质的理解并坚持圣经真理也是这种真理之中的一种,他们论证的方法、观念及其步骤完全建立在现代科学世界观之上,并竭力试图将圣经或神学当中的现象与事实整合在科学知识与观念的框架当中。然而,"按照圣经无误论教义以及他们所坚持的释经方法,如果他们能诚实地面对那些问题的话,他们就会处处显得束手束脚"[31]。这就意味着,面对现代科学的强势挑战,福音派神学已接纳了现代思维的话语规则,他们"不再奢想将创世观念置于科学之上,而是转而试图将创世理解糅合或同化进那些公认的科学事实与观念之中"[32]。这一趋势甚至可以在最新出版的英文圣经"新国际版"启导本的一些"注释"中略见一斑。例如对于"出埃及记"中提到的耶和华降给埃及的"十件灾难",这些福音派注释作者就试图对那些在今人看来不合常理的"怪异"现象给予某种合乎科学思维的解说[33]。譬如将尼罗河的"血灾"解释为尼罗河在夏末秋初由埃塞俄比亚上游冲刷下来的大量赤红色沉淀物泛起而导致的河水变红;将埃及地的"蛙灾"解释为对河中鱼类具有致命作用的大量带菌藻类微生物的聚集导致河水污染而引发的青蛙的四处迁移与泛滥,诸如此类,不一而足。这样的解释固然能使圣经记叙勉强合乎现代思维的探究与逻辑,然而它们却引发了极为严重的神学后果。即这些"奇迹"都变成了不为当时的圣经作者所理解的自然现象,它实际上排除了超自然的神意干预的存在,排除了上帝施行他那不为任何事情与原则拘束的大能的可能以及对以色列人的引领与看顾,这就意味着圣经作者实质上是对原本属于中性的自然现象作出了有神论的述说,从而也就导出了无神论的结论。所以这种将圣经神学内容企图整合进现代思维框架中的神学适应论包含着它自身所难以克服的内在矛盾,无法为福音派的神学与科学观提供一条完全切实可行的理路。

至于对基督教信仰一度构成最大威胁和挑战的进化论,现今在福音派中这二者之间的冲突在程度上已大为缓和。撇开进化论在20世纪后半期以来在科学上出现的问题与困难不论,仅就福音派思想对待进化论与创造论的态度而言,业已形成了比较稳定和明确的看法,其中由拉姆所倡导的渐进创造论已成为福音派中最具活力和影响力的学说。长期以来,持福音派信仰的科学工作者一直是同时令人不安地生活在两个理智世界里,一个是坚持由神性默示而来的创世记中所指明的创造论世界,一个则是已被广为接受和采纳的生物进化论世界。现代福音派从一开始就积极试图寻求消除这两个世界紧张关系的应对方式。不过,指望神学成分极具多样性的福音派思想在面对科学以及进化论上形成一种统一的回应立场亦是不现实的。但作为福音派,他们都一致相信上帝是造物主,不受引导的进化是不可能发挥作用的,人对上帝的造物负有特殊的地位与责任,没有上帝的宇宙是不可理喻的,而且是否认识到这一点对人具有至关重要的意义。但在具体涉及人以及世界起源的问题时,在福音派内部则存在着左、中、右三种不同的立场。

最保守的立场可以被称之为"新近创造论"。它拒绝接受近现代生物学、地理学的相关发现,坚信上帝是在六个二十四小时一天的时间段中完成了创造,相信宇宙、地球以及人类都仅仅是在数千年以前才被神创造出来的。被造的生物都或多或少是在瞬间即刻完成受造过程的并从那个时候起就不存在什么太大的变化或变异。圣经《创世记》内容是万物起源的最基本信息,一切相关科学资料都应按照对圣经的字面写实意义而加以阐释。这就是流传甚广的创造论观念,对一般人而言它同传统的神创论完全是同义的,它强调的是对《创世记》的"字面"直解。它试图仅仅依靠圣经内容来建构万物起源模型并将科学素材整合进这种起源模式之中。这种"新近创造论"至少面临着以下两个方面的困难:一方面,从科学的意义上讲,存在着大量的确凿证据以支持自然选择理论和地球宇宙具有悠久的演化史。另一方面,这种创造论模式在神学上含有明显的"自然神论"意味,它将我们今日所观察到的生物界的变异归之于包含在初始创造过程之中,这种看法就意味着造物主在完成创造之后就不再以动态的方式作用于他的受造物,万物仅靠其在初始创造中秉承的机制而自行演化。这种自然神论立场是同传统基督教神学特别是其神佑论教义不符的。

在另一端则是最为自由的"有神进化论"立场。它将进化看成是上帝创造世界的方式并对圣经《创世记》的内容做了象征比喻式的解释。可以说它基本上接受了现代科学关于起源问题的看法,只是拒绝了这些理论中的无神论内涵。这种立场认为生命是由初始的生命发展演化而来的,而初始的生命则可能是由神的干预而创造的,并且生命在随后演化过程中或许也是在神佑恩典的引导下进行的。有神进化论在接受圣经的历史性的同时,对它的创世记中的部分内容给予了象征寓言化的解说,把它们看作是对人及万物依靠于造物主上帝并因对神的不顺从而导致从神的恩典中堕落这一观念的"诗意象征"化的表述。这种观念主要是依靠科学素材来建构自己的起源模型,然后再把圣经中的有关内容附缀其上以保证其具有最基本的基督教信仰特征。同样,这种起源学说也面临着这样两种神学教义上的困难。其一是对圣经《创世记》中有关创造记叙的解释问题。坚持这种起源观有可能导致将《创世记》第二和第三章内容予以象征寓言式解说,并否定《创世记》第一章的内容是对上帝能力与作为的科学解答和揭示,这似乎同圣经自身的观点以及传统基督教的立场存在着不符之处。其二是坚持有神进化论有可能导致在对罪与恶的起源之解说上的矛盾与困难。

可见,在福音派内部,代表保守立场的新近创造论与代表激进立场的有神进化论都认为,按字面写实原则理解的圣经起源论同现代科学起源说之间存在着难以调和的不一致之处。在这两种比较极端的立场中间还存在着第三种代表温和或开明派立场的折中性观点,这就是由伯纳德·拉姆等人倡导的所谓"渐进创造论"或"远古创造论"学说。这种立场接受了科学认为地球与宇宙的演化史都在数十亿年以上的假说,也承认变异与自然选择可以说明生物界的一些变化,但主张生物界的变化或变异仅是停留在一定程度之上的,即他们认同所谓的微观进化论,但不认为有物种上的质变即拒斥所谓的宏观进化论。它试图同时按照圣经与科学素材来建构一种能使二者和平相处的起源说,因而这种观点往往将《创世记》中所说的"一日"看作是指涉一个比较长的时间段,并将人类视作是上帝的特殊创造物。

目前,在福音派思想中虽然上述三种起源学说都同时存在并各有自己相应的市场和追随者,但一般认为,渐进创造论能比较好地克服新近创造论与有神进化论的极端倾向,从而能够较好地协调福音派神学观同科学精神的冲突和紧张关系。具体地讲,这种渐进创造论早期在拉姆那里被理解为,"在《创世记》第一章中,这种模式是从虚空向第六日末创造完毕的发展。在制造过程中,这一模式是从原始材料向成品的发展。在形式上,这一模式是从不成形素材向富有艺术美感性受造物的发展。在生命意义上,这一模式是从无差别的卵细胞向成体的发展。在性质特征上,这种模式是从任意偶然、缺乏鉴别力的行为向有教养、有道德的行为的发展"[34]。拉姆在此是按照发展演化的观点来理解这种渐进创造论的。自拉姆之后,这种起源观在福音派中不断获得增补和修订,并逐渐赢得越来越多的支持和认同。到 20 世纪末这种学说已具备了较为稳定的理论形态,其理论内涵大致有三点:"一、它断定上帝通过自然选择一类机制来决定生物界变异的形式而动态地作用于他的创造物,这样就可避免自然神论将上帝看作是留有空隙或缺口之神的缺憾。二、它强调亚当和夏娃的历史性特征,并赋予两个人的受造以特殊的意义,因为这是上帝为自然因所无法理解的特殊行为。三、它看重上帝在自然中的启示与在圣经中的启示的统一性,并试图维持创造说的历史与神学完整性。"[35]

总之,福音派在恪守以圣经为核心的历史的、传统的基督教信仰同坚持面向现代科学的开放性之间,并未找到一条能够完全消除两者之间的分歧与对立的理想方案。具有福音派信仰的科学工作者仍处在神学与科学的紧张与尴尬关系之中。许多福音派学者对这一点都具有清醒的认识,美国神学家马克·诺尔就曾忧心忡忡地评论道,"为何福音派哲学取得了明显的成功,福音派政治学反思只取得了中等规模的成功,而福音派有关科学的思考则几乎没有取得什么成功,这对近期福音派思想的性质构成了一个基本的问题"[36]。但两者之间直接的冲突与对抗同 19 世纪后半叶与 20 世纪上半叶那个时期相比,在程度上已大为缓和。这一点也许同科学在社会文化中强势地位的确立,同福音派在圣经无误性问题上的转变,同福音派在更大程度上强调圣经教义的宗教救赎意义,以及同福音派积极探求协调神学与科学之关系的理论探索都是密不可分的。

第三节 福音化过程中的处境化压力

一、在福音中的处境与在处境中的福音

20 世纪 70 年代初期,在"世界基督教教会联合会"

("WCC")下属的"神学教育基金会"(简称"TEF")所制订的一份题为"处境中的事奉"[37]的关于神学教育的建议书中,第一次正式提出了"处境化"这个神学术语,并主张以处境化这一概念来替代早期惯用的"本色化"这个术语。当时,这个由主要是来自第三世界和有色人种的神学家所组成的委员会的主任是台湾神学家黄彰辉(Shoki Coe),副主任有来自南非的图屠(Desmond Tutu)主教、巴西的阿哈龙·萨普斯希安(Aharon Sapsezian)、马来西亚的艾维·周(Ivy Chou)和美国的詹姆斯·伯格奎斯特(James Bergquist)。其实长期以来,在"世界基督教教会联合会"内由于对圣经权威的低调处理以及对所谓的古老经文与现代处境之间的距离的强调,使得处境化思想在福音传教的观念与实践上已显端倪,但对这一思想的系统表述一直到1972年出版的《处境中的事奉》中才得以正式提出。

黄彰辉及其所在的"神学教育基金会"的同事认为,处境化强调的是在特定处境的框架内有意义地回应福音的能力,它不单单只是一种时尚或口号,而是上帝的道成肉身特性所要求的一种神学必要性。"虚假的处境化导致无批判性的适应,导致某种形式的文化信仰。而真正的处境化则永远是先知性的,它总是肇始于上帝的'道'与上帝的世界之间的真正相遇,并总是通过植根和委身于一个特定的历史时刻而朝向挑战和改变这种境遇的目的发展着。"[38]在"神学教育基金会"所制订的这份建议书中还指出,处境化概念不但禀有人们所熟悉的本色化概念的全部内涵,而且还超出了这个概念的固有限制。原来采用的本色化概念涉及的主要是从静态的、传统文化的角度来回应基督教的福音信仰;而处境化则在传统文化的角度之外还加上了从政治、经济、科技和社会公义等其他角度来回应基督教信仰,社会的、政治的以及经济的问题被增加到了教会神学的议程范围之内,同时还将那些深刻影响着第三世界国家的世俗性、科技发展和追求人类正义的斗争等更具生存性和实践性的问题置于比较突出的地位。这就是说处境化是对本色化原则的拓展和延伸，因为相比较而言它是动态的、对变化保持开放的以及面向未来的。它是对具体的、历史的时刻之各种处境的审慎考虑，是根据教会传教的目的而对处境之个殊性的评估和回应。

同时，原有的本色化概念强调的是"自立、自养、自传"的所谓"三自"原则，至于在自我特色的神学建构方面的努力一般是被不明显地包含在"自传"这一原则当中的，并没有将它单独提到一个特别突出的位置上，也就是说建构本色化神学的范畴是间接性地被包含在"三自"当中的"自传"这一原则之内的；而处境化则进一步突出了发展自己的神学建构，它将具体的历史文化处境置于比较突出的地位，希望能够在自己特定的处境当中建构起适合自己的或具有自己特色的神学理论，它在传统的"三自"原则之外单独、明确地提出了建设具有自我特色的神学反思、神学教育、神学文本和圣经评注的必要性，人们应当在他们自己的处境里思考他们的神学并因而达致神学的处境化。在某种意义上，处境化将原先本色化所倡导的"三自"原则扩充为了更加强调本色神学建设的"四自"原则[39]。

自处境化概念提出以后，它在基督教会内外迅速引起了广泛的关注和回应，早期的处境化拥护者成功地使人们广泛地采纳了这个术语，但却无法使人们广为接受他们所提出的有关处境化的界说和方法。人们纷纷从各自的立场上阐述自己对这一概念的理解和界定，不过，迄今仍未有一个为大家所公认的定义，关于它的作用、范围与功过也从未形成统一的看法与结论。不过有一点可以肯定的是，目前包括保守派阵营在内的整个基督教界大都接纳了这一术语但又根据他们自己的理解和神学立场为它限定了各自不同的内涵和范围。

由于采取的神学立场不同尤其是对圣经权威论的见解彼此有

异,人们所理解的处境化概念亦彼此不同。根据人们习惯地对神学立场左、中、右的大致区分,学界亦可以将人们各自理解的处境化模式大体划分为三种不同的类型。以约翰·希克和威尔弗莱德·坎特威尔·史密斯为代表的激进自由派所理解的处境化属于折中型的或者说是调和型的处境化:它认为圣经是"关于"上帝的"道",一切宗教信仰都是对同一个终极实在的不同侧面的探索,所以通过不断的跨文化、跨信仰的对话就可以达致更大的宗教真理。希克曾写道,"我们处在未竟的事业当中;但我们必须相信持续的对话将证明这对话是朝向真理迈进的对话,并且在对真理更全面的把握之中,我们现下彼此冲突的教义终将被超越"[40]。所以,对这种激进的调和型处境化来说,所谓的"处境"就是被视作是世界各种文化和信仰之缩微品的一些宗教进步开明人士的跨信仰性的相遇;其"方法"则是通过非争执性的对话来"探求"新的终极性的宗教真理;而其"结果"则是一种新的调和论的但并不必然是基督教的"拯救福音"。

另一种,是以新正统神学和黄彰辉领导的"神学教育基金会"为代表的持较为温和观点的自由派神学立场所理解的属于先知型的处境化:它认为圣经"包含"着上帝的"道",其中心在于强调对人们置身于其间的文化、经济、政治等因素发挥处境化者的先知性洞见。这种处境化要求进入一个文化处境当中以辩证地辨识出什么是上帝在这一处境中正在行动和正在言说的,并为所需要的变化而变化。在现代基督教运动中激进的"解放神学"与保守的"新基督教右翼运动"可以看作是这种类型的处境化的两个实例。在这种情形下,历史文化处境构成了基督教信仰的一个参数,解释者在具体的社会文化处境中所产生的某种既定见解而不是圣经启示的见解可以决定人们直接的视域,在某些情形中甚至还可以允许后者服从于前者,因为它认定真理必然是"文本"与"处境"之间的生存性对话的产物。顺此理路的推演,启示就有可能蜕变为理性,耶稣基督的个殊性就有可能蜕变为普遍的历史,神学就有可能蜕变为文化,而信仰也就有可能蜕变为伦理。对于这种类型的处境化而言,所谓"处境"就是各种文化所经历着的历史或者说是当代社会文化中的各个民族、阶级、人群之间的辩证的冲突与斗争;其方法是依靠圣灵的启明通过参与这些冲突并运用先知性的洞见来"发现"介于活生生的历史与圣经之间的辩证关系之中的原本隐匿着的真理;而其"结果"只能是出现一种以世界的改良而不是人的重生为目的的对福音的政治性解说与应用,即从圣经文本当中"引申"或"发掘"出来的一种所谓的"上帝之道"。

在承认和接受圣经的规范功能的地方,处境化具有完全不一样的意义,因为在这里是圣经中的"道"决定和引导着世界的言说,而不是世界决定和限制着上帝的言说。同上述两种类型的处境化理解有着异质性区别的是,以福音派为代表的保守基督教所奉行的使徒型的处境化模式:持这种类型处境化看法的人首先也就是主张圣经"就是"上帝之"道"的人,它强调的是圣经福音的超文化特性,认为圣经启示是非文化性的,是"一次交付圣徒的真道"[41],圣经的人性作者特性不会妨碍和干扰它的神性作者特性和它要传递的上帝的自我彰显。所以处境化就是这样一个过程,即将通过历史与语法的诠释所发现的圣经意义以一种同具体的文化贴切相关的方式来再次得以确认和肯定,使圣经所言说的能够"翻译"或"转化"成为一种对各种行为模式譬如社会结构与组织、家庭生活、城乡居住需求、法律体系、政府和经济生活等等以及对各种理论预设譬如世界观问题、伦理价值、认识过程、语言形式和动机因素等等来说是清楚明了和贴切相关的东西。在此所需要的不仅仅是圣经教义的一种实际的应用,而且也是将这种圣经教义翻译转化成一种同具体的社会结构和生活模式的现实密切相关的概念的过程。在"洛桑世界福音传教大会"所结集的文件汇编中，布鲁斯·尼科尔斯（Bruce J. Nicholls）就把处境化定义为"将有关上帝之国这一福音的永恒不变的内容翻译转化成为对处于不同的文化和具体的生存情形当中的人们具有意义的语言形式"[42]。这就是说在福音传教中应以尽可能保持其原本意义和相关性的方式将圣经启示的信仰真理处境化（翻译、转化、解说、应用）为处于特定文化中的人所能理解和领悟的形式。就像耶稣所教导的，"你们要去使万民作我的门徒，奉父、子、圣灵的名给他们施洗。凡我所吩咐你们的，都教训他们遵守，我就常与你们同在，直到世界的末了"。[43]这样，对于这种使徒型的处境化而言，所谓"处境"就是指各种非基督教信仰体系所形成的有待福音化的竞争场；其"方法"是建立一个共同的基础或沟通的桥梁以便使非信徒相信圣经福音的真理并将圣经的真理"教导"或"教授"给那些相信它的人们；其可以预期的"结果"就是那些信仰基督的人们在精神灵性上的更新和改变以及"万邦万民"成为追随耶稣基督的"门徒"。

这就意味着福音派所理解的处境化其主旨与核心不是要追求和发现什么宗教救赎性的信仰真理而是要宣扬和教导耶稣基督的救赎真理。在现代多元论观念日益兴盛的社会里，这样一种立场和权利也许会遭到人们的质疑和抵制。在人们通常理解的那种近乎于妥协和适应的处境化与实质上的福音化之间存在着明显的紧张关系。但无论如何福音派都坚持处境化只能是指福音外在形式上的处境化而不是福音内容实质上的处境化。在交流与沟通中福音传教的最终目的仍然是要用具有文化相关性的语言与形式来提供和传递那超文化的福音信息。"有时，这涉及有意地使这种信息适应于听众的既有文化形式，即一种基督教的主张试图利用共同的参照点的真理的相遇。有时，这种行为又涉及某种形式的权能的相遇，在其中它们有必要去超越甚或是克服受体文化中那些内在的障碍。这一切为的就是要用一种更易于理解的、更具有文化相关性的形式去传播福音,亦即使它处境化。"[44]从文化学的角度讲,可以说这里存在着一种启示的运行轨迹,在不改变福音的前提下,它要求解说者发现处于原初文化中的启示的实质并将它提供给它所传入的新的受体文化。"因而,上帝的启示从它的出发点上来说必须要被非处境化,而从它要抵达的终结点上来说又要被重新处境化。"[45]福音派中的一些积极致力于福音与文化关系研究的学者比如尤金·尼达(Eugene A. Nida)、布鲁斯·尼科尔斯(Bruce J. Nicholls)、查尔斯·克拉夫特(Charles H. Kraft)、哈威·科恩(Harvie M. Conn)等人尽管彼此强调的侧重点不同,但大体上都是在这个框架内来展开他们的处境化神学实践与建构的。

当然从整体上讲,福音派对处境化这一提法采取的还是带有几分怀疑心态的谨慎立场。1979年,美国三一福音神学院在神学与传教的名目下就福音派与处境化神学曾举行了一次磋商会,在它提供的报告中就指出了处境化所面临的四点潜在的危险:一、它会损害对上帝之道的绝对性的信心;二、它会损害宣扬福音真理的信心;三、它会引进多重的意义从而导致混乱;四、它会导致妥协、调和论倾向,甚至基督异教信仰[46]。这种对处境化表示怀疑的态度还可以从这样一件事情上获得佐证,在70年代末,福音派中的一些开明神学家在查尔斯·塔博(Charles Taber)等人的主持下创办了一份名为《处境中的福音》的期刊,但正是由于上述一些顾虑,最终导致这份集中探讨处境化问题的期刊被迫停刊。

事实上,福音派大都认定他们信奉的神学具有一种可以以相同的方式适用于一切人、一切时代和一切文化的永恒的特性。在这种神学前面冠以某种时空定语也就意味着一种局限性,因为它似乎表明存在着多种福音派神学,而每一种又仅具有关乎一时一地的有效意义。这就等于是出卖了福音派神学的绝对的和普遍的属性。概括地讲，福音派之不愿意采纳神学处境化这一提法主要是基于这样几点考虑：一是处境化概念最初是在新教自由派阵营内提出和展开讨论的；二是福音派神学一贯强调神性与人性之间的非连续性，强调绝对的超验的上帝与相对的变易的世界之间、恩典与自然之间、基督与文化之间的差异性，神学被看作是包含一切文化但又不局限于任何一种文化的一种普遍的超验知识。三是出于解释学方面的考虑，他们主张圣经是能够决定神学的形式与实质的惟一规范性的来源，如若接受处境化立场所坚持的"经文"与"处境"之间的所谓辩证关系，那么，上帝的"文本"如何能够对"处境"发挥它的规范作用呢？二者作为分立的实在，其区分的界限又在何处呢？黄彰辉在由上帝在基督里所导出的超越一切的"文本"与作为"尘世的器皿"的被解释的"文本"之间所做的截然区分[47]，同福音派所持的圣经神感默示论和终极权威论是背道而驰的，福音派认为自由派的"神学教育基金会"提出的处境化原则凭空扩大了超越的"文本"与现实的"处境"之间的距离并最终将两者割裂开来了，于是神圣的"道"不再规范人的"处境"，神学调和折中论也就是不可避免的了。

至于圣经神启中的处境性因素，传统福音派神学坚持圣经的双重作者身份说，这意味着"圣经既是人对神圣启示的见证，同时又是上帝对自己的自我见证。圣经不是部分地属于上帝之道，部分地属于人之道，而是在整体上既是上帝之道又是人之道"[48]。片面强调圣经双重作者当中的任何一方都会曲解圣经的神感默示性质。有人认为，圣经的人性作者都是一些不完善的受造物，他们既是所处时代与特定文化的子孙，也是堕落的亚当的后裔。因而，在他们受默示而写作圣经时，粗糙、不成熟、扭曲以及错误会不知不觉、潜移默化地渗透其间。这在传统基督教神学看来却是一种完全错误的看法。这是因为它首先就同圣经教导的所有圣经都是神所默示、都具有神性起源的教义相抵牾。而且,这种观点还暗示着上帝在他的启示旨意上,会受到他借以实现其旨意的人性质料的限制、妨碍和挫折,好像上帝没有能力去装备或引导有罪的人性作者去忠实无误地完成他的旨意似的,这同上帝的全能全知的属性是不相符的。它是对基督教神佑论的误解,它错误地设定处在这种相互关系中的上帝和人不能同时作为自由的动因:神自由行动时人就不能自由行动,人自由行动时上帝就不能自由行动,这两种自由是相互排斥的。这种见解完全是同传统基督教神佑论教义背道而驰的。圣经本身对此的看法是,上帝的自由本身就构成了人的行为自由的基础和保障,神能自由地在他的受造物中并通过他的受造物而行动,而且同时能够引导这些受造物按照他们自己的本性而行动。至于那些文化因素,正如布鲁斯·尼科尔斯(Bruce J. Nicholls)所说,"上帝的圣灵决定着他以这种方式启示他的道的文化形式并且这些文化形式也传达了上帝希望要启示的东西。上帝不会受人的文化的支配。为了他启示的特定目的他控制着对这种形式的使用"。[49]

从另一方面讲,将福音讯息同相对的历史文化处境的完全分离的所谓非处境化的福音也是不可思议的[50]。如果试图在文化因素背后去寻找所谓的超文化的福音内核就是对上帝神启本质的一种误解。圣经记述是植根于文化与历史处境中的,人们不可能轻易地像分离果壳与果核那样将福音同它所有的外在形式分离开来。事实上,福音派认为那种尝试将福音内容同它的文化形式分离开来的做法无异于剥开洋葱想要寻找它的内核而终将一无所获的愚蠢行径。这种对所谓的福音内核的探究在近代以来的神学史已经留下了太多的经验与教训。譬如19世纪晚期以来,以历史批判学派为代表的自由主义神学对耶稣的历史处境化探究所显示的主观性与随意性就完全消解了耶稣的神性本质。不论是大卫·施特劳斯、恩斯特·勒南,还是鲁道夫·布尔特曼所还原的历史的耶稣都不过是他们自己哲学观念的主观的虚构。可以说他们的处境化努力不恰当地扩大了神启与它的处境之间的距离。

近年来,随着神学处境化过程的推进,在福音派神学建构中亦开始流行起所谓的"卫斯理四边形"原则,将神学建构的来源罗列为圣经、理性、经验和传统。亦有人将其简化为圣经、传统和文化等其他各种原则。在这种趋势中,具体的历史文化处境和人的当下的生存经验,被置于一个越来越突出的地位。神启的运行轨迹似乎不再仅仅是从圣经中的上帝之道到现当代世界,从固定的、不变的并且是无误的内容到移动的、易变的并且是相对的内容了,有些神学家在这两者中间架起了一座允许一定程度上的逆向行驶的桥梁,并美其名曰神学的处境化。它在某些问题上正在以相对取代绝对,以杂多取代单一,以多样性取代统一性,以人性取代神性。这种神学趋势在较为年轻和激进的福音派神学家当中似乎开始赢得越来越大的市场。富勒神学院教授罗伯特·约翰斯顿就认为认识论的出发点与终极的神学权威是不应混淆在一起的,福音派神学需要倾听世界的声音而不仅仅是圣经和传统的声音,因为上帝在通过圣经做出权威性的言说的时候,他能够而且也的确通过人的文化和自然事件做出言说。在某些情形下,福音派神学需要从作为神的普遍启示的文化而不是从作为神的特殊启示的圣经出发。如果否定了文化的视域,也就会导致神学的贫困化和创造性的匮乏[51]。斯坦利·格伦茨亦主张神学的来源不仅在于圣经,而且也应将传统和文化包括在内,亦应实现处境化。"处境化过程涉及至少是在两个极端之间的运动——作为上帝在基督中行动这一好消息的来源的圣经与作为至少是神学家借以表达这种圣经讯息的某些范畴之来源的当代文化。即或圣经必须被作为神学表述的首要规范,处境化也要求我们应当严肃对待我们的神学建构发生于其中的文化的思想形式和范畴。惟如此我们才能以为特定处境所理解的语言来解说圣经的信息。"[52]这种趋势当然受到了以唐纳德·布洛施为代表的传统福音派神学家的批判,他们希望能够明确将福音派对当代文化思想形式的运用严格限定在为传达圣经信息提供手段或工具这一范围之内。事实上传统基督教信仰一直是将圣经视为"规范的规范",视为高于其他来源之上的惟一的并且也是最高最终的原则。现代经验和文化处境并不能提供通向上帝的通道;只有上帝才能提供这一通道。它起自神的恩典,客观地植根于耶稣基督之中;它如今对现代人的敞开不是通过现代人对它的经验,而是通过现代人对它的启示真理的不带己见地完全无误地接受。"Sola Scriptura"("惟有圣经"或"单靠圣经")曾被称作是16世纪宗教改革神学的形式原则,这意味着它处于首要的地位并赋予了基督徒一切信仰与行为所需的形式或指导。这个口号表达了宗教改革对圣经权威的看法,他们认为只有圣经,而不是教皇、教会、圣传、个体经验或其他什么历史文化成分,才是信仰终极的权威。因而,倘若其他所谓的权威与原则背离了圣经的教诲,它们就应接受圣经的评判。圣经不需要经由文化和传统的补充与诠释,也不需要经由理性和经验的修改与订正;相反,文化、传统、理性与经验都应接受圣经的评判,"人之道"必须要经由"神之道"的检验。这就是说,"文化本身并不天然就是邪恶的,但在圣经的处境中,文化的价值同耶稣的价值相比永远是第二位的。当文化的价值在基督徒的生活中被置于优先于耶稣基督的价值时,当某些更深远的文化价值要求被赋予终极忠诚时,它就变成了偶像而理应受到拒斥"[53]。

如若忽视这一点,不加限定地推进神学的处境化,那么也就是间接地对单以圣经为救赎真理来源这一原则的否定。基督教当然不会一概地反对神学的相关性,它只是反对为了片面追求相关性而将信仰真理降低到文化的层面,从而最终沦为文化精神束缚的某种意识形态的做法。这种片面或极端化的相关性已经演变成了地地道道的适应化过程,它是从现代文化处境的层面与需求出发对福音真理的修改或变换,这最终仍归是人的理性的僭妄。这

第六章 对现代形式与价值的创造性回应

种让福音真理适应于人的文化精神的做法抹杀了圣经真理批判以及对抗时代文化精神的超越能力,同时也使现代文化丧失了它的超越性与洞察力的源泉,更使传统基督教信仰丧失了它独有的效用与应验。倘若将福音根置于文化当中,将不可避免地使福音蜕变成变易不居的文化的囚徒,除了反映文化的理念与价值之外不可能再对其做出任何真正有意义的批判与评估。在福音派看来,那种自由主义的处境化理解既反映了它模糊混淆了教会与世界的界限,又最终表明它实质上是将宗教信仰看作是完全处于文化范畴之下的人的产物的神学立场。这同福音派恪守的超自然主义立场是无法调和的。

其实,处境化过程牵涉到了一种两极间的运动:即在作为真理来源的圣经与作为神学家藉以表达圣经真理的范畴来源的文化之间的运动。这就是说永恒的救赎真理来自作为上帝之道的圣经,而表达这些真理的可变的范畴与形式则来自于具体的文化。在传统基督教神学看来,使基督信仰同现代世界保持正当的相关性的最佳方式,就是在绝对忠实于历史的、以圣经为基础的基督教正统信仰的同时,确保用这个世界所能清楚理解的方式完整而准确地去表述和宣扬它。正是在这个意义上,人们可以说神学是处境性的。关于神学与其具体处境的关系,人们也许可以从福音派神学家米勒德·埃里克森对神学的界定中略见一斑。他认为神学"首先是基于圣经,并将其置于一般的文化处境当中,使用当代的语言与术语以及运用同生活问题相关联的方式,试图为基督教信仰的教义赋予一种连贯一致的表述的学科"[54]。这就是说福音讯息基于永恒的上帝之道,但在表述以及传递着这一好消息的方式方法上则可以是多样的。

这就意味着神学处境化所涉及的主要是表面性的、外在性的、应用性的、具体性的、边缘性的以及附属性的内容。处境化在神学建构中所可能发挥的作用主要集中在,它可能对神学探究的具体问题和领域产生影响，比如在某些情形下基督徒食用祭拜偶像的食物是否得当的问题上[55]，比如在教会崇拜中可否采用具有民族文化特色的音乐与乐器的问题上，等等；同时，处境化也可能有助于影响神学家处理这些问题的方式与方法，比如对基督在十字架上的救赎事工的理解就曾受到不同的历史文化处境的影响而先后经历了赎金说、满意说和替代性处罚说等不同的解说形态。所以，处境化的范围应当限定在探求使福音可以为特定的文化所理解和接受的最为有效的手段与方式方法这一领域之内。

福音派于1974年在瑞士洛桑举行的世界福音布道大会上就对福音与文化的关系问题特别是对向非基督教国家传教的问题表示了特别的关注。福音派神学家并不讳言处境化与本色化在词义学上的差异。甚至在这次具有里程碑式意义的大会的正式发言中还表示处境化的表达模式不仅是正确的而且也是必要的[56]，不过这里所说的"表达模式"从来就没有超出基督教的礼仪实践形式，比如仪式、服装和教会崇拜之类的问题的范围之外，处境化被看作只是限于交流沟通技巧上的变通和探索。处境化或者被认为是将福音同它的文化形式区分开来，或者被认为是以贴切相关的有意义的文化形式对福音的交流与沟通，或者被认为是针对人及其社会的问题与需要所做的福音表述，总之，处境化被认定是在宣扬福音时探求一切切实有效的交流和沟通方式方法的过程[57]。

二、"向什么样的人，我就做什么样的人"

在基督福音与文化的关系上，那些相信所谓的"文化适应"类型的处境化是宣扬传布福音的必由途径的人，常常指出并引证圣经见证的使徒保罗在雅典的宣教做法，是使所宣扬的讯息与方法适应于特定文化的范例，认为保罗在亚略巴古的布道[58]为这种适应型的处境化提供了一个范式。乍看之下，这种见解似乎有一定的道理：保罗在这座城市的知识精英中布道时，使用着他们自己的语言在言说，信手引用着他们自己的诗人与哲人的立场与看法，并使用了公开辩论这一他们进行哲学对话所惯常使用的方法。难道这不正是一个绝佳的"处境化"的原型吗？其实细究之下，若说这也是一种处境化的话，那么它也绝不是自由主义神学所持的调和型或先知型的处境化，而毋宁是福音派所说的使徒型的处境化，因为保罗在亚略巴古不是要和这些人寻求或发现什么救赎真理而是要教导他们耶稣基督的上帝之国的救赎福音。据"新约·使徒行传"第十七章记载，保罗在逃离帖撒罗尼迦和庇哩亚之后，一些居于庇哩亚的信徒悄悄将保罗由海路送到了雅典，而此时西拉和提摩太仍留在庇哩亚尚未赶往雅典同保罗汇合。保罗在亚略巴古的布道就是在这种背景下发生的。"亚略巴古"是中文对希腊语"areopagus"意即希腊战神"亚力司之山"或相当于罗马战神"玛尔斯之山"这一地名的音译。圣经中说"保罗站在亚略巴古当中"主要是指他站在雅典的主要由哲学家们组成的法庭当中。

而且，饶有意味的是，保罗在雅典的宣教经历同今日基督教在非基督教处境中所面临的某些状况不无相似之处，亦即他们都是处身一个信仰高度多元化的世界之中，都是面对着一个具有高度文明发展的异教文化传统，他们所要传布福音的对象都是其文化传统与世界观迥乎有别于犹太—基督教传统并且对圣经真理都是一无所知。事实上，保罗向这些从未阅读过旧约圣经和从未听说过先知摩西的人的宣道方式，也完全不同于比方说他在彼西底的安提阿的犹太人会堂里所使用的布道方式[59]，在那儿，他所要做的只是需要宣扬拿撒勒的耶稣确实实现了旧约的预言，不信靠他就将使旧约的预言落空就可以了。显而易见，这种做法对于那些对希伯来圣经一无所知的人而言是毫无意义的。那么，站在雅典市场上和亚略巴古当中宣扬耶稣基督及其复活的使徒保罗会采取什么样的方式方法来朝着他的福音化目标迈进呢？

保罗当然不是不了解希腊。正相反，他对希腊的文化、风俗、宗教、艺术和哲学都有着透彻的了解。在这方面甚至可以说他是一个见多识广、学识渊博的人。然而，正是在许多人踏上这块土地都可能会对雅典的令人印象深刻的建筑、雕塑以及学识感到由衷的仰慕之时，保罗却"看见满城都是偶像，就心里着急"。[60]这就是说保罗的反应并不是基于世俗审美意义上的，而是出自对这种文化所做的基督教的分析。当保罗最终被带到亚略巴古当中的时候，他在表达他的讯息时，在措辞上可以说是机智策略的同时也是彬彬有礼的（"我看你们凡事很敬畏鬼神"），然而他又是径奔主题的（"那么所不认识而敬拜的，我现在告诉你们"）。尽管彬彬有礼，但却丝毫没有认可他们的宗教也是一种救赎方式的意思。保罗明确指出他信奉的神是万物的创造主和统治者同时也是超验于万物的。有自由派学者指出保罗在某些情形中似乎更乐于诉诸于"自然神学"[61]，但无论怎样，他从未用"自然神学"来反对圣经的神启。事实上，保罗尽管知道启示神学会在许多听众中造成分化，但他最终还是引进了对福音来说具有实质性的主题。这就是说保罗虽然是讲究礼仪和保持敏感性的，但他在策略性的调整上仍然是有节制和限度的，即以宣扬福音讯息而又不损害福音讯息为宗旨。

具有启发意义的是，保罗这次宣道的处境是在一个有着高度发展的文明的背景之中。当时流行着各种各样的哲学思潮，有些甚至还具有明显的宗教和伦理色彩。以当时较有影响的伊壁鸠鲁学派和斯多亚学派为例，他们的主张显然同保罗的讯息有着本质的差异。伊壁鸠鲁学派的理念是一种不受纷扰的、平静的生活。他们认为万物都是出于偶然，一切结果都是不确定的，在他们的体系里没有创造支配一切的神灵，因为就算是神也是由极其精细的原子构成的并使得它们能够置身于人事纷纭之外地过着一种平

第六章　对现代形式与价值的创造性回应

静的生活，所以人类也应当寻求这同一种理念。与此相反，保罗宣扬的神是同人的生活息息相关的，因为它是万物的创造者、佑护者、审判者和自我启示的救赎者。斯多亚哲学在许多方面同伊壁鸠鲁学派的理念是正好相反的，他们是泛神论的宿命主义者，他们在某种泛神论的意义上认为神是遍在于万物之中的，因此世人的理念就是努力过上同终极实在保持一致的生活即引导生活克服感情与激情而符合于理性的神或原则。与此不同，保罗宣扬的神是严格一神论的既作为创造主又作为救赎主的人格的神，他明确区分了神圣的意志与统治同人的依赖与需求之间的界线。根据圣经的见证，保罗在向雅典的听众宣道时对这种基督教与希腊的智慧进行了比照。针对伊壁鸠鲁学派他论述了上帝的神佑与神治；针对斯多亚学派他又宣扬了一个看护人的行动的人格性的神。同时，保罗还在宣道中信手引用了他们的诗人的言论。可见，保罗熟稔于他所面对的文化。而且，更重要的是，他将对这种所相遇的文化的熟悉用做了沟通的桥梁而非适应的通道："世人蒙昧无知的时候，神并不监察，如今却盼咐各处的人都要悔改。因为他已经定了日子，要藉着他所设立的人按公义审判天下，并且叫他从死里复活，给万人作可信的凭据。"[62]就保罗这次在亚略巴古当中的布道的结果而言，尽管没有引发什么大规模的具有轰动效应的皈依，"但有几个人贴近他，信了主"[63]。还有其他一些人则说："我们再听你讲这个吧。"[64]这一切都表明，保罗在调整了他言说的风格的时候并没有修正他的信息，其中尤为重要的是他从未要使自己的讯息适应于所谓的时代精神。

使徒保罗的首要使命就是宣扬福音，以使堕落的人藉着神在耶稣基督里所做的恩典事工获得生命的拯救。所以保罗说，"无论如何总要救些人。凡我所行的，都是为福音的缘故，为要与人同得这福音的好处"。[65]这就是说保罗也不是不讲究方法与策略的，在这些方面他可以做出一些必要的处境化的调整，但这并不包括或涉及在福音讯息上的调整,因为一个经由同神有着本质差异的人的调整而变化了的"福音"是不会具有任何生命救赎的最终效果的,它到头来终归不过是一种改头换面的偶像崇拜。所以说,保罗的"向什么样的人,我就做什么样的人"[66]表明的是一种屈尊或俯就而不是一种适应或折中,两者的差别何在呢?差别就在于前者是将某些个人的、可选择性的自由暂时搁置一旁以避免对人的宗教良心产生不必要的冒犯,而后者搁置的则是某些实质性的真理因而亦是对福音信息的某种改变或削弱。保罗只是要尽量使自己不成为他人接受那不打折扣的福音过程中的绊脚石,但他不是要去消除或改变在世人看来是这福音本身的冒犯或十字架的绊脚石的性质。做基督的门徒其使命首先不是获取人的喜悦而是要获得神的喜悦。这就是福音派在理解福音化过程中所必要的处境化的基本前提。

处境化当然并不仅仅局限在理论的层面,它更是福音传教过程中的一个讲究操作性的实践问题。在具体的处境中要使某些基督教观念同某种非基督教观念整合在一起其实是一件十分困难的事情。譬如,就中国传统天命观与基督教神佑论之间的关系而言,它们当然有一些表面或形式上的共同之处,比如它们涉及的都是人生的某些根本性问题,它们在某种意义上都为其信奉者提供了某种有关终极关切方面的答案,等等。但无论如何它们两者的分歧和对立则是根本性的。具体说来,二者的区别主要表现在以下几个方面。

首先,中国传统命运观属于自然性的,而基督教神佑论则是人格性的。中国传统命运观对神圣的理解是内在的,支配人与万物的异己力量是存在于事物自然进程中的终极力量,而不是外在的主宰者。命观念本身不是神圣的,它也不是必然地同神圣物相关联。面对支配人的生活的盲目异己力量,命观念不是像宗教神学那样把它神格化,而是平静地接纳、认可、承受它。而基督教神佑论则以人格性的上帝为万物的造主。万物皆在上帝的掌管之中。耶稣曾对门徒说:"两个麻雀不是卖一分银子吗? 若是你们的父不许,一个也不能掉在地上;就是你们的头发也都被数过了。"[67]上帝的全能性必然会导出神对万物的佑护观,既然神主牵、掌管一切,那么世上就不会存在什么支配人及万物的带有根本性的盲目异己力量,也就不会有什么命运机遇之类的东西。"世俗的想法,会将这些幸运或不幸的事情归于命运。但那些接受了基督教诲的人,明了了连你们的头发却被数算过了的人,就不会去寻求什么似是而非的原因,而是将一切都视作为上帝隐秘的计划所支配。"[68]

其次,中国传统命运观已逐渐失去了原有的道德伦理内涵,实质上是非道德性的。它不涉及赏善罚恶说,亦不牵涉到公义论。中国的命运观完全停留在心理消解层面。它更多地像是一种支配人的若隐若现的"力",或一只"无形的手"。基督教神佑论则进一步将人们的视线引向这"力"、这"手"的源头。"力"由何来,"手"由何生,是基督教神佑论的核心所在。神对人的主宰不是游离于道德之外的,而是要引导人脱离罪恶,走向洁净。

第三,中国传统命运观在更大程度上是回溯性的,而基督教神佑论在更大程度上则是前瞻性的。毋庸置疑,命观念中含有归因的成分,它是站在事情结局的立场上向后的回顾,审视着整个过程,然后将它归结为命所使然。不过,命观念的归因有它自身的特征。现代心理学上的归因论,一般将归因区分为境遇归因(又称外归因)和性质归因(又称内归因)两大类。然而,命的归因似乎并不属于两类之中的某一类,它的特征在于物见其然而不知其所以然。事实上,命观念倾向于阻止任何进一步的归因。它是一种非归因式的归因,但绝不是不归因。可以把这种特殊的归因称为"虚拟归因"或"假归因"。命观念里含有的这种模糊意味,它可以让人们获得一种似是而非的满足感。鲁迅先生在

《且介亭杂文·命运》一文中就指出:"命运并不是中国人的事前的指导,乃是事后的一种不费心思的解释。"基督教神佑论则不同。它不仅是事情发生过后的指导,更是事前以及事情发生过程中的信念。不论身处顺境还是逆境,它都确信神对人与万物的看顾。

第四,中国传统命运观在更大程度上是消极无为的,其情感是内敛的。其中隐含着很深的哀怨之情;它隐而不发,渐趋于无,终归于风平浪静。而基督教神佑论对信仰者的作用基本上是积极乐观的。"神佑论不是主张上帝在天上消极地俯视着地上发生的事情,而是说神作为万物之钥的掌管者而控制着一切。"[69]加尔文认为,当亚伯拉罕对儿子以撒说道,"上帝必自己预备……"[70]时,他不仅是在断定上帝能预知未来之事,而且深信上帝总会为陷入困境与窘迫的事情指点迷津。神佑论使人怀有希望,相信邪恶最终是不会取得胜利的,苦难是有意义的。

可见,就它们两者作为一种涉及人的某种终极关切的信仰而言,其区别是十分明显的。从信仰的内容上看,中国传统的天命观具有零散性、非体系性特征。天命起初比较复杂,但在随后的发展中,它后面的一整套信仰系统基本上已被抽空,这也就赋予它以更大的独立性与灵活性。基督教神佑论则围绕人与神,灵魂与肉体,地狱与天堂,善与恶构筑了包括人生观、世界观在内的整个信仰体系。从信仰的程度上看,二者的差异在于,相对于基督教神佑论建立于安身立命层次上的确信、坚信,中国传统命运观属于极具功利性的半信半疑,而且对任何人格神都有一种天然的拒斥和隔膜。从信仰的对象上看,神佑论信仰的是位格性的神,而命运观则臣服于盲目的具有支配作用的异己力量。从信仰的机制上看,神佑论涉及的是一个包括对话、呼召、皈依、使命、信仰在内的精神连续发展过程,而命运观则转化为了一种漠然的、不到必要时刻就置之不理的间断过程。两者的分歧可以定性为质的差异。

从以上的对比可以看出,中国传统命运观和基督教神佑论之间尽管在其功能以及对人的精神与生命的意义上具有某些相似之处,但在其具体内涵与最终指归上却是大相径庭的。在中国这一特定的文化处境中,如若要宣扬基督教的神佑论就必然会遭遇到中国传统的命运观。两者可能的关系对于基督教来说不外乎以下四种:一是兼收并蓄、融洽共处;但通过前文对其分歧与对立的考察可以看到,要维持这样的关系在具体的处境中几乎是不可能的。二是将中国传统命运观整合为基督教信仰的一个部分;这在实际中亦由于前者内含的无神论因素而几乎是行不通的。最初的西方传教士如利玛窦及其后继者,来华传教时,也曾为在中国传统文化中发现"敬天"、"畏天"之类同基督教教义表面相似的天命观思想而兴奋。但随着了解的深入,最终发现在中国命运观同基督教神佑论教义之间存在着严重的分歧。神佑论是同一个人格化的、超验的神相关,而中国人的天命则相反,它是一种把世俗和宗教表现融为一体的观念。"基督徒们的上帝是一尊起干涉作用的神。……中国人的天相反仅以间接方式起作用,它的活动是沉默的、无意识的。"[71]在某种意义上,它甚至对人接受基督教信仰还起着消极的作用,因为它可以以一种似是而非的满足感,消磨掉一切真正的宗教情感,抵制一切虔诚的信仰。三是改造中国传统命运观使之成为符合基督教信仰的观念;如果要达到这一目的,我们可以看到这将是对一个在几千年的历史发展中所形成的从宗教神学到哲学伦理再到心理无意识形态这一发展过程的大逆转,能否实现这种逆转实在是属于大可怀疑的事情。四是在基督教信仰的整个体系与框架内,以基督教神佑论置换或取代中国传统命运观,这在基督教福音化实践中已被证明是有不少成功范例的。可以说,对传统命运观的否定与置换,是基督教在中国传布中最先遇到也是最常遇到的一个课题。中国人在接受基督信仰时,就必须使命运观不仅仅停留在心态消解层面上,而应上升到对终极意义的探寻。由事后的归因性阐释转化成事前、事中以及事后对最高价值的追求,由对人生与世界消极的非道德性体认,转化为积极地对至善、至公、至义的不懈追求。惟如此,才能使人摆脱传统的命运观而转向真正具有终极信仰价值的基督教神佑论;也只有这样,基督教在中国的处境化才能走上正确的轨道上来。

由此可以看到,神学的处境化实质上是一个极为有限的过程,它最终涉及如何看待和处理福音神启同历史文化处境的关系问题。其实,对处境化的正确理解是同对圣经权威的信仰密切相关的。基督教把圣经看做是由神所默示的上帝之道,是指导人们信仰与实践的最高权威。他们坚持圣经的权威,就是要使自己免于束缚所谓的时代的自我形象之中,因为在他们看来使自己的观念与价值受制于任何人或事物而不是在圣经中自我彰显的上帝,就是一种偶像崇拜。一味追求文化适应形式的基督教更易于变成文化的囚徒而不是文化的解放者。惟一能够保证基督教免于随文化处境的变迁而随波逐流的方法,就是要使自己的精神与信仰深深植根于一种独立于变易不居的时代文化的根基之上。对此,传统的基督教方式就是坚持以圣经为神学和精神领域的最高、最终权威,以圣经的原则来评判今日的文化时尚,而不是根据一时一地的文化来评判或修正圣经真理,因为两者不是同一层次上的精神和价值标尺。

福音派仍然相信对他们而言首要的是让圣经来解释圣经,让"经文"来对"处境"言说,让上帝之道来评判和引导自己的文化。要正确地谈论基督教神学的处境化问题至少应考虑到以下几点。第一,处境化要考虑到神启的普世性特征,应将上帝之道置于人的处境与经验之上。文化总是一时一地性的,总是变易不居的。使基督教神学适应于此一时一地的文化处境就会使它无干于彼一时一地的文化处境。因而不加限定地谈论使基督教适应于现代世界或某一文化形式是毫无意义的。事实上，宗教真理同文化价值与形式是分属于两个不同层次上的问题，不应将其等而视之。福音不是要去迎合捉摸不定的文化的口味与兴趣，不是要去沦为文化的注脚，而是要去挑战文化的自我理解，事实上福音在精神层面上对世俗的某种冒犯与否定正是基督教信仰的实质所在。第二，处境化要考虑到人在文化中的异化，要考虑到人的完全的堕落与罪性本质以及人与神的非连续性特征。第三，处境化要考虑到基督徒的双重公民身份特征，这在很大程度上决定着处境化的范围：即将恺撒的物归给恺撒，将神的物归给神。第四，要考虑到基督福音对社会文化精神的变革与更新作用。基督教信仰的使命在于宣扬基督的福音而不是社会政治纲领，但福音也具有巨大的社会文化影响。而且，真正皈依基督的人就是要做基督门徒的人，而在门徒身份与使命中一个重要的维度就是对他人和社会的事奉。真正的福音信仰必定会表明人的生活与生命的每一个方面都处于上帝的看顾与掌管之中，而不单单局限于个人的精神领域。第五，处境化要考虑到神学异端的可能与危险。两千年的基督教思想发展史以及它所衍生的形形色色的异端提醒人们，任何处境化的尝试都应采取一种谨慎的态度。

第四节 现代文化精神的侵袭与挑战

一、超越性下的相关性与适应性

信仰同社会文化的相关性在基督教信仰占据主导地位的时代里似乎是一件不言而喻的事情。然而自启蒙运动以来的现代精神的发展是以独立于神学信仰为其主导线索的。在现代精神的视域里，文化是自足的文化，人是自主的人，自主自足的人与社会将传统对超验之神的认知与经验逐步排挤出了现代精神的世界之外。可以说，社会文化在观念与机制上同神圣的宗教神学观念与机制逐渐分离的世俗化过程构成了现代精神发展的一个突出特征。在这种背景下，基督教神学内部出现了两种截然相反的态度：基要派完全背离和无视于启蒙运动以来现代世俗性的存在与发展，从而陷入孤立封闭与分裂分离的蒙昧主义处境；自由派则完全拥抱和接受了现代文化的精神与价值，因而也陷入了另一种不断修正传统信仰以迎合变化不居的时代精神的疲于奔命的尴尬境地。前者不需要相关性，后者则一味地追求相关性，并把神学信仰同社会文化的相关性进而演变成了神学对世俗精神的适应过程，"教会"变得越来越混同于"世界"了。如何能够在保持传统神学立场纯正性的同时又能恰如其分地同社会文化保持一种关联，或者说，如何在真正保持基督的门徒身份的同时又能在这世界上"做盐"、"做光"，这对于同时拒斥基要派立场与自由派立场的福音派神学构成了一个既敏感又棘手的问题。

马丁·马蒂曾将美国的福音派现象称之为社会文化上的多数派和认识论上的少数派[72]。这就是说福音派的信仰观点既不同于又不容于现代精神的价值取向与意义范式。这一点或许同福音派对某些传统核心教义的恪守是密不可分的。在信仰上，福音派一贯有意识地以新教正统信仰的身份而自居。新福音派在40、50年代崛起之时，其早期神学代言人之一弗农·格朗兹就直接将福音派等同于新教正统信仰，认为它强调的是替代性赎罪、因信称义、圣经权威、人的堕落以及福音传教，"因此，这就是新教正统的实质所在，是由流血的十字架与空空的坟墓而来的历史的信仰在20世纪的延续，是对救赎福音的宗教性偏离的抗议，是对上帝在耶稣基督中的真理与恩典的见证"[73]。在这些信念上，福音派总的说来是不可妥协的。这样，他们在当今这个逐渐以世俗理念为规范的世界中就不可避免地被看作是一种勉强可以宽容的偏离成分，乃至是不可宽容的分裂因素。他们因而就会体会到来自现代文化精神的要求在相关性中加入适应性变易因素的压力。对此，现代福音派基本上采取了一种可以说是积极的和富有建设性的姿态。他们许多人如爱德华·卡内尔等人积极致力于对正统信仰的合理性的护教学建设即是这方面的一个实例。福音派接受了现代的技术手段，也接受了现代文化的表现形式，并成功地在认识观念上建立起了应付现代性挑战的防守体系。对福音派的"合作但不妥协"卷入立场来说，"现代性世界观或许是罪恶的，但他们必须要不惜一切地证明福音派信仰的优越性。这种态度要求福音派信徒卷入现代社会之中，并且这种卷入会对福音派世界观的特征与活力产生重要的影响"[74]。

当然，这种卷入对于那些对传统信仰与现代精神都怀有深刻理解的人而言也许并不是什么令人愉悦的经历，他们往往会在有意与无意之间陷入进退维谷的窘境。这种由传统信仰与现代精神之间的张力所造成的内心压抑与焦虑，在福音派领袖爱德华·卡内尔身上得到了最明显的体现。当卡内尔开始他的福音派护教学著述时，世界已经发现了根本性的变化：科学进化论被应用于自然的解释，高批判原则被运用于圣经的解释，无神论被运用于人与社会的解释。它们交互影响并共同构成了所谓的认识或观念上的范式转变。而以卡内尔为代表的福音派则试图在固守传统的、以圣经为基础的基督教信仰的同时，以积极主动的姿态在现代社会文化以及以世俗主义为主导的学术界中赢得某种认可与自尊。但他们在同现代理性文化展开广泛的接触与交流之际，不可避免地同时也经受着抵制或屈从于现代性压力的内心矛盾与分裂的煎熬。随着传统与现代之间争斗的天平日益倾向于现代精神，随着他们逐步接受并采纳了现代技术以及现代文化的表现形式，福音派阵营中像卡内尔这样的开明派已对现代性的理智压力采取了一种更具调和性的立场，并在某些边缘性问题上开始面对现代性做出了一定的让步和适应。为此他们又必须经受来自内部即右翼福音派以及基要主义神学的有关放弃传统信仰的指责。在传统福音派信仰如何同现代文化相关联的问题上,卡内尔等面临着双重的压迫与危险,"有时他们恰似行走在危险万分的窄窄的山脊之上,面临着在传统基督教信仰与世俗现代性之间、在信仰与虚无主义之间的非此即彼的排他性选择"[75]。就卡内尔个人来说,他在个体心理层面上内化了这种矛盾与冲突并最终导致了自己精神上的崩溃。

不过,在卡内尔之后,福音派不但没有中止反而加快了同现代精神的相关性与适应性过程的步伐,因为世俗化进程已极大地改变了人们的思维定向与行为模式。在人们对待人与世界的态度中存在着一种日益增长的世俗性与合理化特征,人们在情感上对宗教与神圣的承诺与固守受到了极大的动摇,内在于现代性的合理性方法要求按照经验实证性而不是神学和伦理范畴来解释包括宗教在内的一切社会现象,传统的宗教世界已不再是思想和观念的主导性构架或参照系了。受其影响,自70年代起,福音派在实际中对现代性的形式与价值已做出了越来越多的适应,而逐步变得越来越具有包容性和异质性。尽管他们在神学上仍旧坚持福音派的传统核心教义,但对它们的态度与解释却具备了更多的相对性和灵活性。他们逐渐认识到,"文化本身并不天然就是邪恶的,但在圣经的处境中,文化的价值同耶稣的价值相比永远是第二位的。当文化的价值在基督徒的生活中被置于优先于耶稣基督的价值时,当某些更深远的文化价值要求被赋予终极忠诚时,它就变成了偶像而理应受到拒斥"[76]。

从总体上看,福音派对现代性的适应进程要快于基要派神学,但又慢于自由派神学和"梵二"以后的天主教神学。按照理查德·奎比道克斯的观点,在美国这一更大的文化背景中,福音派中的右翼与中间力量在更大程度上受到的是这样一类文化价值的影响,即社会地位的上升、经济成功、大众性、社会尊重性以及对现实政治的忠诚;而福音派中的左翼则在整体上更大程度地接受了另一类文化价值的浸染，即教育与理智上的受尊敬性、相对主义、多元主义以及政治文化上的解放主义，等等[77]。不过，20世纪晚期以来，越来越多的现代世俗文化因素在神学相关性的名义下渗入了福音派思想当中这一事实，已在福音派阵营中引起了高度的关注。神学家迈克尔·霍顿对此尖锐地指出，"问题在于，福音派神学已变得福音派成分越来越少，现代性因素越来越多了"[78]。为此，一些学者试图利用社会学的调查方法来探明现代性究竟在多大程度上影响了福音派的世界观与神学立场。在80年代初，弗吉尼亚大学的宗教社会学家詹姆斯·亨特曾就一系列神学问题对近千名不同福音派神学院校的学生进行了广泛的调查，结果表明这些年轻的福音派正在悄悄地降服于现代性的影响[79]。

亨特所要考察的问题是，福音派在对现代性不断适应的情形下，仍能真正保持同正统信仰传统的连续性吗？亨特的结论是在教义的层面上答案基本上是肯定性的。但福音派在同现代性的遭遇中在保持教义大体不变的同时，却在认识方式上发生了重大的转变。这就是说"福音派在教义层面上抵制住了适应化的压力，但在社会行为以及社会话语的层次上已做出了某种让步"[80]。大多数福音派都心照不宣地承认了昔日的新教社会支配地位已让位给了多种信仰体系共存的局面，他们默认了这样一种多元信仰共存的局面就是自己生存运作的现实处境。这就是说，以平和心态对待其他宗教的意识正在增长，对其他信仰相对真理性的认可态度正在加强。平和性作为一种表述模式已成为其信仰教义参与"多元信仰市场竞争"中的一种附加策略。当然，福音派在认识层面上对现代性的这些适应不可能不反过来影响其神学观的特征。亨特发现，事实上福音派神学在其部分边缘性问题上已经出现了某种修正形式。因而的确存在着所谓的"神学适应"现象。而且，更为引人注目的是，福音派的某些基本教义如圣经无误论、赎罪说、福音布道论等等还出现了内涵的广义化趋势；这些教义比一两代人之前似乎意味着更多、更泛的东西。它们不再像以往那样棱角分明，一种模糊性正在悄然而生。"神学正统被加以重新解释；传统被予以重新限定。因而，正统已开始意味着某种新的东西了。"[81]

随着时光的推进，现代福音派在相关与适应的道路上有越走越远之势。1993年，戈登—康维尔神学院的大卫·韦尔斯与加尔文学院的罗杰·赖斯进行了一项内容与形式类似于詹姆斯·亨特于1982年所做的社会学调查，并对这两次调查的结果做出了比较[82]。韦尔斯的调查发现，"一、神学院学生声称神学对他们极为重要。二、神学院学生认为教会已丧失了其远见与洞察力，其神学特征正在瓦解。三、神学院学生声称那些对他们极为重要的神学，事实上同他们所处的精神与实际世界并没有任何令人信服的关联"[83]。据此，韦尔斯相信，福音派神学如同福音派实践一样已屈从于现代性的势力。它往往"表现为这样一种奇异的组合，即不冷不热的神学传统主义加上对通俗文化形式的肆无忌惮的接受"[84]。神启的运行轨迹不再仅仅是从圣经中的上帝之道到现当代世界，从固定的、不变的并且是无误的内容到移动的、变易的并且是相对的内容了，有些福音派在这两者中间架起了一座允许一定程度的逆向行驶的桥梁[85]。它在某些问题上正在以相对取代绝对，以杂多取代单一，以多样性取代统一性，以人性取代神性。这样一来，福音派与自由派之间的共通之处似乎正变得比他们设想的要多得多，它们两者其实都是从现代性这同一个水槽中饮用有利于自己的水分，差别仅仅在于一个是从水槽的这一端汲取，一个则是从水槽的另一端吸饮。无论是哪种情形，传统信仰都在不同程度地流失着。但根据传统的神学信仰，现代经验并不能提供通向上帝的通道；只有上帝才能提供这一通道。它起自神的恩典，客观地植根于耶稣基督之中；它如今对现代人的敞开不是通过现代人对它的经验而是通过现代人对它的启示真理的不带己见地完全无误地接受。所以，韦尔斯最终甚至断言，"我们需要的是变革而不是复兴。现代世界的习性在福音派世界中已无处不在，它需要的是一种终止而不是赋予新生。应将它们连根拔出，而不是简单地将其掩藏于某种新的宗教热情之下"[86]。

现代福音派运动在其初期由于同内部的反理智主义倾向和外部的自由派对现代文化的屈从倾向处于激烈的交战状态，而促使其对神学的正确性拥有着强烈的意识和责任感。随着他们逐步走向成功，随着其在社会文化宗教生活中从边缘位置向核心地带的转移，已削弱或模糊了福音派在信仰上的绝对真理感或异端意识。他们转而开始过多地关注起信仰同现代文化、现代社会的相关性与适应性。这一重心的变化导致了福音派教会增长运动带有了极强的实用主义特征。它的重心在于强调教会的中心性、传教的优先性、增长的可能性、与外人交流的必要性，以及对文化多样性的认可、实际的效果、应用最好的技术与方法等等[87]。而神学则不再被看作是维持和培养基督教身份的首要整合因素，不再被视为探索新的灵性使命的原生性来源。基督徒在现代世界中的精神责任转变成了寻求教会增长与自我控制的技巧与法宝，大量的心理学、市场营销学以及行为科学的成果与方法涌进了福音派教会增长运动之中，而学术性的神学探究则成了逐渐远离福音派信仰社团的无关宏旨的东西[88]。然而，这种剥离了神学的教会增长运动几乎完全无法抵御来自现代性的侵袭，因为它滤掉了基督教信仰的超验特征，而后者正是防止现代性之相对化教条的最佳武器。

福音派当然不会一概地反对信仰的相关性，它只是反对为了片面追求相关性而将信仰真理降低到文化的层面，从而最终沦为现代精神束缚的某种意识形态的做法。这种片面或极端化的相关性已经演变成了地地道道的适应化过程，它是从现代文化精神的层面与需求出发对福音真理的更改或变换,这最终仍归是人的理性的僭妄。这种让福音真理适应于人的现代精神的做法曾被弗兰西斯·谢弗称之为现代福音派的大灾难。因为它抹杀了圣经真理批判以及对抗时代文化精神的超越能力,同时也使现代文化丧失了它的超越性与洞察力的源泉,更使福音派基督教信仰丧失了它独有的效用与应验。以至于"在面对今日的问题之时,福音派常常是无话可说;或者,更为糟糕的是,它所说的同世界所说的在内容上没有什么两样"[89]。倘若像自由主义神学那样将福音根置于文化当中,将不可避免地使福音蜕变成变易不居的文化的囚徒,除了反映文化的理念与价值之外不可能再对其做出任何真正有意义的批判与评估。

在福音派看来,使基督信仰同现代世界保持正当的相关性的最佳方式,就是在绝对忠实于历史的、以圣经为基础的基督教正统信仰的同时,确保用这个世界所能清楚理解的方式完整而准确地去表述和宣扬它,因为基督教的不妥协的福音本身就其性质而言,就拥有一种内在的吸引力和感召力。福音派坚信,作为神启救赎真理的福音以其神性起源、神性特征为堕落的罪人提供了一种充满吸引力的救赎道路。因此,"它代表了这样一种基督教形式,即它有足够的韧性以抗拒世俗处境追求齐一性的压力,同时它又有足够的魅力使自身对外构成一种压力,藉此可将个体从世俗文化中吸引到基督教团体之中"[90]。尽管如此,福音派也不得不承认,随着世俗化进程的推进,日益流行的世俗主义与多元主义也使得他们抵御世俗文化的压力变得越来越困难。然而他们相信面对这一处境的正确方式,不是使神学信仰去适应和认同现代文化的价值,因为这种虚假的相关性只会使福音信仰失去自身的特有价值和生存权利。惟一的出路就在于老老实实、原原本本地恪守与宣扬圣经见证的上帝在耶稣基督中的救赎启示。也许,福音的推进可能总是伴随着世俗化的脚步,因为在这个堕落的尘世上,"麦子同稗子"总是一同生长的[91]。

二、合理化的"秘密囚徒"

"理性的时代"常常被用作是启蒙运动的同义词,而在启蒙精神的核心则是理性权威的观念。它主张实在的一切方面都应置于人的理性的审视之下并应能够经受得起理性的检验,人的理性拥有洞察一切的能力。合理性作为现代性的占支配地位的结构特征,为文化因而也是为处于现代社会文化中的个体的世界观,制订并实施着要求遵循这一结构特征的约束或规范。在这种情形下,一切传统信仰与实践的面向现代性的适应与调整几乎就面临着势所难免的局面。以合理性为结构特征的现代性迫使一切传统信仰与意义体系都处于防守的地位,福音派亦不例外。

人们一般推想,福音派必定会断然拒绝启蒙运动所倡导的这种严格的合理性主张。其实不然,福音派不论在其思想渊源上还是在其历史发展中都并非是同这种合理性主张处于截然相反的对立面。事实上,福音派在总体上对理性化的观念和方法一直都保持着相当的开放性。启蒙运动同福音派之间密切关系的渊源在学术界一直是个颇有争议的话题。詹姆斯·亨特认为,新教世界观的认识方式同现代世界观之间所具有的相似性是历史地、辩证地联系在一起的,并以众所周知的马克斯·韦伯所持的早期新教内在的禁欲主义与西方社会的合理化进程的适应性作为例证[92]。乔治·马斯登亦主张,就福音派与现代性的关系而言,"福音派在许多方面都是极其现代的人。例如,他们在利用现代文化中的诸如促进、推广与宣传一类的技术与手段上都属于行家里手之列"[93]。在马斯登看来,与其说福音派是"前现代的",不如说他们是同"现代早期的"某些观念与理念极为接近或认同的。具体地讲,福音派总体上是现代早期的常识哲学、经验主义与科学思维的支持与认同者[94]。而且,重要的是,福音派对现代性的适应更多地集中在行为与生活方式上，秉承许多清教主义与虔敬主义特征的早期福音派在注意纪律性、忍耐性，以及讲究勤劳与节俭等为人处事方面同现代性的某些追求是不谋而合的。然而，在观念意识领域，福音派与现代合理化追求的一致性与适应性则要逊色得多。在某些具有核心和实质性的问题比如超自然的神启与合理化的世界观的关系问题上，双方很难完全接受对方的主张。随着现代科学进化论的出现以及圣经历史批判方法的运用，作为新教保守派的基要主义神学因完全抵制现代世界观合理化的要求还一度落下了反理智主义的恶名。直到20世纪40年代新福音派运动兴起之后，福音派与合理化过程才得以重续前缘。不过，这一回福音派在合理化进程上的某些努力似乎走得过了头，以至于它又重新勾起了理性与信仰的传统冲突与争执。

在神学教义上，强烈的理性主义倾向已深深地影响了像约翰·蒙哥马利（John Warwick Montgomery）、诺曼·盖斯勒（Norman Geisler）以及弗兰西斯·谢弗这样的福音派神学家的神学理解与建构，他们几乎将神学信仰等同于理性的探究与把握[95]。即使在像卡尔·亨利这样的福音派领袖神学家的神学方案中，亦带有过分理性化的浓重色彩。亨利从理性主义立场出发，认为人在归信基督之前凭其理性就能认识某些启示式真理，否则他们就不会因其拒绝上帝而接受责备了[96]。从坚持行动的"上帝之道"与书写的"上帝之道"的统一性这一神启观出发，亨利认为神启是可以理解的、是以有效命题表达的并且是可加以普遍传递的。"神启是包括基督教真理在内的一切真理的来源；理性是认识它的工具；圣经是它的证实原则；逻辑一致性是真理的负性检验原则因而也是一种附属性的检验原则。"[97] "没有非矛盾律与逻辑一致性，任何知识都是不可能的。"[98]这样，亨利实际上就间接地承认了在坚持圣经的权威上还存在着一个更加基本的认识论基础，圣经权威本身也要服从这种更具根本性的权威，这就等于是赋予了人的理性以评判启示真理的能力。那么，试问何种逻辑、谁之合理性能够作为圣经权威的根基呢？福音派坚信有限的、堕落的人的心灵同无限的、神圣的神的心灵是毫不相称的，它不允许将神性启示束缚于有深刻缺陷的罪人的理性这一限制之中。

事实上，以人的理性原则与逻辑标准去看待神启是十分荒唐可笑的。基督教信仰的许多核心教义如上帝三位一体说、基督神人二性论等等同所谓逻辑一致性原则完全是背道而驰的。人们不能仅根据启示的这种"非逻辑性"特征就断言它们不是神启或者是错误的教义，而只能说明仅凭堕落的人的理性无法完全理解上帝的尊严与大能。而且，这种理性主义的启示观还会导致在对待圣经启示内容上产生某种偏颇。表现在亨利那里就是他似乎更愿意处理圣经的那些属于一般性原则或"客观事实"的内容，而对于同现代理性化认识不那么吻合的有关启示的历史叙述则有回避之嫌。亨利认为，"不论这些圣经作者使用的是寓言、传说、情感性表述还是反意疑问，他们的文学手法或技巧都有一个可加以命题形式表述并具有客观真伪性的逻辑点"[99]；似乎圣经的每一方面都能够被还原为那些初始原则或逻辑公理。这种同启蒙精神一脉相承的理性主义启示观与圣经观，其实在理路上已然不自觉地偏离了福音派信仰一贯坚持的以圣经为最高、最终权威的立场，变成了现代世俗观念的"秘密囚徒"。

在灵性修为与实践上，理性主义色彩以及合理化趋势也给福音派的查经、祷告、见证以及传教活动留下了清晰可辨的烙印。其最突出的迹象就是在灵性生活领域中的程式化与标准化倾向，即将先前被当作通俗易懂的福音派世界观中的某些宗教内容转化成标准化的指示或规定，从而使福音派的灵性实践得以按照一系列"原则"、"规定"、"步骤"、"法则"、"章程"或"指南"一类的东西加以解释、组织和实施的倾向。这样一来，一个人作为福音派信徒的生涯，从认信皈依到灵命成长，从个人的圣洁生活到向他人的福音见证,事实上都有处于一个被加以高度组织化与系统化的世界观中的趋势。

针对福音派灵性生活中日益凸显的这种系统化、章程化与条理化的趋势,詹姆斯·亨特将这种现象称之为"灵性的包装化"过程[100]。这种包装过程可以通过将对实在的认识划归到简约的形式而有效地应付现代经验的抽象性,并能带来一些实用的效应。这就如同在已全面转向批量化生产的现代市场经济环境中一样,对皈依与灵性的包装化也可以将福音划归到它那经提炼后的实质上,并利用一些程序化过程使福音的广泛传布成为可能,同时又能在最基本的限度上保证对福音讯息实质内容的领悟与接纳。这种简便易行、方便实用的皈依与灵性生活的"包装化",固然有比较好地适应现代生活追求快捷实用风格的优点,但同时它也极大地限制或禁锢了人的精神需要与追求的多样性以及神性启示与灵性修为的丰富性,亦为宗教信仰在现代生活中的边缘化和私人化铺平了道路。而且更严重的是,它有可能使人在福音宣扬中过多地集中于福音的认识性真理上,并过多地强调这种认识性真理的理性说服力。然而在福音派信仰看来,这样的真理只是笛卡尔式的真理而不是圣经的真理。圣经真理既有它的认识性特征更有它的人格性特征;它不是抽象的或纯客观的东西;它是具有人格性的,它涉及的是那些把握了它以及同时也被它所把握的人的整个存在的转变与更新[101]。总之,福音派信仰并不是一概地排斥理性,也不是不分青红皂白地拒绝合理化进程,它反对的只是它们超出自身范围之外的极端化形式,反对的是以理性主义与合理化观念去破解与消除基督信仰当中的"神秘"之维,将圣经真理完全等同于认识性真理的尝试与努力。

三、信仰私人化与"赤裸的公众广场"

现代社会文化生活中的个人意识和个人主义是个极其复杂的

第六章 对现代形式与价值的创造性回应

有关观念与社会经验的复合体。在思想渊源上,宗教改革运动倡导的以神为中心的个人主义与启蒙运动主张的以人的自我为中心的个人主义这两种不同类型、不同旨趣的个人主义交织地影响着现代福音派思想的自我与个体观念[102]。宗教改革运动主张的个人主义,强调人的生活选择和价值对人具有深远的影响和意义并反映着他们对终极神圣实在的认知与把握。正是这种以神为中心并坚信道德世界是由上帝所主宰的信念,驱使着这种个人主义拒绝将国家、教会以及自我奉为至高的权威。福音派基督教以强调个人灵性的认信与皈依以及圣洁的个体信仰生活而继承了这种类型的个人主义,并格外强调在追求天国永生的门徒信仰生活中所获得的属于个体内在世界的福祉比如内心的平静、真正的喜乐、同舟共济的团契以及在患难中的力量与帮助等等。

与之全然不同的个体观念是由启蒙运动孕育而来的以人的自我为中心的世俗性的个人主义,它在精神与道德领域有着完全不一样的责任与义务形式和终极指归。秉承启蒙精神而来的这种个人主义让人自身攫取了原本属于上帝的位置,人从依赖神转而开始依靠自主自治自律的自我。在这种情形下,人们拒斥国家或教会的终极权威性不再是出于对神的权威的信仰而是出于自我利益意识或者自我责任感。反映在伦理道德领域,这两种不同的个人主义所产生的行为与后果也相去甚远。譬如对于堕胎问题,遵循宗教改革运动所孕育的个人主义的人可能会基于这一行为会受到神的道德谴责的考虑而拒绝终止一个未出生胎儿的生命,但对于接纳启蒙运动所孕育的个人主义的人而言,在将这一行为付诸实施时可能不会经历什么良心上的不安,因为他考虑问题的出发点是自我的责任与个人的方便与益处。

尽管这两种不同的思维模式共同影响着人们的社会文化经验,然而从启蒙运动以来,现代生活精神已越来越多地助长和接受了基于人的自主性而生发的不受约束的个体观念。人们倾向于将自我看作是个体的、由自我所决定的主体,并主要是依据自我的选择来界定自身的主体[103]。可以说,现代的、以自我为中心的个人主义同启蒙精神的理念是一脉相承的,它在思想渊源上更多地依据的是由笛卡尔、洛克以及休谟等人所提出的近现代哲学范畴而不是传统的基督教思想。在信仰上坚持上帝超越性的福音派不可能完全游离于时代精神之外,在其自觉或不自觉地适应现代性的形式与价值的过程中,这种现代性的同时也是世俗性的个人主义因素已越来越多地涌入到福音派思想当中,人们开始在越来越大的程度上按照现代派强调个体性的立场去理解福音。"虽然传统基督教有面向个人宣扬福音的教导,但现代福音派中开始出现超越圣经所允许的对个人的强调程度的趋向,它导致了已逐渐成为当代教会生活特征之一的福音与教会的彻头彻尾的个人化趋势。"[104]

于是,现代人的生活、精神和道德世界开始围绕正在或已经取代上帝位置的自我而运转。四处张扬的都是自以为是、自我中心、自我满足、自我扩展以及自我促进和提升的自我意识。至于在同基督的结合中所必需的正当的自我否定意识则成为现代精神予以嫌弃与拒斥的观念。不过,这种自我的胜利在某种意义上也许是得不偿失的,在福音派正统信仰看来,它必将适得其反地导致真正自我的丧失。当人将上帝逐出自我世界的中心的时候,他势必会对道德与精神实在予以以自我为中心的重组,因而也就会无可避免地招致诸多圣经所谓"叫人死"的"世俗的忧愁"[105]。回绝了神意的佑护与指引,人必将陷入世俗的烦忧与绝望的深渊而无力自拔。

这种现代自我观念在福音派教会中已构成了一种危险趋向的诱因,因为转向以自我为中心的教会必然最终也会诱发实用主义、享乐主义与相对主义的因素,进而使思想让位于情感并最终导致重新界定相关的神学教义。美国神学家理查德·林茨就指出,对自我的执迷会使现代福音派的神正论产生新的关注焦点即所谓的"不快乐"问题。如果人总是感到不快乐,怎么能够说有上帝存在呢?于是"恶就变成了一种私人的情感,新的福音就变成了上帝对这种私人化的恶的救治,教会也就成了使人感到舒适与快乐的场所。这完全是由基督教辞藻装扮起来的享乐主义"[106]。它完全偏离了传统基督教坚持的人生的意义在于荣耀神的立场。按照这种观点,基督的信徒就不再是传统意义上的崇拜者、思想者、上帝形象的承载者或爱神者,而变成了世俗意义上的"消费者"。进而言之,福音传教也就变成了一种对"市场需求"的分析与满足。在这种情形下,人们仍然可以听到教会在谈论着在基督里发现的"好生活",但对许多人来说这一概念已完全丧失了它的传统意义而被赋予了现代性的诠释,因为"好生活"对不少人来说仅仅意味着个人当下的平静与幸福。于是,福音讯息获得了某种"驯化"的解说,以使它能够有助于个人所需的健康与财富而不再是对贪婪与骄傲的征服[107]。这样,原本就因将人在重生和成圣过程中的精神体验置于突出地位而具有一定人本色彩的福音派神学,就有偏离由宗教改革者确定的以神为中心的三位一体结构,而转向现代精神倡导的以人为中心的结构的可能。这一点是明显有悖于福音派借以确定自我身份的反自由主义神学之初衷的。

此外,这种世俗个人主义反映在信仰实践上,就会使得信徒的灵性生活带上某种自我省察、自我探索的意味。福音派信仰历来是比较注重信徒的灵性修为的,不过传统福音派的灵性实践与操练主要是围绕个人的灵性状况比如罪在生活中的支配性以及人的节制与圣化过程而进行的,"但当代福音派有别于传统新教之处在于为这种关注中心附添了人之经验的情感与心理维度"[108]。它在传统的灵性关注之外开始强调所谓的"心理平衡"、"情感成熟"以及"自我实现"一类的个人心理侧面,将有关罪感、焦虑、压抑、沮丧、紧张等一系列人的体验包括进了传统基督教的灵性信仰与实践的范畴之内，并在现代个人主义的压力下有进一步向自恋主义与享乐主义蔓延滋长之势。

另一方面，强调人的自主性的现代精神不仅导致了以自我为中心的世俗个人主义的发展，而且它还极大地加剧了人的公共生活与私人生活之间的分化与背离。由形形色色的组织、体制、制度和机制为主宰的现代公共生活，逐渐成了一种同参与这些生活的个体的私人世界毫不相干的领域。人们为了工作和生存而不得不置身于那些同个人的兴趣和价值毫无关涉的外在的公共生活之中，但在真正属于自我的内心世界里，他们往往会按照内心的看法、个人的认识以及同各种孤立的私人世界比如家庭、朋友、同事等等相关的利益与趣向去看待和审视现实的生活。人们在公共生活领域所实践和追求着的价值与目标，同他们在私人领域所奉行的原则与渴望的目标成了井水不犯河水的两个完全分离的世界。面对无法抗拒、不可扭转的外在世界，挫折感、疏离感、错位感以及异化感构成了人们在现代社会生活中的普遍心理感受和生存体验，并迫使人们将自己真正追求的精神与生命的价值与目标在更大程度上转向了自我内在的私人生活领域。

现代性导致的这种个体公共生活与私人生活的二元分离特征，反映到福音派基督教中，就是使得许多人越来越多地倾向于将福音派信仰看作是仅仅同个人的私人经验相关联的事情，而逐渐放弃了原有的将福音派信仰同时也视为一种颇具特色的世界观以及能够对外在公共生活中具有重要影响与变革意义的观念。美国社会学家詹姆斯·亨特亦指出，"结构多元化产生了一种能够限制将宗教象征与意义运用于某些社会经验领域的情形，在意识的层面上已出现了这样一种压力，即宗教仅仅关乎像家庭、挚友以及自我这样的内在私人领域，而无涉于像国家一类的公共领域"[109]。受其影响，福音派信仰也呈现出一种从外在的公共生活向内在的私人生活转移或者说是退却的倾向。成为一个福音派信徒,对某些人来说也许只是意味着为其日常的私人生活涂抹上一些宗教体验的异样色彩而已,其中已很难察觉出什么棱角分明的神学立场与灵性修为的印痕了。对此,美国神学家大卫·韦尔斯也只能无奈地自嘲道,"今日福音派不得不相信上帝只能在内在经验的狭小缝隙中大展宏图了"[110]。

面对现代个人主义与多元主义的压力,福音派信仰从公共生活向私人生活的撤离,不能不使人回想起20世纪早期基要派从主流教会与神学院的大撤离,后者希冀通过这种同外面不信仰世界的分离来保持自己传统神学信仰的纯正性,在这种意义上讲,基要派的做法是有某些成功之处的。而如今福音派希望将神学信仰撤向内在私人领域以保持同外在不信仰世界的不妥协姿态,在某种意义上却是很难完全奏效的,因为现代性形式与价值的剧烈冲击与潜移默化终将导致这种退居私人领域的福音信仰发生"驯化"或"钝化"。因而,有人甚至赞同,如果将美国独立战争后由宪法规定的教会与政治的分离视为基督教所经历的第一次分离,将第一次世界大战以后至60年代发生的教会与文化的分离视为基督教所经历的第二次分离的话,那么,可以将现在强调个人自主性及其对宗教领域的影响而引发的自我中心主义以及信仰的私人化过程,看作是福音派基督教正在经历着的第三次大分离[111]。受这种趋势的影响,不少现代人在更大程度上只是按照自己能够从教会或上帝那里获得什么的模式而不是按照传统强调的对教会或上帝的事奉模式去看待自己的福音信仰。他们光顾教会的态度就像消费者光顾商店一样,挑挑拣拣以选择那些合乎自己口味的东西。而有些教会也迫于这种文化时尚,开始利用种种民意调查之类的方法以竭力发现当今人们的所需所求,并准备随时调整那些"不合时宜的"神学信仰以使教会在现代社会文化氛围中展现出更大的"适应性"或"相关性"。

当然，这并不是说现代福音派已然放弃了那些诸如形式原则与质料原则一类的基本神学信念。恰恰相反，他们甚至有可能更加坚定地恪守这些原则。问题的关键在于他们有可能将这些信仰仅仅局限于个体的私人意识之内，而放弃将其运用于团体的公共生活领域之中的努力。果若此，就有可能出现美国神学家理查德·纽豪斯所说的那种，因放弃或丧失传统精神信仰与价值而呈"裸露"状态的"公众广场"的局面[112]。这即是说在人们的公共生活领域因缺少一种能够被广为认可与接受的价值内核与原则，而导致在现实社会中缺少一种能够调节与评估那些纷至沓来、名目繁复的价值、利益与目标的标准，这就为现代精神所标榜的在伦理道德与精神信仰上的主观主义、相对主义与多元主义打开了方便之门。

这种以自我为中心的个人主义以及信仰的私人化倾向对基督教信仰的影响已在许多福音派有识之士中引起了高度的重视与警觉。美国福音派神学家奥斯·吉尼斯指出，缺乏一种颇具特色的"公众哲学"以及无力清晰表述并实行一种面向"共同利益的共同观"，已构成了当代福音派社会卷入与公共参与过程中的"阿基里斯之踵"[113]。另一位福音派著名领袖查尔斯·科尔森亦发出了相似的警告，"的确，我们需要祷告、查经、崇拜以及见证。但如果我们仅仅关注这些事情就会忽视我们对周遭文化所负担的责任。我们的基督教就会成为私人化和边缘化的东西"[114]。更有一些富有创造性的神学家如斯坦利·格伦茨等人已在尝试利用后现代性的某些因素而创建一种能更加平衡地反映生存的个体与社会方面的神学，比如以"上帝的社团"作为系统神学的整合主题，将信仰团体范畴与福音派教会论及上帝之国教义相关联，等等[115]。这种神学洞见对于抵消世俗个人主义与信仰私人化的影响也许可以发挥出积极的作用。

第六章 对现代形式与价值的创造性回应

注释:

[1] Alister E. McGrath, *Christian Theology: An Introduction*, Blackwell Publishers Ltd, Second Edition, 1997, p. 534.

[2] Alister E. McGrath, *Christian Theology: An Introduction*, Blackwell Publishers Ltd., Second Edition, 1997, p. 532.

[3] Alister E. McGrath, *A Passion for Truth: The Intellectual Coherence of Evangelicalism*, InterVarsity Press, 1996, p. 201.

[4] 参见 Christian Smith, *American Evangelicalism: Embattled and Thriving*, The University of Chicago Press, 1998, p. 114。

[5] Carl F. H. Henry, "The Uneasy Conscience Revisited", in *Evangel Quarterly*, ISSN0265-4547, Autumn 1990, p. 18.

[6] 参见 Lesslie Newbigin, *The Gospel in a Pluralist Society*, William B. Eerdmans, 1989, pp. 1—2。

[7] Alister E. McGrath, *A Passion for Truth: The Intellectual Coherence of Evangelicalism*, InterVarsity Press, 1996, p. 204.

[8] David Tracy, "Christianity in the Wider Context", *in Worldviews and Warrants*, ed. by W. Schweiker etc., University Press of America, 1987, p. 2.

[9] D. A. Carson, *The Gagging of God: Christianity Confronts Pluralism*, Zondervan Publishing House, 1996, p. 17.

[10] Donald A. Carson & John D. Woodbridge ed., *God and Culture: Essays in Honor of Carl F. H. Henry*, William B. Eerdmans, 1993, p. 32.

[11] 参见 Hans Urs von Balthasar, *Truth Is Symphonic*, Ignatius Press, 1972。

[12] D. A. Carson & J. D. Woodbridge ed., *God and Culture: Essays in Honor of Carl F. H. Henry*, William B. Eerdmans, 1993, p. 34.

[13] D. A. Carson, *The Gagging of God: Christianity Confronts Pluralism*, Zondervan Publishing House, 1996, p. 32.

[14] Doug Leblanc, "Christians and the Challenge of Pluralism", in *Moody*, ISSN1052-2271, September / October 1997, p. 12.

[15] Alister E. McGrath, *A Passion for Truth: The Intellectual Coher-*

ence of Evangelicalism, InterVarsity Press, 1996, p. 240.

[16] Leonard J. Swidler, *After the Absolute: The Dialogical Future of Religious Reflection*, Augsburg Fortress, 1990, p. viii.

[17] Leonard Swidler, *After the Absolute: The Dialogical Future of Religious Reflection*, Augsburg Fortress, 1990, p. 3.

[18] Alister E. McGrath, *A Passion for Truth: The Intellectual Coherence of Evangelicalism*, InterVarsity Press, 1996, p. 212.

[19] Lesslie Newbigin, *The Gospel in a Pluralist Society*, William B. Eerdmans, 1989, pp. 9—10.

[20] 参见 John Hick, ed., *The Myth of God Incarnate*, The SCM Press, 1977。

[21] Michael Green, *Acts for Today*, Hodder & Stoughton, 1993, p. 38.

[22] Alister E. McGrath, *A Passion for Truth: The Intellectual Coherence of Evangelicalism*, InterVarsity Press, 1996, p. 237.

[23]《圣经·新约·哥林多前书》第一章第二十二至二十四节。

[24] 参见《圣经·新约·马太福音》第二十二章第一至十四节。

[25] 参见 George M. Marsden, *Understanding Fundamentalism and Evangelicalism*, Wm. B. Eerdmans, 1991, chapter 5。

[26] Bernard Ramm, *The Christian View of Science and Scripture*, Eerdmans, 1954, p. 22.

[27] Bernard Ramm, *The Christian View of Science and Scripture*, Eerdmans, 1954, p. 25.

[28] Bernard Ramm, *The Christian View of Science and Scripture*, Eerdmans, 1954, p. 94.

[29] Bernard Ramm, *Offense to Reason*, Harper & Row, 1985, p. 72.

[30] Harold Lindsell, *Bible in the Balance*, Zondervan, p. 342.

[31] James Barr, *Fundamentalism*, SCM, 1977, p. 97.

[32] James Barr, *Fundamentalism*, SCM, 1977, pp. 92—93.

[33] 参见 The Zondervan Corporation, *The NIV Large Print Study Bible*, 10th Anniversary Edition, 1995, pp. 122—128, "footnotes"。

[34] Bernard Ramm, *The Christian View of Science and Scripture*, Eerdmans, 1954, p. 76.

[35] *Evangelical Affirmations*, ed. by Kenneth S. Kantzer & Carl F. H. Henry, Zondervan Publishing House, 1990, Chapter10, p. 436.

[36] Mark Noll, *The Scandal of Evangelical Mind*, Wm. B. Eerdmans, 1994, p. 212.

[37] 参见 *Ministry in Context: The Third Mandate Programme of the Theological Education Fund* (1970—1977), Bromley, England: Theological Education Fund, 1972。

[38] Ibid, p. 20.

[39] 参见 Carson, D. A., *The Gagging of God: Christianity Confronts Pluralism*, Zondervan Publishing House, 1996, pp. 539—540。

[40] John Hick, "Dialogue into Truth", in *Truth and Dialogue in World Religions: Conflicting Truth Claims*, Westminster Press, 1974, p. 155.

[41]《圣经·新约·犹大书》第三节。

[42] Bruce J. Nicholls, "Theological Education and Evangelization", in *Let the Earth Hear His Voice*, ed., by J. D. Douglas, Minneapolis: World Wide, 1975, p. 647.

[43]《圣经·新约·马太福音》第二十八章十九、二十节。

[44] David J. Hesselgrave & Edward Rommen, *Contextualization: Meanings, Methods and Models*, Baker Books, 1989, pp. 1—2.

[45] David F. Wells, "An American Evangelical Theology", in *Evangelicalism and Modern America*, ed. by George Marsden, Wm. B. Eerdmans, 1984, p. 91.

[46] David J. Hesselgrave, ed., *New Horizons in World Mission*, Baker Books, 1979, pp. 239—240.

[47] Shoki Coe, *Training in Context*, Bromley, England: Theological Education Fund, 1973, p. 14.

[48] Donald G. Bloesch, *Essentials of Evangelical Theology*, vol. I, Prince Press, 1978, p. 52.

[49] Bruce J. Nicholls, "Towards a Theology of Gospel and Culture", in

Gospel and Culture, ed. by John R. W. Stott & Robert T. Coote, Pasadena: William Carey Library, 1979, p. 74.

[50] 参见 Harvie M. Conn, *Eternal Word and Changing Worlds*, The Zondervan Corporation, 1984, pp. 131—132。

[51] 参见 Robert K. Johnston, *Evangelicals at an Impasse*, John Knox Press, 1979, p. 154。

[52] Stanley J. Grenz, *Theology for the Community of God*, William B. Eerdmans Publishing Company & Regent College Publishing, 2000, pp. 14—15.

[53] Richard Quebedeaux, *The Worldly Evangelical*, Harper & Row, Publisher, 1978, p. 167.

[54] Millard Erickson, *Christian Theology*, Baker Books, 1983, 1: 21.

[55] 参见《圣经·新约·哥林多前书》第八至十章。

[56] 参见 Byang H. Kato, "The Gospel, Culture Context, and Religious Syncretism," in *Let the Earth Hear His Voice*, ed. by J. D. Douglas, Minneapolis: World Wide, 1975。

[57] *Let the Earth Hear His Voice*, ed. by J. D. Douglas, Minneapolis: World Wide, 1975, p. 1226.

[58]《圣经·新约·使徒行传》第十七章第十六至三十四节。

[59] 参见《圣经·新约·使徒行传》第十三章。

[60]《圣经·新约·使徒行传》第十七章第十六节。

[61] 参见 James Barr, *Biblical Faith and Natural Theology*, Oxford: Clarendon Press, 1993, pp. 27—28。

[62]《圣经·新约·使徒行传》第十七章第三十至三十一节。

[63]《圣经·新约·使徒行传》第十七章第三十四节。

[64]《圣经·新约·使徒行传》第十七章第三十二节。

[65]《圣经·新约·哥林多前书》第九章第二十二至二十三节。

[66]《圣经·新约·哥林多前书》第九章第二十二节。

[67]《圣经·新约·马太福音》第十章第二十九、三十节。

[68] John Calvin, *Institutes of the Christian Religion*, *English Edition*, The Westminster Press, p. 199.

[69] John Calvin, *Institutes of the Christian Religion*, English Edition, The Westminster Press, p. 202.

[70]《圣经·旧约·创世记》第二十二章第八节。

[71][法]谢和耐《中国和基督教》,上海古籍出版社1991年版,中译本,第284页。

[72]参见 Martin Marty, *A Nation of Behaviors*, University of Chicago Press, 1976, pp. 255—256。

[73] Vernon Grounds, "The Nature of Evangelicalism", in *Eternity*, Feburary 1956, p. 43.

[74] James Davison Hunter, "The Evangelical Worldview Sine 1890", in *Piety and Politics*: *Evangelicals and Fundamentalists Confront the World*, Richard J. Neuhaus etc. ed. , Ethics and Public Policy Center, 1987, p. 52.

[75] Rudolph Nelson, *The Making and Unmaking of An Evangelical Mind*, Cambridge University Press, 1987, p. 13.

[76] Richard Quebedeaux, *The Worldly Evangelical*, Harper & Row, Publisher, 1978, p. 167.

[77] Richard Quebedeaux, *The Worldly Evangelical*, Harper & Row, Publisher, 1978, p. 167.

[78] Michael S. Horton, *Beyond Culture Wars*, Moody Press, 1994, p. 214.

[79]参见 James Davison Hunter, *Evangelicalism*: *The Coming Generation*, The University of Chicago Press, 1987。

[80] James Davison Hunter, *American Evangelicalism*: *Conservative Religion and the Quandary of Modernity*, Rutgers Univ. Press, 1983, p. 90.

[81] James Davison Hunter, *Evangelicalism*: *The Coming Generation*, The Univ. of Chicago Press, 1987, p. 163.

[82]参见 David F. Wells, *God in the Wasteland*: *The Reality of Truth in a World of Fading Dreams*, Wm. B. Eerdmans, 1994, chap. Ⅷ & Appendix。

[83] David F. Wells, *God in the Wasteland*: *The Reality of Truth in a World of Fading Dreams*, Wm. B. Eerdmans, 1994, p. 187.

[84] Mark Noll, Cornelius Plantinga, Jr., & David Wells, "Evangelical Theology Today", in *Theology Today*, 51, 1995, p. 501.

[85] Mark A. Noll & David F. Wells, "Introduction: Modern Evangelicalism", in *Christian Faith & Practice in the Modern World: Theology from an Evangelical Point of View*, ed. by Mark Noll & David Wells; Wm. B. Eerdmans, 1988, p. 15.

[86] David F. Wells, *No Place for Truth, or, Whatever Happened to Evangelical Theology?* Wm. B. Eerdmans, 1993, p. 301.

[87] Os Guinness, "Sounding Out the Idols of Church Growth," in *No God but God*, ed. by Os Guinness & John Seel, Moody Press, p. 153.

[88] 参见 Mark A. Noll, *The Scandal of the Evangelical Mind*, Eerdmans, p. 194。

[89] Francis A. Schaeffer, *The Great Evangelical Disaster*, Crossway Books, 1984, p. 37

[90] Alister McGrath, *Evangelicalism and the Future of Christianity*, InterVarsity Press, 1995, p. 93.

[91] 参见《圣经·新约·马太福音》。

[92] James Davison Hunter, *American Evangelicalism: Conservative Religion and the Quandary of Modernity*, Rutgers Univ. Press, 1983, p. 73.

[93] George Marsden, "Evangelicals, History and Modernity", in *Evangelicalism and Modern America*, ed. by George Marsden, Eerdmans, 1984, p. 98.

[94] George Marsden, "Evangelicals, History and Modernity", in *Evangelicalism and Modern America*, ed. by George Marsden, Eerdmans, 1984, p. 98.

[95] 参见 Donald G. Bloesch, *Essentials of Evangelical Theology*, vol. 2, Prince Press, 1978, p. 267。

[96] Car F. H. Henry, *God, Revelation and Authority*, vol. 1, Word Books, 1976, p. 229.

[97] Car F. H. Henry, *God, Revelation and Authority*, vol. 1, Word Books, 1976, p. 215.

[98] Car F. H. Henry, *God, Revelation and Authority*, vol. 1, Word Books, 1976, p. 232.

[99] Car F. H. Henry, *God, Revelation and Authority*, vol. 1, Word Books, 1976, p. 453.

[100] James Davison Hunter, *American Evangelicalism: Conservative Religion and the Quandary of Modernity*, Rutgers Univ. Press, 1983, pp. 83—84.

[101] 参见 Alister McGrath, *A Passion for Truth: The Intellectual Coherence of Evangelicalism*, InterVarsity Press, 1996, p. 178。

[102] David F. Wells, *No Place for Truth, or, Whatever Happened to Evangelical Theology?* Wm. B. Eerdmans, 1993, p. 141.

[103] 参见 Robert N. Bellah et al., *Habits of the Heart: Individualism and Commitment in American Life*, Univ. Of California Press, 1985, p. 65。

[104] Stanley J. Grenz, *Revisioning Evangelical Theology: A Fresh Agenda for the 21st Century*, InterVarsity Press, 1993, p. 16.

[105]《圣经·新约·哥林多后书》第七章第十节。

[106] Richard Lints, *The Fabric of Theology: A Prolegomenon to Evangelical Theology*, Eerdmans, 1993, p. 326.

[107] 参见 Donald A. Carson, *The Gagging of God: Christianity Confronts Pluralism*, Zondervan Publishing House, 1996, pp. 465—467。

[108] James Davison Hunter, *American Evangelicalism: Conservative Religion and the Quandary of Modernity*, Rutgers University Press, 1983, p. 94.

[109] James Davison Hunter, *American Evangelicalism: Conservative Religion and the Quandary of Modernity*, Rutgers Univ. Press, 1983, p. 91.

[110] David F. Wells, *No Place for Truth, or, Whatever Happened to Evangelical Theology?* Eerdmans, 1993, p. 131,

[111] 参见 Donald A. Carson, *The Gagging of God: Christianity Confronts Pluralism*, Zondervan Publishing House, 1996, pp. 49—50。

[112] 参见 Richard Newhaus, *The Naked Public Square: Religion and Democracy in America*, Wm. B. Eerdmans, 1984。

[113] Os Guinness, "Tribespeople, Idiots or Citizens", in *Evangelical Affirmations*, ed. by Kenneth S. Kantzer & Carl F. H. Henry, Zondervan, 1990, *pp*. 459—460.

[114] Charles Colson, "No Time to Isolate", in *Moody*, ISSN 1052—2271, November / December 1999, p. 30.

[115] 参见 Stanley J. Grenz, *Theology for the Community of God*, Wm. B. Eerdmans & Regent College Publishing, 2000。

结语

探索成功下的自我身份认同

从20世纪70年代中期开始,当代福音派似乎在一夜之间从湮没无闻、遭人忽视的位置重新回到了社会文化生活舞台的中心。美国《新闻》周刊将1976年也就是美国建国两百周年之际宣布为"福音派之年",就是承认了福音派作为一支重要的信仰势力在社会文化中的出现。这一神学运动从当初一小群不满于基要派的封闭与消极立场的年轻神学领袖开始,至今已发展成为在英美乃至全世界拥有为数众多的神学院校、出版社、期刊、准教会组织与教会的庞大的网络与亚文化圈。仅在美国就有数以千万计的成人宣称自己是福音派基督徒并见证了自己的"重生"经验,而葛培理也早已使自己牢牢地成为了全世界范围内最著名与最受尊重的福音派代表人物之一,数不胜数的广播电视福音布道活动已触及到社会生活的每一个角落。在20世纪前期绝大多数宗教学者与观察家都认定,基督教当中的这些保守派会日渐凋零并走向消亡,作为以往那个时代的遗留物,这种老派的正统信仰以及公开而彻底的超自然主义已无法同现代世界同步而行。然而,面对今日福音派运动的发展与繁荣,这些现代乐观主义的预言早已成为明日黄花。"在经过长时间痛苦的湮没无闻的蛰伏期后,福音派又重新成为了国家宗教与政治生活中的一支重要力量。"[1]

这种社会地位与身份的变化,对当代福音派运动的发展趋势与性质特征也发生了诸多意想不到的影响。先前的福音派只是一个弱小的、局外的、受人攻击和遭人鄙视的守旧的信仰团体，而今的福音派已成为媒体报道、党派选举、道德争执、精神探索中炙手可热的趋奉对象。然而，随着福音派在社会文化、政治以及宗教领域中影响的增长和地位的确立，随着福音派从一个充满争战的前线向一个繁荣兴旺的事业的转变与迁徙，其神学上的同质因素亦在日趋淡薄，而信仰上的多样性特征则正在逐渐加强。作为一场神学运动，其内在的凝聚力仿佛正在逐步消散。福音派信仰似乎正处在一种以神学为重心的模式向以关系或经验为重心的模式嬗变的路途当中。先前的福音派同试图将基督教与其历史正统分离开来的现代派或自由派处于全面的交战状态，这就促使福音派一直将其基督教信仰的教义与内容置于关注的首要位置，如何保持历史的、以圣经为基础的基督教信仰的纯正性成了他们关注的核心问题。而今日的福音派关注更多的似乎是教会崇拜与福音化的问题。在此则存在着两种潜在的发展方向，一是向降低理智探求重要性的宗教仪式化方向的发展，二是向灵恩运动方向的发展。两者都代表着从以对上帝的"认识"为重心向以对上帝的"经验"为重心的转变或转移。

　　神学教义上的转向必然也会反映到福音派的灵性生活与福音传教方式上来。从前的福音派主张每一个基督徒在每一个可能的场合都有向非基督徒传播福音的责任，并且这种福音的传递被理解为就是明白地、直接地谈论每个人都有的罪性以及通过信仰耶稣基督而获得的重生的必要性与意义。然而，今日所理解的福音见证概念已变得极为繁复琐细，同时又变得极为程式化与标准化。人的精神扭曲似乎被更多地等同于人的后天心理失调而不是与生俱来的罪性。福音信仰仿佛更多地关注的是健康、幸福以及人际关系一类的个人利益而不再是灵魂的永生[2]。这一切都暗示着在这个世俗化影响日趋增强的世界里福音派正面临着使福音信仰随心所欲地适应现代人的一时一地之需求的危险。在这种适应与调整下，尽管基督教的基本信仰大都被保留下来了，但它们逐渐对其寻求灵性生活、布道技巧与信仰社团的新形式均已不再构成任何形式的"障碍"了。社会学家詹姆斯·亨特在对美国大学与神学院学生调查的基础上发现，有关圣经权威、创造论以及基督救赎的个殊性等传统观念事实上正处在不断的"校正"或"调整"过程中，同先前的福音派相比这新一代福音派信徒或未来的领袖已出现了神学观上的"模糊性"特征，他们正在以自己的方式自觉或不自觉地适应着现代文化的认识与规范模式，它对其福音派的自我身份界定亦构成了一种冲击和混淆[3]。

从前的福音派是"局外人"，是"现状"的异议者；而今的福音派已变成了"局内人"，是"现状"的一个组成部分。这种社会角色的置换，使得基督与文化的关系成为互换依托、互为屏障的互动关系。它极大地冲淡了70年代中期以前的福音派以神学内容为核心并强调基督福音与世俗文化相对立的立场。马丁·马蒂断定当代福音派的这种形式是对现代性形式与价值的创造性适应。福音派在今日的盛行是由于在许多方面它都是现今文化所限定的现代性的表现形式，而先前将福音派联合在一起的与其说是共同的神学理解，不如说是出于对与现代性相遇与适应的共同压力[4]。而大卫·韦尔斯则把福音派的这种近期转变看作是源于从信仰告白模式向超信仰告白模式的转变。先前的福音派是由某些具体的神学信仰教义而得以界定自我身份的。然而在福音派内部多样性压力日渐增加之后，福音派作为一项神学趋势或运动发现自己只能依靠淡化或模糊原有的神学核心，才能维系这一运动的存在与稳定，才能使自己不同福音派阵营中观念、实践与组织体制多样化的增长发生直接的冲突。因而，"位于福音派核心的不再是神学之类的观念，而是市场推广技巧、管理手段以及个人经验之类的东西"[5]，而这无意识的演化趋势又进一步加剧了福音派自我身份界定的模糊性。而且，现代性还带来了福音派内在生活的重组，面向世俗意识形态与学术主流需求的神学适应在福音派的著述与教育研究机构中已随处可见。在其公开承认的信念与其实际的生活方式之间的中断与错位证实了全面的、以圣经为基础的世界观在福音派生活中的实际阙如。围绕福音派主要传教组织与领袖的道德丑闻与争吵一度曾成为了媒体搜新猎奇的绝佳素材。

于是，作为福音派旗帜之一的《今日基督教》杂志于1992年刊发了由福音派学者内森·哈奇与迈克尔·汉米尔顿撰写的发聋振聩的文章"福音派能在其成功中幸存下来吗？"[6]它对福音派是否能够从热中于世俗与物质文化的诱惑中挣脱出来而重新转向内在的精神世界与生活，表示了极大的忧虑。因为，"详尽无遗的福音派亚文化圈已为躲避多样性的风暴提供了一个安全的港湾。现在，在福音派圈子里，一个人可以完成从幼稚园一直到哲学博士的全部学业，可以从早到晚一直收听收看福音派的传媒节目，可以一直阅读汗牛充栋的福音派书刊出版物。……由于建构起了自己的文化圈，福音派就面临着这样一个危险，即在与那些不同于己的'邻人'交流时会变得了无生气、索然无味"[7]。回顾福音派运动的发展历程可以看到，它的蓬勃发展不是由于自己建立起了一个抵御世俗现代性的保护性亚文化盾牌，而是出于在现代多元主义环境中的固守和抗争。缺少了这种激励与刺激，福音派就有丧失自我身份、丧失努力方向与目标的可能[8]，就有转而同世俗文化和平相处乃至携手共进的可能。

当然，根据世俗和文化上的标准，最近几十年来的福音派发展算得上是一个成功的范例，这一运动在文化、体制与商业上的巨大成功是毋庸置疑的，但它对文化整体的影响到底有多深多大仍旧是一个疑问，况且它自身在精神与神学上的完整性就处在风雨飘摇之中。在已经步入21世纪的今天，人们有理由担心福音派作为一项神学运动正面临着失却其"灵魂"的危险。随着福音派向社会主流的回归,他们可以享有更多的繁荣、教育以及文化上的精妙高深的机会与便利,他们可以更多地吸引大众传媒的关注焦点,受到更多的来自文化、政治与宗教上的关注。长此以往,福音派也就逐渐适应了福音的"非冒犯性"、"非批判性"、"非对抗性"以及"非分化性"特征,而渐渐适应并认同于世俗文化的价值观了。这就是说,在福音派游离于社会主流生活之时,他们作为认识上的异议者尚能以神学教义来限定自己的文化边界,但在进入社会文化生活的主流之后,他们开始面对面地接受现代生活的巨大变革力量的冲击,其中一个最直接的可能的损失就是在个体与公共生活中绝对真理感的失落,他们似乎丧失了以神学方式思考自我与世界的能力[9]。这就是说他们在现代性形式与价值中可能会变成一种身份暧昧不明的人。

其实,自20世纪70年代福音派阵营开始迅猛扩张的时候起,它就开始成为了一个由多种多样的、在神学上难以界定的群体、组织、机构以及传统所构成的庞大复合体。谁是以及谁不是福音派成了一个令人捉摸不定的难题。福音派在更大程度上变成了一个由缺乏某种统一的见证或神学教义的群体、个体以及运动所组成的松散联盟。由于其核心已变得越来越难以捉摸和描述,任何想要清晰界定福音派的尝试都正变得越来越困难。"其本质,像朝雾一般消失在了现代多元主义的光芒里。"[10]如果说基要主义神学是通过文化拒斥而确立了自己的世界观的话,那么当今的某些福音派在一定意义上则是通过文化认同而确立了他们的世界观。只是他们在这一自觉或不自觉的过程中丧失了传统的信仰告白,因为现代性是敌视和排斥一切宣称为绝对和超验的真理范畴与观念的。渐渐地,福音派这一术语似乎有流于内容空洞、苍白无力的一般描述性术语或标语之嫌。正如神学家大卫·韦尔斯所说,"今天,作为一个福音派的实质究竟是什么?那么,一切将视具体情形而定"[11]。在当代社会中，福音派要力图在缺少传统性的自由派神学与缺少现代性的基要派神学这两种极端立场之外探索第三条路径，那么，时刻保持一种对自我身份的警醒、诘问、校正和探索，正是确保自身发展的活力，是确保福音派之为福音派的关键所在。

注释：

[1] David F. Wells & John D. Woodbridge ed. *The Evangelicals: What They Believe, Who They Are, Where They Are Changing*, Abingdon Press, 1975, p. 9.

[2] 参见 Nathan O. Hatch, "Taking the Measure of the Evangelical Resurgence, 1942—1992", in D. G. Hart ed. *Reckoning with the Past*, Baker Books, 1995, p. 402。

[3] James Davison Hunter, *Evangelicalism: The Coming Generation*, University of Chicago Press, 1987, p. 46.

[4] Martin E. Marty, "The Revival of Evangelicalism", *in Varieties of Southern Evangelicalism*, ed. by David E. Harrell, Mercer University Press, 1981, pp. 9—11.

[5] David Wells, "On Being Evangelical: Some Theological Differences and Similarities", in *Evangelicalism: Comparative Studies of Popular Protestantism in North American, the British Isles, and Beyond, 1700—1990*, Oxford University Press, 1994, p. 399.

[6] Nathan O. Hatch & Michael S. Hamilton, "Can Evangelicalism Survive Its Success?" in *Christianity Today*, 5 October 1992, pp. 21—31.

[7] Nathan O. Hatch & Michael S. Hamilton, "Can Evangelicalism Survive Its Success?" in *Christianity Today*, 5 October 1992, p. 28.

[8] 参见 Christian Smith, *American Evangelicalism: Embattled and Thriving*, The University of Chicago Press, 1998, chap. 4。

[9] 参见 David F. Wells, *No Place for Truth, or, Whatever Happened to Evangelical Theology?* Wm. B. Eerdmans, 1993, pp. 129—130。

[10] David F. Wells, "On Being Evangelical: Some Theological Differences and Similarities", in *Evangelicalism*, Mark A. Noll, etc. ed., Oxford Univ. Press, 1994, p. 390.

[11] David F. Wells, "On Being Evangelical: Some Theological Differences and Similarities", in *Evangelicalism*, Mark A. Noll, etc. ed., Oxford University Press, 1994, p. 40.

参考书目

1. 卓新平:《当代西方新教神学》,上海三联书店 1998 年第 1 版。
2. Abraham, William J. *The Coming Great Revival*: *Recovering the Full Evangelical Tradition*, Harper & Row, Publishers, 1984.
3. Armstrong, John, ed. *Roman Catholicism*: *Evangelical Protestants Analyze What Divides and Unites Us*, Moody Press, Chicago, 1994.
4. Armstrong, John H., ed. *The Coming Evangelical Crisis*, Moody Press, 1996.
5. Barr, James. *Fundamentalism*, SCM Press Ltd., London, 1977.
6. Barr, James. *Escaping from Fundamentalism*, SCM Press Ltd., London, UK, 1984.
7. Barth, Karl. *Evangelical Theology*: *An Introduction*, Copyright 1963, William B. Eerdman Publishing Company, Michigan, Reprinted, 1996.
8. Bebbington, David. *Evangelicalism in Modern Britain*: *A History from the 1730s to the 1980s*, Baker Book House, Michigan, 1989.
9. Bellah, Robert N. & Greenspahn, Frederick E., eds. *Un-

civil Religion: *Interreligious Hostility in America*, The Crossroad Publishing Company, New York, 1987.

10. Bloesch, Donald G. *The Evangelical Renaissance*, William B. Eerdmans Publishing Company, 1973.

11. Bloesch, Donald. *The Invaded Church*, Word Books, 1975.

12. Bloesch, Donald G. *Essentials of Evangelical Theology*, vol. One: "God, Authority, and Salvation", Harper Collins Publishers, 1978.

13. Bloesch, Donald G. *Essentials of Evangelical Theology*, vol. Two: "Life, Ministry, and Hope", Harper Collins Publishers, 1978.

14. Bloesch, Donald G. *The Future of Evangelical Christianity: A Call for Unity amid Diversity*, Helmers & Howard, Publishers, Inc., 1988.

15. Bockmühl, Markus & Burkhardt, Helmut, ed. *Gott lieben und seine Gebote halten*: *in memorian Klaus Bockmühl*, Brunnen Verlag Giessen, Basel, 1991.

16. Boice, James Montgomery, ed. *The Foundation of Biblical Authority*, Zondervan Publishing House, Michigan, 1978.

17. Boice, James Montgomery. *Standing on the Rock*: *Biblical Authority in a Secular Age*, Baker Books, 1994.

18. Boice, James Montgomery. *What Makes A Church Evangelical*? Crossway Books, Wheaton, Illinois, 1999.

19. Carnell, Edward John. *Christian Commitment*: *An Apologetic*, The Macmillan Company, New York, 1957.

20. Carnell, Edward John (Nash, Ronald H., ed.). *The Case for Biblical Christianity*, William B. Eerdmans Publishing

Company, 1969.

21. Carson, D. A. & Woodbridge, John D., eds. *God and Culture*: *Essays in Honor of Carl F. H. Henry*, William B. Eerdmans Publishing Company, Michigan, 1993.

22. Carson, D. A. *The Gagging of God*: *Christianity Confronts Pluralism*, Zondervan Publishing House, Michigan, 1996.

23. Catherwood, Christopher. Five *Evangelical Leaders*, Harold Shaw Publishing Co., Wheaton, Illinois, 1985.

24. Charles Scribner's Sons. *Encyclopedia of the American Religious Experience*, 1988.

25. Colson, Charles. *Kingdoms in Conflict*, Zondervan Publishing House, Michigan, 1987.

26. Colson, Charles W. *The Body*: *Being Light in the Darkness*, Word Publishing, 1992.

27. Colyer, Elmer M. *Evangelical Theology in Transition*: *Theologians in Dialogue with Donald Bloesch*, InterVarsity Press, 1999.

28. Conn, Harvie M. *Eternal Word and Changing Worlds*, The Zondervan Corporation, Michigan, 1984.

29. Dayton, Donald W. *Discovering an Evangelical Heritage*, Harper & Row, 1976.

30. Dayton, Donald W. & Johnston, Robert K., eds. *The Variety of American Evangelicals*, InterVarsity Press, 1991.

31. Dockery, David S., ed. *The Challenge of Postmodernism*: *An Evangelical Engagement*, Victor Books / SP Publications, Inc., Wheaton, Illinois, 1995.

32. Dockery, David S., ed. *New Dimensions in Evangelical Thought*, InterVarsity, 1998.

33. Dorrien, Gary J. *The Remaking of Evangelical Theology*, Westminster John Knox Press, Louisville, Kentucky, 1998.

34. Douglas, J. D., ed. *New Twentieth-Century Encyclopedia of Religious Knowledge*, Baker Books, 1991.

35. Douglas, Mary & Tipton, Steven, eds. *Religion and America: Spiritual Life in a Secular Age*, Beacon Press, Boston, 1982.

36. Drane, John. *What is the New Age Saying to the Church?* Marshall Pickering, London, 1991.

37. Edwards, David L. *The Futures of Christianity*, Hodder and Stoughton, London, 1987.

38. Edwards, David L. & Stott, John. *Evangelical Essentials: A Liberal-Evangelical Dialogue*, InterVarsity, 1988.

39. Ellingsen, Mark. *The Evangelical Movement*, Augsbury Publishing House, 1988.

40. Elwell, Walter A., ed. *Evangelical Dictionary of Theology*, Baker Books, 1984.

41. Elwell, Walter A., ed. *Handbook of Evangelical Theologians*, Baker Books, 1993.

42. Erickson, Millard J. *Where is Theology Going?* Baker Books, 1994.

43. Erickson, Millard J. *Postmodernizing the Faith: Evangelical Responses to the Challenge of Post-Modernism*, Baker Books, 1998.

44. Ford, David F., ed. *The Modern Theologians*, vol. 1, and vol, 2, Brasil Blackwell, 1989.

45. France, R. T. & McGrath, A. E., eds. *Evangelical Anglicans: Their Role and Influence in the Church Today*, Society

for Promoting Christian Knowledge, Holy Trinity Church, London, 1993.

46. Gallup, George, Jr. & Castelli, Jim. *The People's Religion: American Faith In the 90's*, MacMillan Publishing Company, 1989.

47. Gladwin, John. *God's People in God's World: Biblical Motives for Social Involvement*, InterVarsity Press, 1979.

48. Godfrey, Robert. *Pleasing God in our Worship*, Crossway Books, Wheaton, Illinois, 1999.

49. Graham, Billy. *Just As I Am: The Autobiography of Billy Graham*, Harper Collins Publishing Ltd., 1997.

50. Green, Michael. *Acts for Today*, London: Hodder & Stoughton, 1993.

51. Grenz, Stanley & Olson, Roger E. *Twentieth-Century Theology: God and the World in a Transitional Age*, InterVarsity Press, 1992.

52. Grenz, Stanley J. *Revisioning Evangelical Theology: A Fresh Agenda for the 21st Century*, InterVarsity Press, 1993.

53. Grenz, Stanley J. *A Primer on Postmodernism*, William B. Eerdmans Publishing Company, Michigan, 1996.

54. Grenz, Stanley J. *Theology for the Community of God*, Originally published: Nashville: Broadman & Holman, 1994; Newly published jointly: Wm. B. Eerdmans Publishing Co., and Regent College Publishing, 2000.

55. Grounds, Vernon C. *Evangelicalism and Social Responsibility*, Herald Press, Scottdale, Pennsylvania, 1969.

56. Hart, D. G., ed. *Reckoning with the Past: Historical Essays on American Evangelicalism from the Institute for the*

Study of American Evangelicals, Baker Books, 1995.

57. Henry, Carl F. H. *The Uneasy Conscience of Modern Fundamentalism*, Wm. B. Eerdmans Publishing Company, 1947.

58. Henry, Carl F. H. *Remaking the Modern Mind*, Wm. B. Eerdmans Publishing Company, Grand Rapids, Michigan; Set up and printed, September 1946; 2nd edition, June, 1948.

59. Henry, Carl F. H. *Evangelical Responsibility in Contemporary Theology*, Wm. B. Eerdmans Publishing Company, 1957.

60. Henry, Carl F. H. *Evangelicals at the Brink of Crisis*, Word Books, 1967.

61. Henry, Carl F. H. *Evangelicals in Search of Identity*, Word Books, 1976.

62. Henry, Carl F. H. *God, Revelation and Authority*, vol. Ⅰ, "God Who Speaks and Shows: Preliminary Considerations", Word Books, Waco Texas, 1976.

63. Henry, Carl F. H. *God, Revelation and Authority*, vol. Ⅱ, "God Who Speaks and Shows: Fifteen Theses, Part One", 1976.

64. Henry, Carl F. H. *God, Revelation and Authority*, vol. Ⅲ: "God Who Speaks and Shows: Fifteen Theses, Part Two", 1979.

65. Henry, Carl F. H. *God, Revelation and Authority*, vol. Ⅳ: "God Who Speaks and Shows: Fifteen Theses, Part Three", 1979.

66. Henry, Carl F. H. *God, Revelation and Authority*, vol. Ⅴ: "God Who Stands and Stays, Part One", 1982.

67. Henry, Carl F. H. *God, Revelation and Authority*, vol. Ⅵ: "God Who Stands and Stays, Part Two", 1983.

68. Henry, Carl F. H. *Confessions of a Theologian*: *An Autobiography*, Word Books, Waco, Texas, 1986.

69. Henry, Carl F. H. *Twilight of Great Civilization*: *The Drift toward Neo-Paganism*, Crossway Books, Westchester, Illinois, 1988.

70. Hesselgrave, David J. & Rommen, Edward. *Contextualization*: *Meanings, Methods, and Models*, Baker Book House, Grand Rapids, Michigan, 1989.

71. Hicks, Peter. *Evangelicals & Truth*: *A Creative Proposal for a Postmodern Age*, Apollos, 1998.

72. Horton, Michael S. *Made in America*: *The Shaping of Modern American Evangelicalism*, Baker Books, 1991.

73. Horton, Michael Scott, ed. *Power Religion*: *The Selling out of the Evangelical Church?* Moody Press, Chicago, 1992.

74. Houston, James. *The Heart's Desire*: *A Guide to Personal Fulfillment*, Oxford: Lion, 1992.

75. Howard, Thomas. *Evangelical Is Not Enough*, Thomas Nelson Publishers, 1984.

76. Hunter, James Davison. *American Evangelicalism*: *Conservative Religion and the Quandary of Modernity*, Rutgers University Press, 1983.

77. Hunter, James Davison. *Evangelicalism*: *The Coming Generation*, The University of Chicago Press, 1987.

78. Hutchison, William R., ed. *Between the Times*: *The Travail of the Protestant Establishment in America*, 1900—1960, Cambridge University Press, 1989.

79. Hutchinson, Mark Peter & Klau, Ogbu, eds. *A Global Faith*: *Essays on Evangelicalism & Globalization*, Center for the

Study of Australian Christianity, 1998.

80. Janowsky, Philip W. *The Evangelical Essential*, Vision House Publishing, 1994.

81. Jewett, Paul K. *Man as Male and Female*, Wm. B. Eerdmans Publishing Co., 1975.

82. Johnston, Jon. *Will Evangelicalism Survive its own Popularity?* Zondervan Publishing House, 1980.

83. Johnston, Robert K. *Evangelicals at an Impasse: Biblical Authority in Practice*, John Knox Press, 1979.

84. Kantzer, Kenneth S., ed. *Evangelical Roots*, Thomas Nelson Inc., Publisher, 1978.

85. Kantzer, Kenneth S. & Henry, Carl F. H., eds. *Evangelical Affirmations*, Zondervan Publishing House, 1990.

86. Lewis, Donald M. & McGrath, Alister E., eds. *Doing Theology for the People of God: Studies in Honor of J. I. Packer*, InterVarsity Press, 1996.

87. Lindsell, Harold. *The Battle for the Bible*, Zondervan Publishing House, 1976.

88. Lindsell, Harold. *The Bible in the Balance*, Zondervan Publishing House, 1979.

89. Lloyd-Jones, Martyn. *Maintaining the Evangelical Faith Today*, The InterVarsity Fellowship, London, 1952.

90. Lotz, David W., Shriver, Jr., Donald W. & Wilson, John F., eds. *Altered Landscapes: Christianity in America*, 1935—1985, William B. Eerdmans Publishing Company, 1989.

91. MacArthur, John F., Jr. *Ashamed of the Gospel: When the Church Becomes Like the World*, Crossway Books, Wheaton, Illinois, 1993.

92. Marsden, George, ed. *Evangelicalism and Modern America*, William B. Eerdmans Publishing Company, Michigan, 1984.

93. Marsden, George. *Reforming Fundamentalism*: *Fuller Seminary and the New Evangelicalism*, William B. Eerdmans Publishing Company, 1987.

94. Marsden, George M. *Understanding Fundamentalism and Evangelicalism*, Wm. B. Eerdmans Publishing Co., 1991.

95. McGrath, Alister E. *Evangelicalism and the Future of Christianity*, Downers Grove, Ill.: InterVarsity Press, 1995.

96. McGrath, Alister. *A Passion for Truth*: *The Intellectual Coherence of Evangelicalism*, InterVarsity Press, 1996.

97. McGrath, Alister E. *J. I. Packer*: *A Biography*, Baker Books, 1997.

98. McGrath, Alister E. *Christian Theology*: *An Introduction*, 2nd ed., Blackwell Publishers, 1997.

99. McGrath, Alister E. *Historical Theology*: *An Introduction to the History of Christian Thought*, Blackwell Publishers Ltd., UK, 1998.

100. McGrath, Alister E. *Science & Religion*: *An Introduction*, Blackwell Publishers, UK, 1999.

101. Moberg, David O. *The Great Reversal*: *Evangelism versus Social Concern*, J. B. Lippincott Company, 1972.

102. Musser, Donald W. & Price, Joseph L., eds. *A New Handbook of Christian Theology*, Abingdon Press, 1992.

103. Nelson, Rudolph. *The Making and Unmaking of an Evangelical Mind*, Cambridge Univ. Press, 1975.

104. Neuhaus, Richard John & Cromartie, Michael, eds.

Piety and Politics: *Evangelicals and Fundamentalists Confront the World*, Ethics and Public Policy Center, Washington, D. C., 1987.

105. Noll, Mark A. *Between Faith and Criticism*, Harper & Row, Publishers, 1986.

106. Noll, Mark A. & Wells, David F., eds. *Christian Faith and Practice in the Modern World*, William B. Eerdmans Publishing Company, 1988.

107. Noll, Mark A., etc., eds. *Evangelicalism*: *Comparative Studies of Popular Protestantism in North American, the British Isles, and beyond, 1700—1990*, Oxford University Press, 1994.

108. Noll, Mark A. *The Scandal of the Evangelical Mind*, Wm. B. Eerdmans Publishing Co., Michigan, 1994.

109. Oden, Thomas C. *After Modernity ⋯ What?* : *Agenda for Theology*, Zondervan Publishing House, Michigan, 1990.

110. Packer, J. I. *"Fundamentalism" and the Word of God*: *Some Evangelical Principles*, Wm. B. Eerdmans Publishing Co., Michigan, First Edition, 1958.

111. Packer, J. I. *The Evangelical Anglican Identity Problem*: *An Analysis*, Latimer House, Oxford, 1978.

112. Packer, J. I. *Truth & Power*: *The Place of Scripture in the Christian Life*, Harold Shaw Publishers, Ill., 1996.

113. Padilla, C. Rene, ed. *The New Face of Evangelicalism*: *International Symposium on the Lausanne Covenant*, InterVarsity Press, Downers Grove, Illinois, 1976.

114. Patterson, Bob E. *Carl F. H. Henry*, Word Books, 1983.

115. Peterson, Eugene H. *Reversed Thunder: The Revelation of John and the Praying Imagination*, Harper & Row, 1988.

116. Pinnock, Clark H. *A Defense of Biblical Infallibility*, Presbyterian and Reformed Publishing Co., 1967.

117. Pinnock, Clark H. *The Scripture Principle*, Harper & Row, 1984.

118. Pinnock, Clark H. *Three Keys to Spiritual Renewal*, Minneapolis: Bethany, 1985.

119. Quebedeaux, Richard. *The Young Evangelicals*, Harper & Row, Publishers, 1974.

120. Quebedeaux, Richard. *The Worldly Evangelicals*, Harper & Row, Publishers, 1978.

121. Ramm, Bernard. *The Christian View of Science and Scripture*, William B. Eerdmans Publishing Company, Grand Rapids, Michigan, 1954.

122. Ramm, Bernard. *Special Revelation and the Word of God*, Wm. B. Eerdmans Publishing Co., 1961.

123. Ramm, Bernard. *Protestant Biblical Interpretation: A Textbook of Hermeneutics*, 3rd rev ed., Baker Books, 1970.

124. Ramm, Bernard L. *The Evangelical Heritage*, Word Books, Waco Texas, 1973.

125. Ramm, Bernard. *After Fundamentalism: The Future of Evangelical Theology*, Harper & Row, 1983.

126. Rawlyk, George A. & Noll, Mark A., eds. *Amazing Grace: Evangelicalism in Australia, Britain, Canada and the United States*, Baker Books, 1993.

127. Richardson, Alan & Bowden, John, eds. *The Westminster Dictionary of Christian Theology*, The Westminster Press, 1983.

128. Rogers, Jack, ed. *Biblical Authority*, Word Books, Waco, Texas, 1977.

129. Roof, Wade Clark & McKinney, William. *American Mainline Religion: Its Changing Shape and Future*, Rutgers University Press, 1987.

130. Rosell, Garth M., ed. *The Evangelical Landscape: Essays on the American Evangelical Tradition*, Baker Books, 1996.

131. Samuel, Vinay & Hauser, Albrecht, ed. *Proclaiming Christ in Christ's Way: Studies in Integral Evangelism*, Regnum Books, Oxford, 1989.

132. Schaeffer, Francis A. *The Great Evangelical Disaster*, Crossway Books, Westchester, Illinois, 1984.

133. Smith, Christian. *American Evangelicalism: Embattled and Thriving*, The University of Chicago Press, 1988.

134. Smith, David L. *A Handbook of Contemporary Theology*, SP Publications, Inc., 1992.

135. Sproul, R. C., ed. *Doubt and Assurance*, Baker Books, 1993.

136. Stackhouse, John G. *Canadian Evangelicalism in the Twentieth Century: An Introduction to its Character*, University of Toronto Press, 1993.

137. Stone, Jon R. *On the Boundaries of American Evangelicalism: the Postwar Evangelicals Coalition*, St. Martin's Press, 1997.

138. Stott, John. *Basic Christianity*, InterVarsity Press, 1958.

139. Stott, John R. W. *Fundamentalism and Evangelism*, Wm. B. Eerdmans Publishing Company, 1959.

140. Stott, John. *Issues Facing Christian Today*, Marshall Morgan & Scott, UK, 1984.

141. Stott, John R. W. *Evangelical Truth: A Personal Plea for Unity, Integrity & Faithfulness*, InterVarsity Press, 1999.

142. Sweet, Leonard I., ed. *The Evangelical Tradition in America*, Mercer University Press, 1984.

143. The Executive Committee, ed. *Evangelical Action! ——A Report of the Organization of the National Association of Evangelicals for United Action*, United Action Press, Boston, Mass., 1942.

144. Thomas, Cal & Dobson, Ed. *Blinded by Might: Can the Religious Right Save American?* Zondervan Publishing House, 1999.

145. Tomlinson, Dave. *The Post-Evangelical*, Triangle, London, 1995.

146. Torrance, Thomas F. *Preaching Christ Today: The Gospel and Scientific Thinking*, Wm. B. Eerdmans Publishing Co., Michigan, 1994.

147. Veith, Jr., Gene Edward. *Postmodern Times: A Christian Guide to Contemporary Thought and Culture*, Crossway Books, Wheaton, Illinois, 1994.

148. Webber, Robert E. *Ancient-Future Faith: Rethinking Evangelicalism for a Postmodern World*, Baker Books, 1999.

149. Wells, David F. & Woodbridge, John D., eds. *The Evangelicals: Who They Are, What They Believe, & Where They Are Going?* Abingdon Press, 1975.

150. Wells, David F. *No Place for Truth, or, Whatever Happened to Evangelical Theology?* William B. Eerdmans Publish-

ing Company, Grand Rapids, Michigan, 1993.

151. Wells, David F. *God in the Wasteland*: *The Reality of Truth in a World of Fading Dreams*, Wm. B. Eerdmans Publishing Co., 1994.

152. Wells, David F. *The Bleeding of the Evangelical Church*, The Banner of Truth Trust, Pennsylvania, 1995.

153. Wirt, Sherwood Eliot. *The Social Conscience of the Evangelical*, Harper & Row, 1968.

154. Woodbridge, Charles. *The New Evangelicalism*, Bob Jones University Press, Greenville, South Carolina, 1969.

155. Woodbridge, John D., Noll, Mark A. & Hatch, Nathan O. *The Gospel in American*: *Themes in the Story of America's Evangelicals*, Zondervan Publishing House, 1979.

近十年来（1990—2000）相关期刊杂志

1. *Moody* (Bimonthly; before 1996: Monthly)
The Moody Bible Institute, Chicago, IL. ISSN 1052—2271

2. *Christianity Today* (Monthly; Semimonthly in April and October)
Carol Stream, IL. ISSN 0009—5753

3. *Christian Scholar's Review* (Quarterly)
Holland, MI. ISSN 0017—2250

4. *Sojourners* (Bimonthly)
ISSN 0364—2097

5. *Evangel* (Quarterly)
The British Evangelical Review
Edinburgh, UK. ISSN 0265—4547

6. *Evangelical Review of Theology* (Quarterly)
World Evangelical Fellowship. ISSN 0144—8153
7. *The Evangelical Quarterly* (Quarterly)
An International Review of Bible and Theology. ISSN 0014—3367